# 湖北文博

## 第一辑

湖北省博物馆 编

科学出版社

北京

## 内 容 简 介

《湖北文博》于2023年9月正式创刊，由湖北省文化和旅游厅（湖北省文物局）主管，湖北省博物馆主办，湖北省博物馆协会协办，每年定期面向国内外公开出版发行。《湖北文博》重点聚焦湖北历史文化研究、长江文物保护利用研究、博物馆学研究及博物馆管理研究。

本书为第一辑，收录20篇研究论文、2篇书评和2篇综述。研究论文涉及夏商文化研究、楚文化研究、曾随文化研究、博物馆学研究、文保研究。书评是对两部考古学研究著作的评介。综述是两场学术研讨会和业务成果报告会的纪要。

本书可供博物馆学、历史学、考古学研究者，以及高等院校相关专业师生和广大文博考古爱好者阅读、参考。

---

**图书在版编目（CIP）数据**

湖北文博. 第一辑 / 湖北省博物馆编. — 北京：科学出版社，2024.8
ISBN 978-7-03-077919-9

Ⅰ.①湖⋯ Ⅱ.①湖⋯ Ⅲ.①文物–考古–研究–湖北 Ⅳ.①K872.63

中国国家版本馆CIP数据核字（2024）第031507号

责任编辑：王光明 / 责任校对：邹慧卿
责任印制：肖 兴 / 书籍设计：北京美光设计制版有限公司

科学出版社 出版
北京东黄城根北街16号
邮政编码：100717
http://www.sciencep.com
北京华联印刷有限公司印刷
科学出版社发行 各地新华书店经销

\*

2024年8月第 一 版　开本：889×1194　1/16
2024年8月第一次印刷　印张：12
字数：346 000

**定价：128.00元**

（如有印装质量问题，我社负责调换）

## 《湖北文博》（第一辑）

**主管**　　　湖北省文化和旅游厅（湖北省文物局）
**主办**　　　湖北省博物馆

---

编辑委员会

**主任**　　　张晓云
**委员**　　　（以姓氏笔画为序）
　　　　　　王先福　史　萍　刘玉堂　江旭东　李　奇
　　　　　　何　广　张昌平　范小宁　钱　红　蔡路武
**主编**　　　张晓云
**执行主编**　王先福
**编辑部主任**　杨理胜
**责任编辑**　罗　恰　柯萍萍
**发行**　　　陈丹妮

# 《湖北文博》发刊词

　　2023年9月，筹备已久的《湖北文博》在各方的支持下终于创刊。至此，在浩如烟海的出版物当中，又多了一朵由湖北省博物馆激荡而起的浪花。

　　《湖北文博》重点聚焦湖北历史文化研究、长江文物保护利用研究、博物馆学研究及博物馆管理研究。其创办初衷，一来给研究者提供学术争鸣之平台，二来给湖北省博物馆提供展示形象之机遇。我们期待结成这一桩良缘。

　　《湖北文博》目前开设包括但不限于楚文化研究、曾随文化研究、明代藩王文化研究、辛亥首义文化研究、红色文化研究、长江文物保护利用研究、音乐文物研究、简牍古籍研究、社会文物研究、博物馆学研究、博物馆管理研究、博物馆社会教育研究、博物馆展示传播研究、智慧博物馆研究、中小博物馆研究、工艺美术传承研究等专栏。以上专栏设置，希冀既能突出荆楚文化特色，亦可囊括文博核心业务，敬请各位撰稿人恣洒潘江、肆倾陆海。

　　盖文章，经国之大业，不朽之盛事。作为组稿发行方，湖北省博物馆承诺将以学术为上、敬惜字纸的态度至诚打造《湖北文博》。我们将认真对待每一篇稿件，每一份期待。我们会深度思考每一位投稿人的真知灼见、孤诣用心。

　　古之成大事者，必有非常之功，必待非常之人。刚刚创刊的《湖北文博》，就像一棵小树苗，要长成枝繁叶茂的参天大树，有赖于学界同人的鼎力支持。我们真诚期待大家惠赐稿件，在《湖北文博》尽展才华！

2024年3月18日

# 目 录

i 《湖北文博》发刊词 张晓云

## 夏商文化研究

001 二里冈文化时期青铜器的装饰艺术——以盘龙城青铜器为中心 张昌平

## 楚文化研究

009 湖北枝江姚港春秋墓年代与相互关系述略 徐少华
014 新见楚王领、翏子厚器及相关史事小考 王先福 赵丹
020 纪南城研究回顾 尹弘兵
031 楚墓出土绕线棒研究 王君妍 张闻捷
051 东周楚国玉器述略 陈春 曹静
058 文物所现楚汉时期长沙地区的对外交流 张艳华

## 曾随文化研究

072 从曾侯家族墓地看周代礼制的演变 笪浩波
081 西周、春秋时期曾、楚乐钟编列研究 王先福
088 曾侯乙墓出土玉器的几点思考 胡百

## 博物馆学研究

098 致知·励志·商务：清朝外交官眼中的西方博物馆 何广
107 非国有博物馆馆址馆舍现状、问题与对策
    ——以湖北省非国有博物馆为例 龙永芳 柯萍萍
114 39℃博物馆——观众行为效应对博物馆建设的影响 黄翀宇

| 121 | 博物馆展览改陈如何推陈出新 |
| --- | --- |
|  | ——以"梁庄王珍藏——郑和时代的瑰宝"展览为例　　　　　　　　魏冕 |
| 128 | 浅议考古遗址博物馆展示传播的特点与问题　　　　　　　　　　　　赵娜 |
| 133 | 基于UbD理论的博物馆教育课程设计研究　　　　　　　　　　　　　汪静文 |
| 141 | 浅谈新时代博物馆人才队伍建设与管理　　　　　　　　　　　　黄娟　鲁黎 |

### 文保研究

| 146 | 当代古陶瓷修复技艺概念内涵初探　　　　　　　　　　　　　　李奇　王江 |
| --- | --- |
| 154 | 馆藏古琴保护修复刍议　　　　　　　　　　　　　　　　　　王宜飞　孙嵩 |
| 162 | 现代仪器分析技术在古籍善本保护修复中的应用　　　　赵艳红　谢梦　陈巧 |

### 书　评

| 172 | 蕞尔小国如何成就一部考古学文化研究大作 |
| --- | --- |
|  | ——读《周代邓国考古学文化研究》　　　　　　　　　　　　　　张昌平 |
| 175 | 楚文化研究的家族视野——读《楚系家族墓葬研究》　　　　　　　尚如春 |

### 综　述

| 177 | "文明交流互鉴视野下的博物馆文化传播"学术研讨会纪要　　本刊编辑部 |
| --- | --- |
| 180 | 湖北省博物馆2023年度业务成果报告会纪要　　　　　　　　　本刊编辑部 |

# 二里冈文化时期青铜器的装饰艺术
## ——以盘龙城青铜器为中心[*]

张昌平

（武汉大学历史学院）

[摘　要]　二里冈文化时期是古代中国青铜器发展时期，装饰的发展尤其引人注目。本文从这一时期青铜器纹饰与器类之间的关联、纹饰的布局两个方面入手，观察到兽面纹的重要地位，以及纹饰、器类的主次之分。本文还从纹饰的布局观察纹饰在组、周以及器上的分布，总结出装饰追求规整、繁化、多周的效果，以及装饰赋予青铜器更好的展示性，提升了青铜器作为礼器的功能。

[关键词]　二里冈文化　青铜器　装饰

人类自从有了美感，就开始进行装饰和制作装饰品。伴随着社会的复杂化，装饰也在生产和使用上形成不同的层次和品级，这特别体现在早期文明阶段礼仪性的场景和礼器中。

装饰是礼器外张力的重要表现形式，也是增强礼器社会价值的重要方式，因此随着礼器的发展，装饰自然会越来越受到重视。二里冈文化时期青铜器在生产和社会地位等方面的发展，反映在装饰上自然会有突出的表现。与此前二里头文化青铜器粗陋而少见装饰不同，二里冈文化时期青铜器首先是非常重视对器物表面的处理。这一时期装饰内容，既有兽面纹、夔纹等动物形纹样，也有云雷纹、弦纹、涡纹等几何形纹样，还有兽首等半浮雕装饰。青铜器器物表面被处理得光洁平整，几乎所有的青铜容器都进行装饰。装饰从此开始成为青铜器生产设计中的重要内容，也成为体现青铜器级别的标志物。从这个层面来说，二里冈文化时期是理解中国青铜器及其装饰发展的关键阶段。本文即以盘龙城青铜器为主要内容，讨论这一时期青铜器的装饰。

## 一、纹饰的类别及其与装饰器类的关系

盘龙城青铜器纹饰可分动物形和几何形两大类。其中动物形纹饰有兽面纹、夔纹；几何形纹饰有云雷纹、涡纹、连珠纹、弦纹、斜向弦纹等

---

[*]　本文是科技部国家重点研发计划资助项目"公元前1500年至公元前1000年中华文明早期发展关键阶段核心聚落综合研究·长江流域商代都邑综合研究"（项目编号：2022YFF0903603）的阶段性成果。

图一　纹饰与器类关系

1.杨家湾M3：2觚（通高17、箍径约4.5厘米，弦纹+兽面纹+弦纹）　2.杨家湾H6：17鬲（通高22.8、口径15.5厘米，云雷纹+斜向弦纹）
3.西城垣M1：7罍（通高24.5、肩径约25厘米，弦纹+夔纹+兽面纹+夔纹）

表一　纹饰与器类关系登记表

| 纹饰＼器类 | 鼎 | 鬲 | 甗 | 簋 | 觚 | 爵 | 斝 | 尊罍 | 壶 | 盉 | 盘 |
|---|---|---|---|---|---|---|---|---|---|---|---|
| 兽面纹 | √ |  |  | √ | √ | √ | √ | √ | √ | √ | √ |
| 夔纹 |  |  |  |  |  |  | ✕ | ✕ | ✕ | ✕ |  |
| 云雷纹 |  | √ | √ |  |  |  |  |  |  |  |  |
| 涡纹 |  |  |  |  |  | ✕ | ✕ |  |  |  |  |
| 连珠纹 | √ |  |  |  |  |  |  | √✕ |  |  |  |
| 弦纹 | √ | √ |  |  | ✕ | √ | √ | ✕ | ✕ |  | √ |
| 斜向弦纹 |  | √ | √ |  |  |  |  | √ |  |  |  |

注：√表示主题纹饰、✕表示非主题纹饰

（图一）。不同纹饰在不同器类中的使用情况有所不同（表一），其中兽面纹最为重要，弦纹则明显居于陪衬地位。

### 1.纹饰在器类上的分布

不同纹饰在不同类别青铜器上的位置、频次、是否为主题纹饰等方面都有所不同，以下按纹饰的类别分别阐述。

兽面纹在构图上是一个正面的兽面形以及向两侧展开的躯、尾，这是最为常见的纹饰类别，出现在除鬲、甗之外的所有器类上，并在鼎、簋、觚、爵、斝、罍等常见器类上出现频次最高，可见兽面纹是二里冈文化时期最重要的纹样。同时，兽面纹一旦出现在器物上，都是作为主题纹饰。这一现象不只是在盘龙城，在郑州商城也是如此。因此，兽面纹是二里冈文化时期具有压倒性优势的装饰纹样。

兽面纹在形态上有宽带和细线之分，前者出现较晚，但其后的使用频率明显高于后者。两种兽面纹一般装饰在不同的器物上，看不出有全然的选择性。不过，细线兽面纹较多装饰在大型鼎上，也较多见于觚等器类。两种兽面纹也偶尔会同时出现在爵、斝等器类上，当同时出现在爵上时，细线兽面纹（通常是两个夔纹相对的形态）会安置在靠鋬的一侧；当同时出现在斝上时，细线的一周会安置在靠下的位置。

夔纹构图上相当于半个兽面纹，均为单目。夔纹也往往与兽面纹搭配，并出现在两种纹饰搭配中：一是在爵、斝两类器物上，其正面装饰一组兽面纹，靠鋬的一侧为两个相对的夔纹；二是在尊罍和壶上，这些器物腹部装饰一周兽面纹，有的在肩部装饰一周夔纹。显然，夔纹也是较为重要的纹饰种类。

云雷纹是正反相对的卷曲线条，多在盘龙城鬲、甗上作为主题纹饰。一般将直角的卷曲称为雷纹，弧曲的卷曲称为云纹，三角形构图称为三角云纹。当然雷纹和云纹很多时候并没有明确的区别，所以经常被合称为云雷纹。盘龙城的鬲、甗多饰云雷纹，除杨家湾M4：2鬲、杨家湾H6：17鬲为雷纹外，其他如李家嘴M1：4鬲、楼子湾M4：3鬲、李家嘴M2：45甗均为三角云纹。三角云纹线条松散，暗示云雷纹所饰并非重要器类。

正如胡家喜等文所指出，连珠纹是以竹筒之类的工具在陶范上延续压印出来的圆圈形[1]。连珠纹一般作为辅助性纹饰装饰在兽面纹或夔纹的一侧或上下两侧，多见于斝、尊罍，特别是年代较晚的相关器类上。西城垣M1：6鼎有连珠纹上下夹饰兽面纹，是少见的例子。连珠纹也有用作主题纹饰的，如杨家湾M11、H6各有两件罍在颈、上腹饰两周连珠纹而无其他纹饰，这是装饰简化的做法。

弦纹由两条凸起的横向平行线组成，构成简单明快，装饰部位往往是颈部和圈足。弦纹出现在两种情形的装饰中：第一是作为主题纹饰，较多地出现在爵、斝上，较少地出现在鼎、鬲、盘上。这反映的是装饰的原始性，因此当出现在第二、三期青铜器上时，或者是装饰简化的结果，如杨家湾M11的几件爵与斝；或者是装饰的低级版，如李家嘴M2：37扁足鼎。第二是作为辅助纹饰，出现在多周纹饰的上部或下部，或者是上下两端。因此，弦纹是一种等级较低的纹饰。

斜向弦纹形如弦纹，斜向出现在器腹上。未形成交叉形态的，过去也常常称之为"人"字形纹，出现在鬲、甗以及个别的斝上。斜向弦纹往往也作为主题纹饰，其性质近似弦纹。

综上所述，兽面纹等动物形纹饰在装饰中的核心地位明确，几何形纹饰多作为附属纹饰出现，但在不重要的器类或装饰场合也有作为主题纹饰的。几何形纹饰多有特定的组合和组合对象，如连珠纹多是附属并作为兽面纹的边栏出现等。同时，动物形和几何形纹饰结构形成多周纹饰的组合，是装饰的发展方向，也是殷墟文化时期青铜器装饰达到高峰的预演。概而言之，在装饰较为发达的背景下，纹饰所承担的社会功能较为明确。

### 2. 器类上纹饰的类别

前述不同纹饰在器类上也是有指向性的（图二），一些重要器类如鼎、簋、尊罍、爵、斝、觚多装饰兽面纹。这些器类中如出现非兽面纹装饰，则往往具有特别的背景。以下按器类梳理纹饰。

鼎绝大多数在口下装饰一周兽面纹，个别体形小或扁足鼎装饰弦纹。

鬲多在口下装饰一周云雷纹，也有的在腹部装饰斜向弦纹，但未见装饰兽面纹者。

甗只见一件，装饰云雷纹和斜向弦纹，可见其装饰特点与鬲相同。

簋均装饰兽面纹，多周装饰时加饰弦纹。

爵多为一组兽面纹和两组夔纹的组合，偶见下腹装饰涡纹，简化的方式是装饰弦纹。较晚阶段装饰两周兽面纹，每周三组。

斝与爵的装饰有近似之处。单周纹饰也多是一组兽面纹和两组夔纹的组合，两周纹饰时下周偶见一周涡纹，较晚的阶段多为两周兽面纹，兽

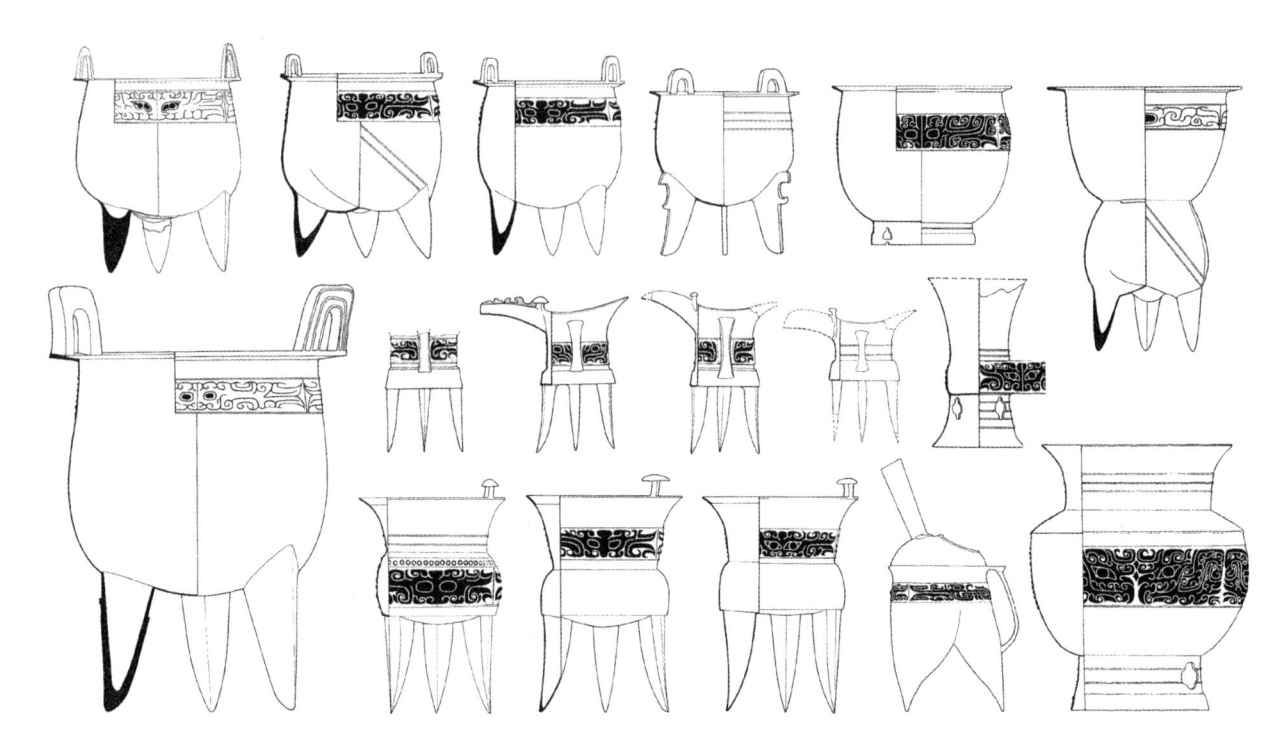

图二　李家嘴M2青铜器纹饰

面纹上下夹有圆圈纹作为辅助性纹饰。罍的简化装饰方式，是装饰弦纹。

觚均装饰一周两组兽面纹，多周纹饰时加饰弦纹，也偶有加饰镂空的云雷纹。

尊罍绝大部分装饰兽面纹，较晚向多周纹饰发展。多周纹饰是兽面纹之外加饰夔纹、弦纹。最为繁杂的装饰是西城垣M1∶7罍，四周装饰自上而下分别为弦纹+夔纹+兽面纹+夔纹，纹饰自颈部延续至圈足，这已接近殷墟文化时期满幅装饰的风格。

壶仅见一件，多周装饰，是盘龙城出土青铜器中装饰最繁杂者，布局类似尊罍。腹部最大幅面的是主题纹饰，为两周圆圈纹夹一周兽面纹，肩部是一周夔纹其上带一周圆圈纹，颈部和圈足为弦纹。

盉仅见一件，腹部装饰兽面纹结合夔纹，盉顶部利用口、流装饰成兽面纹。

盘两件，单周装饰，分别为兽面纹和弦纹。

以上可见装饰与器类的关系密切。装饰首先会与器物功能相关，如鼎、鬲等炊器主要是在口沿下饰一周纹饰。盛器则向多周纹饰发展，这在尊罍上表现尤为突出。多周纹饰的发展，是与加强其装饰性相关。装饰也与器类的地位相关，兽面纹使用在主要器类、主要位置，弦纹等几何形纹饰使用在次要器类、次要位置。这些都体现了青铜容器作为礼器的特性，装饰性自然与礼仪性是协调一致的。

## 二、纹饰的布局

和二里冈文化时期其他青铜器一样，盘龙城青铜器的装饰种类多样，体现出很高的水准。在形式上，这些纹饰都是横向呈带状分布，并环绕器物一周，因此"周"是纹带出现的基本形式。每周纹带宽度一致，上下各有一条弦纹的边栏，这使得纹带显得规整而严格。一周纹饰往往又被分为相同的两到三组，"组"成为纹饰构成的基本单元。多数青铜器只有一周纹饰，但2～4周纹饰的器物也不在少数。显然，"组"、"周"以及整件器物纹饰的呈现，是经过了有意识的布局和设计。下面以兽面纹为中心来分析装饰不同视角的布局。

### 1. 单组纹饰

单组纹饰具有稳定的构图方式和基本结构。盘龙城青铜器兽面纹构图几乎相同：每幅纹饰都由目、躯、尾组成，并以鼻梁为中轴向两侧对称展开。多数兽面纹特别是宽带兽面纹的兽面轮廓明晰，有长的躯体和分歧的尾部，这样近似的形式使不同的兽面纹有几乎相同的观感。兽面纹的变化只是局部和细节的，部分器官或有省益，有时兽面的双目也会被省略；有些细节表达可能稍有变化，如增加首尾之间的勾云纹等。但兽面纹的结构总是稳定的，其中中部的兽面、两侧的躯尾会稳定地出现，左右对称作横向展开的原则也始终不变。纹饰布局总体上规整而严谨，这使兽面纹具有很高的辨识度，装饰中象征性得到充分发挥。

单组纹饰幅面的大小与器物装饰空间大小成正比。盘龙城青铜容器体量差异较大，一件觚纹带位置的直径4～7厘米，而一件尊罍纹带处的直径在20厘米左右（见图一）。这样，不同纹饰单元的幅面会有很大的差异，每个纹饰单元就需要去适应这些不同空间。因此在相同的时间内，不同器物的纹饰单元大小不一，较小的单元纹饰结构较为简单，较大单元的会相对复杂。

单组纹饰的复杂程度还会随着年代的变化而递增。如图三所示，较早阶段兽面纹如李家嘴M2：21爵纹带略宽，椭方形目，鼻梁不明显；其后的变化如李家嘴M1：15爵在鼻梁两侧、角与鼻梁之间出现立羽状纹，或者如杨家湾M4：4斝在目与鼻梁之间出现接近羽状的竖道。此后，兽面纹的目开始出现"臣"字形，宽带中加入阴线，每幅纹饰看上去似有上下两层，如杨家湾M11：31斝。型式更晚的兽面纹两角之间立羽增多，躯体轮廓明显，躯体两侧外出现单目的夔纹，每幅纹饰看似三层，如杨家湾H6：21罍。宽带阳纹的早晚变化在不同器类上有不同的反映，腹部深而周长较大的器类如尊罍、簋，每组兽面纹的幅度较宽较高，较晚特征的兽面纹较早地出现在这些器类上（如李家嘴M1、M2罍）（图六，2）。

### 2. 单周纹饰的布局

"周"是每件青铜容器完整的装饰形式，多数青铜器都只有一周纹饰，较晚时期尊罍等盛器有多周纹饰。这意味着纹饰特别是兽面纹的基本构成都是左右展开、横向环绕器体。纹饰横向展开让观者横向阅览，可能是来自新石器时代彩陶装饰的传统。

强化单周纹饰的装饰效果的方式之一，是加入辅助纹饰。这往往发生在主题纹饰兽面纹上，加饰的辅助纹饰一般为弦纹，以使兽面纹显得更加规整。也有不少再加饰圆圈纹的，如有的纹带

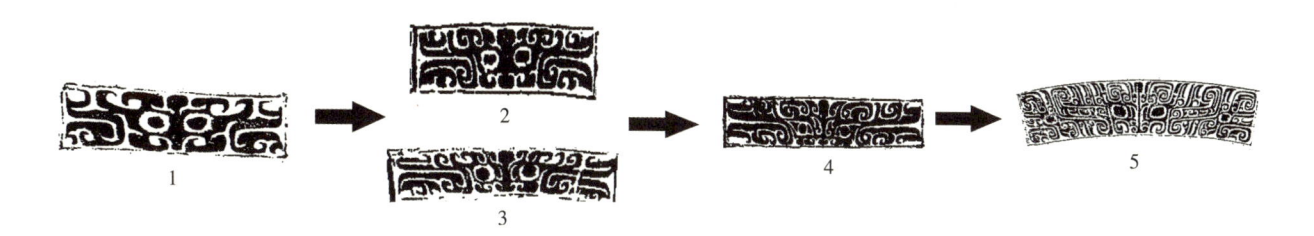

图三　兽面纹的繁化

1、2.爵（李家嘴M2：21、李家嘴M1：15）　3、4.斝（杨家湾M4：4、杨家湾M11：31）　5.罍（杨家湾H6：21）

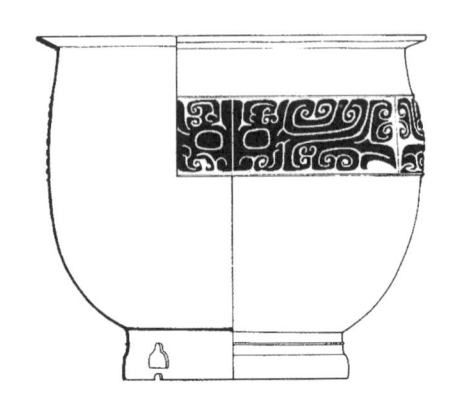

图四 单周纹饰的布局（李家嘴M2∶2簋）

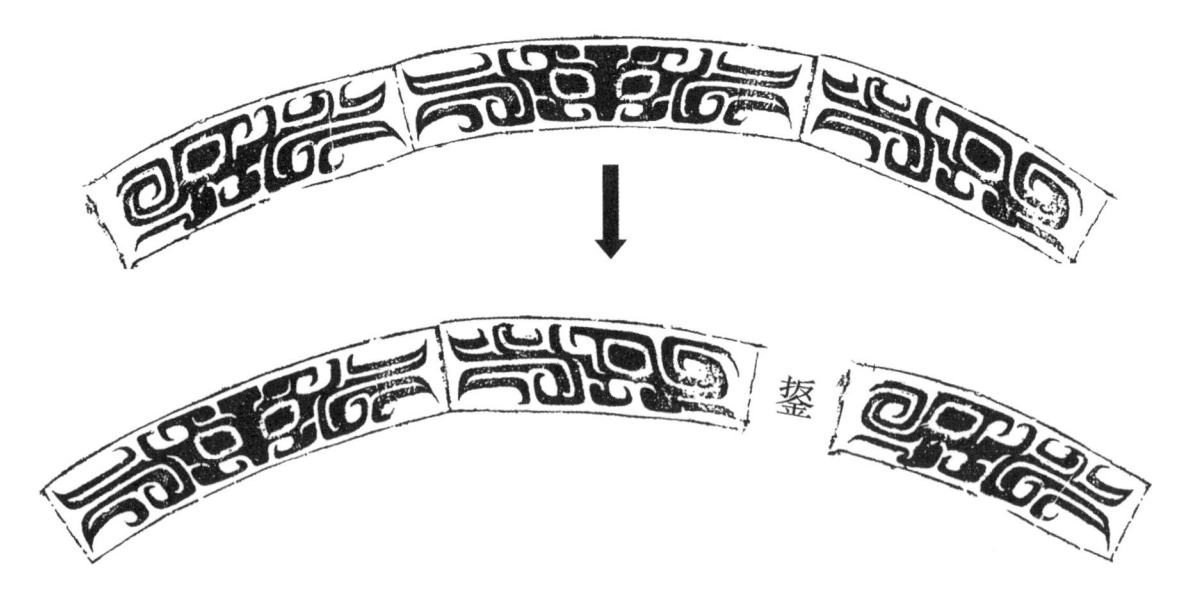

图五 夔纹与兽面纹关系（杨家嘴M2∶1斝）

在上或下加一周圆圈纹，也有的纹带在上下各加一周圆圈纹（见图一，3）。西城垣M1∶2斝的两周连珠纹夹兽面纹+夔纹、杨家湾M11∶31斝的两周均为连珠纹夹兽面纹，是少见的情况。

每周纹饰被分为不同的单元，使单元纹饰变得规整、有序，合乎礼器装饰的仪式感。单元的数量及位置取决于青铜器铸造时腹部使用的外范块数。鼎等三足炊器、簋等圈足盛器使用三块外范，纹饰就是一周三个单元；觚为二分范，觚上的兽面纹也为两个单元；爵腹为扁体使用两块外范，纹饰也是两个单元。外范都是等分的，因此一周的纹饰单元也同样是等分。每周各单元装饰的纹饰内容相同，这样重复的形式使纹饰看上去具有秩序感。又因为每周不同单元的装饰内容相同，使各单元纹饰高度一致——但细部并不完全相同（图四）。这说明每个单元纹饰都是独立制作，一周中不同单元纹饰不会有完全相同的复制现象。如果总结这一时期单周纹饰的总体特征，可以说是纹饰横向分布、纹饰单元按范型划分、各单元纹样类似而不完全相同（图四）。

爵、斝等器物带鋬，鋬所在位置挤占装饰空间，会使所在单元变小。当爵、斝装饰兽面纹时，器体外侧的两足之间装饰一组兽面纹，靠鋬一侧的两个单元各饰一组幅面稍小的夔纹（图五）。当然，这两组夔纹也可以理解为以鋬为鼻梁，躯、尾结构齐备，左右对称的一组兽面纹（图五）。在较晚阶段，爵、斝靠鋬的一侧不再饰两个夔纹，而直接为兽面纹，如盘采：033爵以及杨家湾M11斝，形成每周三组兽面纹的布局。这一变化在其后的殷墟青铜器上被广泛应用。

少数爵的一周纹带会装饰不同的纹饰。如杨家湾M11：57爵外侧饰三段弦纹，而靠鋬的一侧在对应的位置并无弦纹延伸过来；P：032采集爵一周兽面纹在外侧为宽带状，而鋬一侧为线状。这样特殊的情况与纹饰制作技术背景相关，另撰文讨论。

### 3. 多周纹饰的布局

盘龙城青铜器较早阶段多为单周纹饰，多周纹饰常见于第二、三期青铜器，单周向多周发展，是装饰的一个趋向。多周纹饰还特别多地见于簋、尊罍等盛器，形成更为规整、装饰性更强

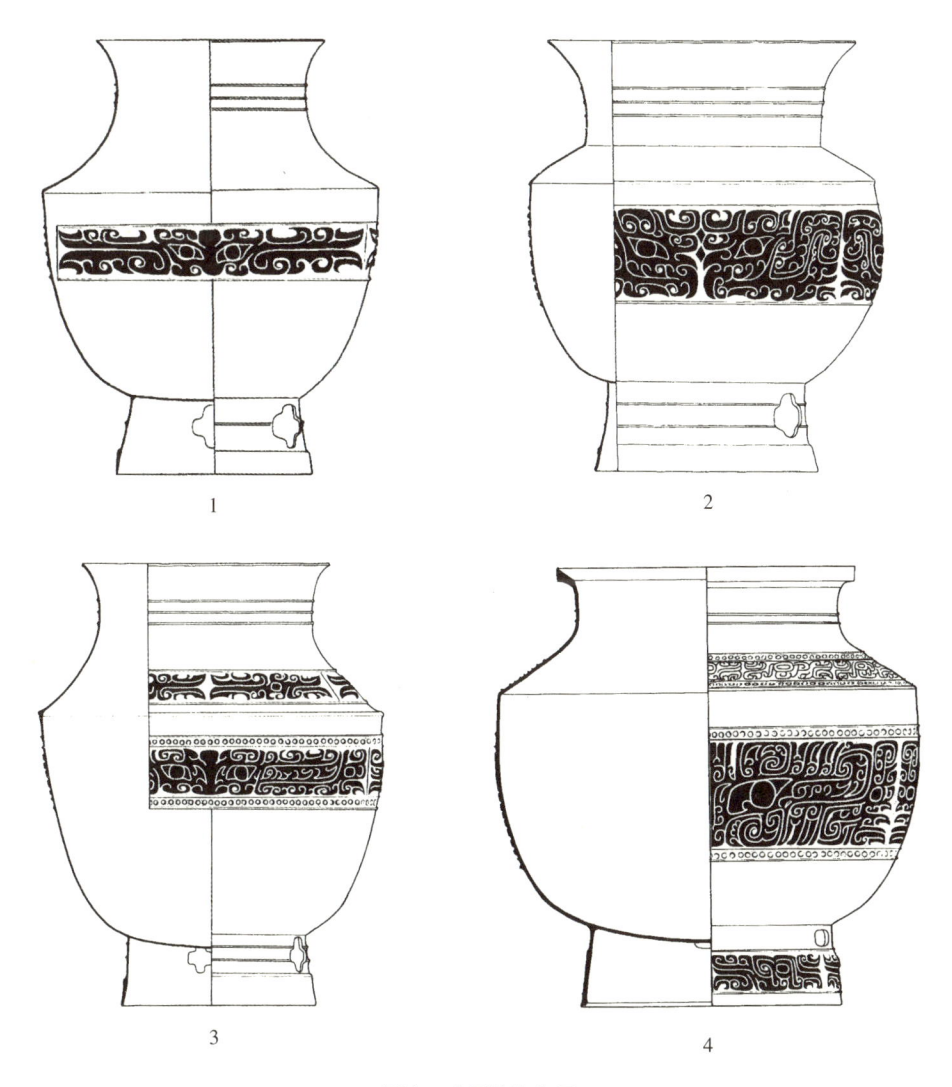

图六　多周纹饰布局
1. 杨家湾M4：1罍（弦纹+兽面纹）　2. 李家嘴M2：75罍（弦纹+兽面纹+弦纹）
3. 李家嘴M1：7罍（弦纹+夔纹+兽面纹+弦纹）　4. 西城垣M1：7罍（弦纹+夔纹+兽面纹+夔纹）

的效果。同时，多周、更为复杂的装饰，也是中国青铜时代早期容器装饰的共同趋向。

多周纹饰从口部到器足纵向分布，不同的幅面适应于容器不同部位尺寸的变化，也为其后时期青铜器满幅整器的装饰提供了布局的基础。

当多周纹饰汇集在同一器体之上，纹饰的构成是规律有序、主次分明的。首先，多周纹带不是堆砌在一个区域，一定分置在口下（或颈部）、腹部、圈足等器物上、中、下不同部位，形成有序的布置。其次，多周纹饰的主题纹饰是突出的、显要的，这往往是兽面纹，其画幅较宽，结构更加复杂，纹带及其内容都更加显要。最后，多种纹饰中纹带的主次顺序是从中部向上下两端逐次延伸，分别是兽面纹、夔纹、弦纹（图六），即从纵向的分布上，兽面纹在中央，夔纹在其侧，弦纹在外围，依次分布。

在盘龙城青铜器中，几乎每件器物都经过装饰。与此同时，各件器物的表面都很光洁，这使青铜器具有很强的外在表现力。特别是与二里头青铜器少装饰、表面不太平滑相比，盘龙城青铜器的装饰性有了大大的提升。盘龙城青铜器装饰多种纹饰主次分明、构图规整，形成了较为明确的装饰风格。在空间上，纹饰横向分组使每个单元由相同的长方形组成，这样规整的装饰幅面保证了纹样具有一致性的表现力，利用了横向的空间。多周纹饰则充分利用了纵向的空间，使装饰有了丰富性和层次感。纹饰的布局是制作技术、器物形制以及装饰需求共同作用的结果。单元纹饰的分组就是从属于分范范型的技术系统，规范的青铜器生产又为装饰表现力提供了可行性，扩展了青铜礼器的仪式感。另外，大部分器物纹样富有力度感，想象动物纹饰又具有神秘感。纹饰排列在规整的单元中，不同类别的纹饰形成主次搭配、层次感，装饰的发展赋予了青铜器更好的展示性，提升了青铜器作为礼器的功能。

**参考文献**

[1] 胡家喜,李桃园.盘龙城遗址青铜器铸造工艺探讨[M]//湖北省文物考古研究所.盘龙城——一九六三年——一九九四年考古发掘报告.北京:文物出版社,2001:576-598.

# 湖北枝江姚港春秋墓年代与相互关系述略*

徐少华

（武汉大学历史学院）

[摘　要]　1985年发掘的枝江姚港M14和M15所随葬的青铜器除个别风格偏早外，主体部分既与淅川下寺M10出土的同类器相近或略晚，亦与下寺M11的有关器物相当，下葬时代当为春秋晚期后段，绝对年代在公元前500年左右或略早。从墓主头向、棺椁结构、器类组合及器形特征来看，这两座墓葬均体现出典型的楚文化风格，应是一对楚国低等贵族夫妇的并穴合葬墓。

[关键词]　姚港M14、M15　春秋晚期后段　夫妇并穴合葬

20世纪80年代前期，宜昌地区博物馆在枝江姚港清理发掘的两座春秋墓，出土了一批青铜器，组合明确、文化因素清晰，对探索鄂西地区楚文化的发展进程具有较好的参考价值。本文拟在发掘简报的基础上，就这批青铜器的特征与确切年代做简略分析，同时就两座墓葬的相互关系提出一点个人看法，以期对楚器、楚墓的分期断代有所裨益，不当之处敬请师友批评指正。

## 一、墓葬年代简述

1984年，湖北枝江县第二砖瓦厂在姚港村后岗地上的高山庙一带取土时发现了一批周代墓葬，1985年4~5月，宜昌地区博物馆对该墓地进行了田野发掘，清理两周时期墓葬23座，其中M14、M15位于岗地顶部，东西排列，间距5米，均为土坑竖穴墓，葬具皆为一棺一椁。M14墓口长3.9、宽2.05米，墓底长2.5、宽1.6米，深2.5米，方向175°；M15墓口长4.1、宽2.1米，墓底长3.14、宽1.78米，深2.2米。两墓随葬器物均为青铜器，M14有鼎2，簠2，浴缶与盘、匜、斗各1；M15有斗1、车軎2，以及马衔、马镳等（图一、图二）[1]。关于这两座墓葬的年代，简报通过分析比较，认为"属于同一时期……表现了湖北地区春秋楚墓的一般特征……时代应为春秋晚期"。我们觉得这一判断是正确可信的，以目前相对细致的文化因素分析和断代标准而言，仍有进一步认识的空间。

---

\*　本文为国家社会科学基金重大招标项目"周代汉淮地区列国青铜器和历史、地理综合整理与研究"（批准号：15ZDB032）、武汉大学重大委托项目"两周汉淮地区列国青铜器和历史地理探析"（2016年）的阶段性成果。

M14随葬的2件鼎，形制、大小一致，属于一对典型的楚式箂鼎，即常言的"箍口鼎"，口微敛，一对长方形附耳，深腹，圜底，三蹄足较瘦长呈弧形向外撇出；盖微隆，中间一半环钮衔环，外围一周有三个环形螭钮；上腹一周凸弦纹，颈部与腹部饰蟠螭纹，膝部饰兽面纹（图一，1）。其形制，要明显晚于淅川下寺M3出土的同类器，而介于下寺M10与M11所见的几件箂鼎之间[2]。

该墓所见的2件铜簠，亦大小相同，由器、盖两部分上下扣合，平面呈长方形，直口，斜腹壁内收，曲尺形足外张；器、盖侧面腹壁上各有一对长方体兽形耳，盖口沿一周有6个兽面鋬卡，以防止器盖滑落；器、盖通体饰较细密的蟠螭纹（图一，2）。就形制和纹饰而言，与下寺M3、M10和M11随葬的几件簠相近[3]，时代当相去不远。

M14的浴缶，亦是一件特征明显的楚器，虽锈蚀严重，出土时下部破碎，然整个形制大体可辨。直口，折沿，广肩，弧腹，肩部一对兽形立耳；隆盖，顶部正中一碗状环形捉手，下部有四个对称的小穿孔；肩部上下有三周索状凸弦纹，中间一道上压有四个对称的小圆饼，上饰兽面与涡纹，器之肩、腹部和盖面饰细密的蟠螭纹等（图一，3），整个形制、纹饰与淅川下寺M4出土的浴缶接近而稍晚[4]。

M14发现的盘，折沿，方唇，口微敛，腹部略鼓，圜底较坦；腹外有四个对称的小环耳，其中2耳衔索状圆环，底部附3个环状螭足，腹外壁饰细密蟠螭纹、索状凸弦纹和三角纹（图一，4）。匜作瓢形，短流，弇口，口呈桃形向下倾斜，平底，尾部一兽形鋬，肩部一周索状凸弦纹，上下饰细密蟠螭纹，流上部是镂空兽面纹（图一，5）。这对盘、匜的形制与纹饰，与下寺M10出土的同类器相似[5]。

该墓所见的斗，呈钵形，敛口，折沿，尖唇，深腹，圜底，侧面有一筒形曲柄；中腹一周索状凸弦纹，上下饰带状蟠螭纹，柄之弯曲处饰兽面纹，柄上端（即简报所言之"器把"）为浅浮雕兽面衔环。其形制和纹饰与下寺M3、M10、M11诸墓随葬的铜斗类似而更近于下寺M10之器[6]。

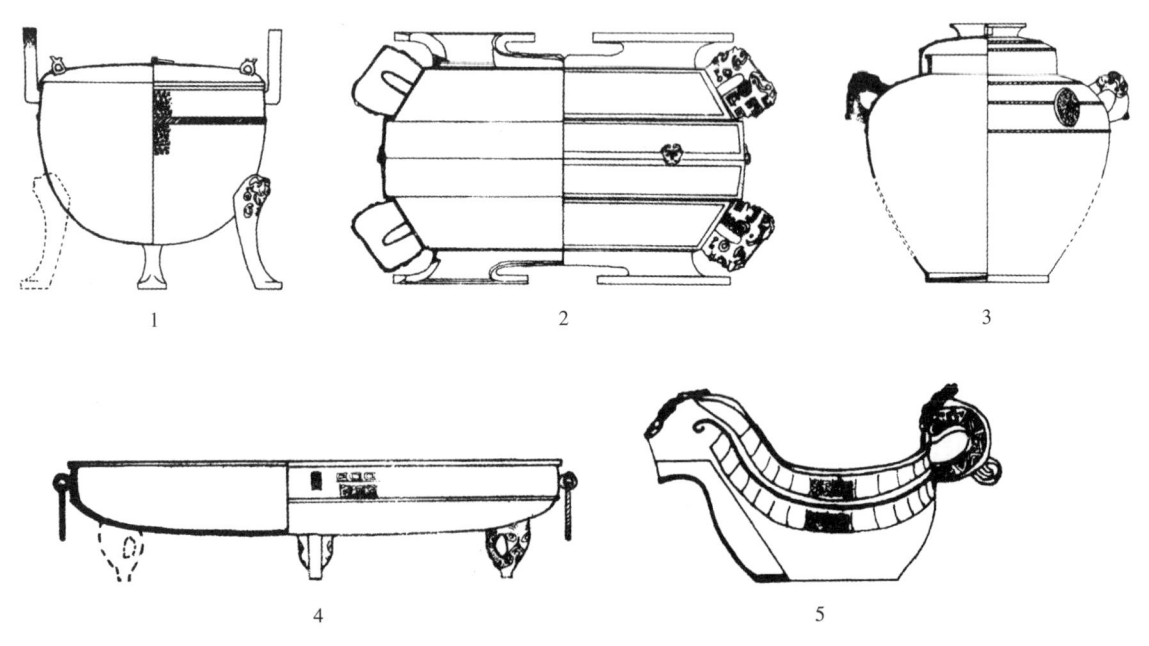

图一 枝江姚港M14出土的部分青铜器
1.鼎 2.簠 3.浴缶 4.盘 5.匜

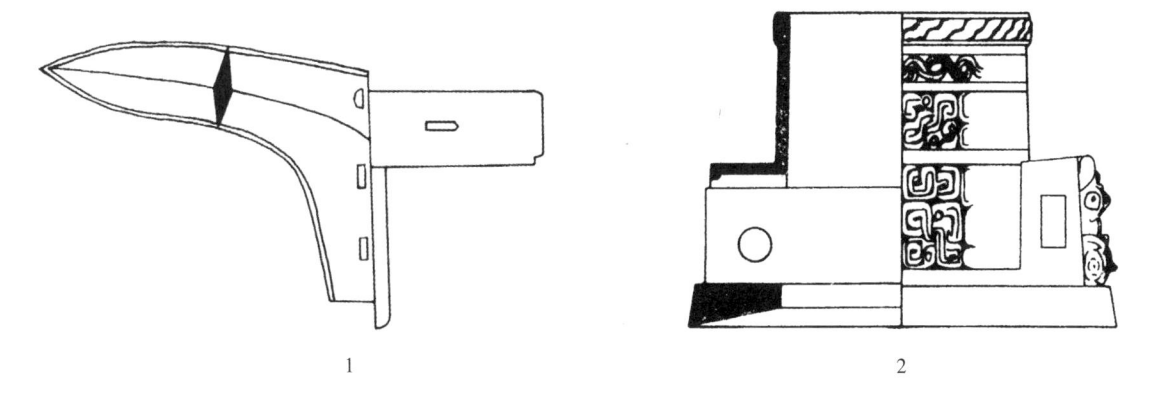

图二　枝江姚港M15出土的部分青铜器
1. 戈　2. 车軎

M15出土的斗，与M14之斗基本一致，时代应当相近；该墓随葬的铜戈，长胡三穿，援部上昂，中脊凸起，内上一长方形穿，内端下部有缺（图二，1）。其形制明显晚于下寺M2所见的铜戈[7]，而与下寺M10、M11中的Ⅱ式戈接近。

M15的车軎，体较短，呈圆筒状，沿外折，沿下有安辖的长方形孔两个；軎体饰蟠螭纹和凸弦纹，辖呈"丁"字状，辖帽饰兽面（图二，2）。整个形制与下寺M11发现的Ⅱ式车軎类似然纹饰有别[8]。

淅川下寺诸墓的时代，发掘报告曾做过全面细致的分析，推定甲组M7、M8和M36三墓属于春秋中期晚段，即公元前620～前571年；乙组的M4、M1、M2和M3为春秋晚期前段，即公元前570～前521年；丙组的M10、M11两座墓葬属于春秋晚期后段，即公元前520～前476年[9]。经过二十多年来若干新材料的检验，证明下寺墓地发掘者当年所做的这一结论是准确可信的，可谓春秋楚墓断代的重要标尺之一。下寺M2，发掘报告根据墓内所出铜器铭文中有关"令尹子庚"的记载，将其论定为楚康王时令尹子庚（王子午）之墓，分列于M2南、北两边的M1和M3之墓主当是子庚的两位夫人[10]；李零先生通过对该组器物和铭文的考析，认为M2的墓主当为器铭多见的"楚叔之孙倗"，即文献所载楚康王时期的另一位令尹蒍子冯[11]，结合相关材料，特别是后来发现的淅川和尚岭与徐家岭等地的楚墓资料来看[12]，李零先生的看法应当可信。

据《左传》记载，蒍子冯于鲁襄公二十二年（前551年）任令尹，鲁襄公二十五年死于任上。如果下寺M2的墓主为蒍子冯，则该墓的下葬时间当在公元前548年或稍后。M1略早于M2，但墓中出土多件带有"楚叔之孙倗"铭文的器物，且与M2中部分器物、铭文风格相似，时代相差不会太远，可能较公元前550年稍早；M4早于M1而又晚于M36，从墓葬位置来看其距M36较远而与M1、M2和M3属于同一组，时代当在公元前560年前后或略早；M3的随葬器物，既有部分与M2一致的"楚叔之孙倗"之器，如浴鼎、浴缶等，亦有蔡侯为其次女"仲姬"嫁适楚系贵族蒍氏所作的媵器如盘、匜等，还有一些风格稍晚的器物，如三足略呈弧形而外撇的鬴鼎，腹部变浅、底部较坦、三足外张的盂鼎，墓主可能是器铭所载的蒍氏少夫人"蒍仲姬丹"，其下葬时间较M2墓主略晚一些，大致在公元前540～前530年。

属于丙组的M10，位于乙组以北数十米，而M11又位于M10以北60米，从两墓皆随葬兵器和车马器、均有单独的车马坑的史实分析，这两位墓主都应是男性，可能分别是M2墓主蒍子冯的子嗣与孙辈,再结合M11的部分随葬器物如鎌鼎、盂鼎、尊缶、浴缶等与安徽寿县蔡侯墓的出土器物近似或稍早的现象推测[13],下寺M10当下葬于公元前520年左右,M11在公元前500年前后或稍晚,但不晚于蔡侯墓下葬的公元前491年或公元前490年。

枝江姚港M14、M15随葬的青铜器,虽有少许风格偏早的器物,如M14的浴缶,但主体部分既与下寺M10出土的同类器相近或略晚,又与下寺M11的有关器物相当,下葬时代亦应为春秋晚期的后段,绝对年代在公元前500年左右或略早。

## 二、相互关系与文化因素推测

姚港M14、M15两墓,东西并列,间距5米,墓坑大小、棺椁结构、墓主头向、下葬时间均相近或一致,应为一对楚系低等贵族夫妇的并穴合葬墓;M15随葬兵器、车马器,墓主当是一位男性;M14未见兵器和车马器,应是夫人墓。类似之例如河南淅川下寺春秋楚墓,凡男性墓葬如M8、M36、M2、M10、M11等,随葬品中既有兵器,亦有车马器,而几座性别明确的女性墓,如M7、M1、M3等,既无兵器,亦无车马器[14]。湖北钟祥黄土坡东周墓地位于中区的M31、M35和位于南区的M3、M4等几座春秋铜器墓的情况也是如此[15]。说明兵器和车马器的有无是判断楚系墓主人性别的重要标准之一,姚港M14、M15的材料对明确这一认识提供了有益的佐证。

M14的头向175°,M15为150°,均为南向,与东周时期楚系低等贵族墓葬大都朝南的规律相一致,如湖北当阳赵家湖297座楚墓中,头向朝南者占绝大多数,少数朝东或朝西,几无朝北者[16];襄阳余岗墓地179座楚墓中,有178座头向朝南[17]。这一习俗,与地处中原的河南三门峡上村岭虢国墓地头向明确的230座墓葬中95%左右朝北[18],洛阳中州路东周墓头向明确的255座墓葬中绝大多数朝北、少数朝东的情况大不一样[19],可谓东周楚文化的重要特征之一。

姚港M14随葬青铜礼器的组合是鎌鼎、簠、浴缶、盘、匜等,核心器物是鼎、簠、浴缶,这一现象与河南三门峡上村岭虢国墓地、洛阳中州路东周墓、山西侯马上马墓地铜器墓多以鼎、簠、壶或鼎、豆、壶为核心组合的风格明显不同[20],而与淅川下寺楚墓M8、M36和M4诸墓均以随葬鎌鼎(或盂鼎)、簠、浴缶和盘、匜为基本组合的情形相一致[14],是春秋中晚期楚文化走向成熟的明显体现。

就M14所见铜礼器的特征而论,如箍口、深腹圜底、三蹄足弧弯外撇、盖面三螭纽的鎌鼎,直口、广肩、弧腹、隆盖、顶部环形捉手、肩腹部饰索状凸弦纹并有数个圆饼饰的浴缶,浅腹、坦底、环纽、底部三螭足的盘,平底、短流、弇口、口部向下倾斜、尾部兽形鋬的匜等,均是楚文化走向成熟期的标志性器物,由此亦见姚港两墓的文化属性和时代特征。

## 三、结语

由上所述,枝江姚港M14、M15随葬的青铜器,除个别风格偏早的器物外,主体部分既与下寺M10出土的同类器相近或略晚,亦与下寺M11的有关器物相当,下葬时代当为春秋晚期的后段,绝对年代在公元前500年左右或略早。

从墓主头向、棺椁结构、器类组合及器形特征来看,这两座墓葬均体现出典型的楚文化风格,发掘简报称之为"春秋晚期"的楚墓,言之有据,应是一对楚国低等贵族夫妇的并穴合葬墓。

参考文献

[1] 湖北省宜昌地区博物馆. 湖北枝江姚家港高山庙两座春秋楚墓[J]. 文物, 1989(3). 按：简报言两墓各出有一件"器把"，实为随葬铜斗（简报称之为"瓢"）上端的柄部，因中间木棍腐朽，以致斗柄与斗体脱落分离，特此说明.

[2] 河南省文物研究所, 河南省丹江库区考古发掘队, 淅川县博物馆. 淅川下寺春秋楚墓[M]. 北京: 文物出版社, 1991: 214, 250, 295.

[3] 河南省文物研究所, 河南省丹江库区考古发掘队, 淅川县博物馆. 淅川下寺春秋楚墓[M]. 北京: 文物出版社, 1991: 220, 251, 299.

[4] 河南省文物研究所, 河南省丹江库区考古发掘队, 淅川县博物馆. 淅川下寺春秋楚墓[M]. 北京: 文物出版社, 1991: 244.

[5] 河南省文物研究所, 河南省丹江库区考古发掘队, 淅川县博物馆. 淅川下寺春秋楚墓[M]. 北京: 文物出版社, 1991: 255.

[6] 河南省文物研究所, 河南省丹江库区考古发掘队, 淅川县博物馆. 淅川下寺春秋楚墓[M]. 北京: 文物出版社, 1991: 235, 257, 301.

[7] 河南省文物研究所, 河南省丹江库区考古发掘队, 淅川县博物馆. 淅川下寺春秋楚墓[M]. 北京: 文物出版社, 1991: 187, 305.

[8] 河南省文物研究所, 河南省丹江库区考古发掘队, 淅川县博物馆. 淅川下寺春秋楚墓[M]. 北京: 文物出版社, 1991: 303.

[9] 河南省文物研究所, 河南省丹江库区考古发掘队, 淅川县博物馆. 淅川下寺春秋楚墓[M]. 北京: 文物出版社, 1991: 308-319.

[10] 河南省文物研究所, 河南省丹江库区考古发掘队, 淅川县博物馆. 淅川下寺春秋楚墓[M]. 北京: 文物出版社, 1991: 320-326.

[11] 李零. "楚叔之孙倗"究竟是谁——河南淅川下寺二号墓之墓主和年代问题的讨论[J]. 中原文物, 1981(4).

[12] 河南省文物考古研究所, 南阳市文物考古研究所, 淅川县博物馆. 淅川和尚岭与徐家岭楚墓[M]. 郑州: 大象出版社, 2004.

[13] 安徽省文物管理委员会, 安徽省博物馆. 寿县蔡侯墓出土遗物[M]. 北京: 科学出版社, 1956.

[14] 河南省文物研究所, 河南省丹江库区考古发掘队, 淅川县博物馆. 淅川下寺春秋楚墓[M]. 北京: 文物出版社, 1991: 345-348.

[15] 荆州博物馆, 钟祥市博物馆. 湖北钟祥黄土坡东周秦代墓发掘报告[J]. 考古学报, 2009(2).

[16] 湖北省宜昌地区博物馆, 北京大学考古系. 当阳赵家湖楚墓[M]. 北京: 文物出版社, 1992: 224-246.

[17] 襄阳市文物考古研究所. 余岗楚墓[M]. 北京: 科学出版社, 2011: 7.

[18] 中国科学院考古研究所. 上村岭虢国墓地[M]. 北京: 科学出版社, 1959: 3.

[19] 中国科学院考古研究所. 洛阳中州路(西工段)[M]. 北京: 科学出版社, 1959: 60.

[20] 中国科学院考古研究所. 上村岭虢国墓地[M]. 北京: 科学出版社, 1959: 28-41; 中国科学院考古研究所. 洛阳中州路(西工段)[M]. 北京: 科学出版社, 1959: 151-163; 山西省考古研究所. 上马墓地[M]. 北京: 文物出版社, 1994: 170-171.

# 新见楚王领、翏子厚器及相关史事小考

王先福　赵　丹
（湖北省博物馆）

[摘　要]　近期湖北省博物馆在涉案文物鉴定中发现5件青铜器，4件有铭文，内容较为重要，涉楚王领、翏子厚与相关史事。本文在介绍该组青铜器的基础上，考证其时代为春秋中期中段；楚王领应为楚成王，楚王领媵器之甫（吕）灭国时间或在楚成王三十七年（前635年）至楚庄王十九年（前595年）间；翏即西蓼，其灭国时间或在楚成王末期或楚穆王早期。

[关键词]　楚王领器　翏子厚器　甫（吕）　西蓼　春秋中期

2023年11月，湖北省博物馆在涉案文物鉴定中发现5件青铜器，据介绍，这批青铜器应出自同一座墓葬，经辗转多次被公安部门追缴，追溯出土地点在南阳盆地一带。5件青铜器中4件有铭文，其中2件为楚王领媵器，2件为翏子厚自作器，内容重要，前者还可与传世同名器相对照。现将资料公布并结合铭文对相关问题进行初步探讨。

## 一、青铜器介绍

青铜器共5件，器类有鼎、壶、盘、匜。

鼎　2件。深弧腹内收，圜底，三矮蹄足，长方形附耳。根据口部和有无盖的不同分为二型。

A型　1件。敛口。承平顶盖，盖中心有一较高的兽首弓形纽，外缘三个"S"形立纽。器身中腹饰一周蟠龙纹，其下一道凸弦纹。耳内壁饰重环纹，两边为长条状，下端圆凸，上端弧凹，顶部为圆形；外壁面两边为简化"S"形窃曲纹，顶部为圆形重环纹。盖平面靠外侧一周饰蟠龙纹。立纽面饰卷云纹；侧面饰一周"S""C"形简化窃曲纹。器身内壁口部以下铸铭文六行27字，前四行各5字，第五、六行分别为4、3字：佳八月初吉庚午，翏子厚自作繁鼎，以征以行，其眉寿无疆永宝用之。盖面外缘铸一周相同的铭文。鼎口径25.5、盖口径27.9、通高33.5厘米（图一，1、2）。

B型　1件。直口，宽平折沿。无盖。上腹于两道凸弦纹间饰一周"S""C"形简化窃曲纹。耳内外壁面饰窄长单圈环纹。口内壁铸铭文五行20字，每行4字：翏子厚自作石沱，以征以旅，其眉寿无疆永宝用之。口径25、通高31.7厘米（图一，3、4）。

壶　1件。扁体。微侈口，短束颈，溜肩，鼓腹，下腹弧收，平底。颈部有两环耳，下腹一侧中部有兽形环纽。口外至上腹下部饰一周垂鳞

图一 铜鼎、扁壶

1. 翏子厚平盖鼎  2. 翏子厚平盖鼎盖顶铭文  3. 翏子厚深腹鼎
4. 翏子厚深腹鼎内壁铭文  5、6. 扁壶

纹，其上满饰一周三组粗疏的蟠螭纹和一周垂鳞纹，中腹饰一周两组粗疏蟠螭纹，下腹饰一周三组垂鳞纹。壶口长径11、短径8.5厘米，底长径13.7、短径8厘米，高28.7厘米（图一，5、6）。

盘  1件。大敞口，宽平折沿，浅弧腹内收，平底，浅宽圈足外撇，口外有对称长方形附耳。外壁饰一周粗疏的蟠螭纹。圈足饰"亚"形垂鳞纹。内底铸五行30字铭文（重文1），第一行5字，中间三行6字，最后一行7字（含重文1）：正月初吉丁亥，楚王领朕甫（吕）孟嬭幾盥盘，其眉寿万年无疆，子子孙孙永宝用之。从第一行开头空一格并结合匜铭文看，省略了"隹"字。口径38.5、圈足径30、通高11厘米（图二，1、2）。

匜  1件。平面呈椭圆形，宽流上翘，弧腹，圜底，四扁体卷龙形足，尾部有龙形鋬。口外至中腹饰粗疏的蟠螭纹，下腹饰瓦棱纹。内底铸五行30字铭文（重文1），每行6字，最后一行含重文1字：隹正月初吉丁亥，楚王领朕□（甫）孟嬭幾盥匜，□（其）眉寿万年无疆，子子孙永宝用。其中"朕""匜"下半部及其下各1字被补铸部分遮盖，根据盘的铭文可推知分别为"甫""其"。口长26、最宽13.5、通高17厘米（图二，3、4）。

这批青铜器在纹饰及其组合上具有较明显的春秋早期向中期过渡的时代特征，既有春秋早期的窃曲纹、重环纹、垂鳞纹、蟠龙纹，又有所简化和变形；还有春秋中期流行的粗疏蟠螭纹，且

图二 铜盘、匜
1. 楚王领盘　2. 楚王领盘铭文　3. 楚王领匜　4. 楚王领匜铭文

蟠螭纹的整体组合主要为环带状，不见更晚的细密蟠虺纹。同时，在铸造技术上，2件鼎的器身与鼎足均为浑铸，三分合范，三角形底范，时代不晚于春秋中期。

A型鼎形制与襄阳沈岗春秋中期中段M1022：1平盖鼎[1]十分接近，只是本型鼎口部更高，以蟠龙纹、简化窃曲纹装饰，与前者的环带状粗疏蟠螭纹有别。而这种平盖鼎还在淅川下寺春秋中期后段M7中出土过，下寺M7：6平盖鼎口稍短、腹部稍浅，装饰脱胎于窃曲纹但为更简化的盘绕"S"形纹饰[2]，在时代上要晚于本A型鼎。

B型鼎在形制上近似河南新野春秋早期曾国青铜"敦形鼎"[3]，二者简化的窃曲纹相同，只是新野鼎腹更深且外鼓更甚、足更矮，时代上较

该鼎要早。此类深腹鼎还见于山东薛国故城2号墓地春秋早中期M2：105、M4：12[4]。

媿幾盘、匜与黄君孟夫妇墓之G2：A12盘、G2：A13匜[5]形制基本相同、纹饰风格相近。而从青铜器的整体风格看，黄君孟夫妇墓也正好体现了春秋早期向春秋中期过渡的时代特征。黄君孟夫妇墓的时代下限不晚于楚灭黄的公元前648年。只是本盘的腹部纹饰为粗疏蟠螭纹，黄君孟夫妇墓G2：A12盘的腹部纹饰为"S"形凸目窃曲纹，从这一点看，本盘的时代略晚。本盘也与上述对比之新野曾墓、沈岗M1022：8之盘差不多，只是腹部纹饰本盘为蟠螭纹，新野盘为蟠龙纹，沈岗M1022：8盘为"S"形凸目窃曲纹，也表明本盘时代要稍晚。

壶与薛国故城2号墓地春秋早中期M1：63壶

形制接近，只是本件壶矮胖，纹饰为环带状粗疏蟠螭纹，后者上腹为龙形粗疏蟠螭纹，中腹为波浪纹；与后者同时出土且时代相同的M2：124、M4：6也有类似风格的圆壶[4]。

综合分析，上述5件青铜器的时代在春秋中期中段前后，公元前650～前620年，其中2件鼎的时代要稍早于盘、匜。

## 二、楚王领考

"楚王领"见于传世的楚王领钟，该钟为纽钟，正鼓部饰虬结龙纹组合成的兽面纹，纽面、篆带饰斜角蟠龙纹。双面钲部、侧鼓部铸18字铭文：隹正月初吉丁亥，楚王领自作铃钟，其聿其言[6]。

关于楚王领，专家们根据传世楚王领钟之"领"的释读考证出不同的结论，甚至年份上差距还很大，有楚成王（前671～前626年在位）、楚穆王（前625～前613年在位）、楚共王（前590～前560年在位）、楚郏敖（前544～前541年在位）、楚昭王（前515～前489年在位）、楚悼王（前401～前381年）诸说[7]。

从铭文字体看，在"隹正月初吉丁亥，楚王领""其"等相同的字体上，楚王领钟与孎幾盘、匜有着高度的一致性，而同为"正月丁亥"历日表明，它们很可能为同一时间铸造。

从铭文内容看，盘、匜均为媵器，行文格式为时间+用途+嘏辞。早年所出孎加鼎在行文格式、文字内容上与之十分接近。孎加鼎铭文为：唯王正月初吉丁亥，楚王媵随仲孎加食繇。其眉寿无期，子孙永宝用之[8]。而本盘、匜的铭文为：隹正月初吉丁亥，楚王领媵甫（吕）孟孎幾盥盘（或匜），其眉寿万年无疆，子子孙永宝用。其内容仅有少量的不同，最主要的是盘、匜有明确的楚王私名"领"，且媵器的对象和国名有所不同。不过，从铭文字体上仍然可以观察到一些小的差别，如孎加鼎中的"唯"加"口"、"正"中间一竖出头、"楚"之"足"下移到"林"下等，这是孎加鼎年代较孎幾盘、匜晚的文字学依据。

从纹饰上看，孎加鼎器壁纹饰为细密的方块状蟠虺纹，与孎幾盘、匜器壁粗疏的环带状蟠螭纹相比也呈现较晚的特征。

关于孎加鼎的时代，多数学者认为在公元前600年左右或春秋中期偏晚阶段，约当楚穆王或共王时期[9]。

2018～2019年，湖北省文物考古研究所对随州枣树林墓地进行发掘，清理出三组曾侯及夫人墓，第一组的曾公𫊻（M190）及夫人（M191）墓约在春秋中期早段，曾侯宝（M168）及夫人（M169）墓时代稍晚。其中M169即为孎加墓，出土了与孎加鼎铭文相同的缶等容器，特别是一套大体完整的孎加编钟[10]。发掘者根据曾公𫊻编钟的时代特征结合历日推测其铸造年代为公元前646年，然后结合孎加编钟的历日推测其铸造年代为公元前623年，时代在楚穆王早期[11]，由于楚成王在位时间长，其子楚穆王继位时年龄已大，则孎加应为楚穆王之女。而孎加编钟铭文有"余文王之孙，穆之元子"语，发掘者认为该"文王""穆"为周王谥号[12]。若按照推测孎加为穆王之女看，孎加钟铭之"文王""穆"很可能为楚王之谥号，田成方、吴毅强等先生已做辨析[13]，颇有道理。而枣树林M191（即孎渔墓）是早于孎加墓的一代曾侯夫人，出土了一件铜盘（M191：43），该盘整体形制与孎幾盘甚至圈足、耳部纹饰均一致，只是在腹壁纹饰上有所区别，虽然孎渔盘腹壁为相互缠绕的简化龙纹，孎幾盘为环带状粗疏蟠螭纹，但二者在龙纹或蟠螭纹间空白处填充的简化小龙纹完全相同，可见二者的时代基本一致，或孎渔盘时代稍早。同时，孎渔盘铭文为：隹八月初吉庚午，楚王𪒠作其元妹孟孎□（渔）□盥（匜），其万年□（眉）寿无疆，子□（孙）□（永）宝用之。孎幾盘的铭文字体与孎渔盘相同。发掘者推测该楚王为楚成王，而按照该墓出土"楚王媵渔孎"铜簠知，该盘应是楚成王为其妹孎渔出嫁曾公𫊻之前所铸[14]。

综上所述，嬭幾盘、匜的时代要早于楚王媵嬭加鼎，而稍晚于嬭渔盘，则媵嬭幾之楚王领当为楚成王。而"正月丁亥"更合李立芳先生所考之公元前635年[15]。正如楚王领钟整体形制、纹饰与前述春秋中期早段的曾公瑊钟特征相符。

## 三、楚灭甫（吕）史事新考

嬭幾盘、匜为楚王领为嬭幾所作媵器，其对象为甫，即吕。关于吕国，徐少华先生做过详细梳理和考证：其于西周晚期与申国一起南迁南阳盆地，地望在申国西边不远，即今南阳市以西约30千米处，学术界认识基本一致。而吕国被楚国所灭时间大约在楚文王三至十三年（前687～前677年）[16]。

如上考不误，嬭幾盘、匜所作媵器的楚王为成王，其铭文为"楚王领媵甫孟嬭幾盥盘（或匜）"，与前引"楚王媵随仲嬭加食䋣"和"楚王媵江仲嬭南龢钟"[17]格式除了不见楚王的私名外完全相同，甚至三器在前部的历日和后部的嘏辞表示文字也基本相同，这也反证了三者的时代相当，徐少华先生考证为嬭南作钟的楚王正是楚成王[18]，嬭南钟的铭文字体与嬭幾盘、匜也几乎一致。三者中楚王所作媵器之随、江均为当时的诸侯国，说明同样为媵器嬭幾所嫁之甫（吕）也应为诸侯国，而并非楚灭吕后的吕国公族，即按照历日所考之公元前635年时，吕国依然存在。淅川下寺M10出土的黝钟铭文"余吕王之孙，楚成王之盟"[19]正好印证吕国是楚成王之盟国。

而据《左传·成公七年》载："楚围宋之役，师还。子重请取于申、吕以为赏田，王许之。申公巫臣曰：'不可。此申、吕所以邑也，是以为赋，以御北方。若取之，是无申、吕也。晋、郑必至于汉。'王乃止。"杜预注：楚围宋之役为鲁宣公十四年（前595年）[20]。显然，其时吕已入楚。则楚灭吕的时间在楚成王三十七年（前635年）至楚庄王十九年（前595年）间。而与吕国相邻的申国在楚文王二年（前688年）遭楚文王假邓所伐，但其时是否被灭尚不清楚。《左传·哀公十七年》追忆楚早年功绩时"子谷曰：'观丁父，鄀俘也，武王以为军率，是以克州、蓼，服随、唐，大启群蛮。彭仲爽，申俘也，文王以为令尹，实县申、息，朝陈、蔡，封畛于汝。'"[21]表明至迟楚文王十三年（前677年）时申、息已为楚县。鲁庄公三十年（前664年）"申公斗班杀子元"[22]时，申确为县并设有县公。既然吕与申相邻，楚文王灭申而存吕，原因值得探讨。同时或稍晚，楚国多次越过申、吕之地北进中原攻伐郑、蔡、宋等国，也未见吕国参与，或表明吕国已完全成为楚的附庸国。

## 四、西蓼史新证

A、B型鼎铭文基本一致，均为"翏子厚自作"器。由铭文"翏"字知，其为国名，且应为己姓西蓼[23]。徐少华先生考证该蓼国位于河南省唐河县湖阳镇及蓼阳河一带[24]。

传世文献关于西蓼的记载很少，最早见于《左传·桓公十一年》："楚屈瑕将盟贰、轸，郧人军于蒲骚，将与随、绞、州、蓼伐楚师。"[25]，其后就是上引鲁哀公十七年（前478年）的记载，而专家们一般据此认为蓼国可能在楚武王晚年被灭。但该记载仅表明了楚克蓼，而不一定灭蓼，这两件翏子厚鼎的发现或可提供新的依据。

从翏子厚鼎形制看，其显然并非典型楚器，此类风格的鼎在淮域乃至山东地区都发现较多，即这两件鼎不太可能是西蓼被楚灭入楚后其后裔所作之器。而铭文内容也显示其时蓼国应该依然存在，这已是楚成王晚期了。

我们再联系在湖北襄阳出土的蓼子郪盏[26]，该盏纹饰既有春秋早期流行的环带纹、垂鳞纹，只是稍细密，也出现了春秋中期常见的方块状蟠螭纹，其时代要晚于翏子厚鼎，楚文化风格较为强烈，应是受影响所致。田成方考证后认为其在春秋中期后段，约在公元前600年或稍早[27]。该器出土于汉水以北楚邓县地[28]，很可能为战利品。或许西蓼被灭在此后不久，即楚成王末期或楚穆王早期。

该组青铜器如确实出自同一座墓葬，则很可能是楚王领嫁甫（吕）之女嬭幾之墓，按照前引枣树林墓地发现"楚王媵随仲嬭加"器证实，嬭加为曾侯宝夫人，推测嬭幾很可能为甫（吕）国君夫人。若此，作为西蓼国贵族的"翏子厚"器出土于该墓也表明西蓼与甫（吕）的密切关系。

附记：照片由赵丹拍摄，铭文释读得到了田成方副教授的帮助，再次表示衷心感谢！

**参考文献**

[1] 襄阳市文物考古研究所.湖北襄阳沈岗墓地M1022发掘简报[J].文物,2013(7).
[2] 河南省文物研究所,河南省丹江库区考古发掘队,淅川县博物馆.淅川下寺春秋楚墓[M].北京:文物出版社,1991:27-29.
[3] 郑杰祥.河南新野发现的曾国铜器[J].文物,1973(5).
[4] 山东省济宁市文物管理局.薛国故城勘查和墓葬发掘报告[J].考古学报,1991(4).
[5] 河南信阳地区文管会,光山县文管会.春秋早期黄君孟夫妇墓发掘报告[J].考古,1984(4).
[6] 中国社会科学院考古研究所.殷周金文集成释文(第一卷)[M].香港:香港中文大学出版社,2001:31.
[7] 李立芳.楚王领考[J].安徽史学,1993(2);董楚平.楚王领钟跋[J].江汉考古,1995(2).
[8] 曹锦炎."曾"、"随"二国的证据——论新发现的随仲嬭加鼎[J].江汉考古,2011(4).
[9] 张昌平.随仲嬭加鼎的时代特征及其他[J].江汉考古,2011(4);黄锦前.随仲嬭加鼎补说[J].江汉考古,2012(2).
[10] 湖北省文物考古研究所,北京大学考古文博学院,随州市博物馆,等.湖北随州枣树林墓地2019年发掘收获[J].江汉考古,2019(3);湖北省文物考古研究所,北京大学考古文博学院,随州市博物馆,等.湖北随州市枣树林春秋曾国贵族墓地[J].考古,2020(7).
[11] 郭长江,凡国栋,陈虎,等.曾公𬯎编钟铭文初步释读[J].江汉考古,2020(1).
[12] 郭长江,李晓杨,凡国栋,等.嬭加编钟铭文的初步释读[J].江汉考古,2019(3).
[13] 田成方.曾公𬯎钟铭初读[J].江汉考古,2020(4);吴毅强.嬭加编钟铭文新释及相关问题考辨[J].北方论丛,2021(4).
[14] 湖北省文物考古研究所,北京大学考古文博学院,随州市博物馆,等.湖北随州市枣树林墓地春秋墓M191的发掘[J].考古,2023(10).
[15] 李立芳.楚王领考[J].安徽史学,1993(2).
[16] 徐少华.周代南土历史地理与文化[M].武汉:武汉大学出版社,1994:39-47.
[17] 中国社会科学院考古研究所.殷周金文集成释文(第一卷)[M].香港:香港中文大学出版社,2001:42.
[18] 徐少华.周代南土历史地理与文化[M].武汉:武汉大学出版社,1994:107.
[19] 河南省文物研究所,河南省丹江库区考古发掘队,淅川县博物馆.淅川下寺春秋楚墓[M].北京:文物出版社,1991:257-265.
[20] (晋)杜预集解.春秋经传集解(第十二成公上)[M].上海:上海古籍出版社,1978:688-689.
[21] (晋)杜预集解.春秋经传集解(第三十哀公下)[M].上海:上海古籍出版社,1978:1829.
[22] (晋)杜预集解.春秋经传集解(第三庄公)[M].上海:上海古籍出版社,1978:205.
[23] 田成方.鄝器与姬姓鄝国、楚鄝县[J].中原文物,2021(6).
[24] 徐少华.周代南土历史地理与文化[M].武汉:武汉大学出版社,1994:55.
[25] (晋)杜预集解.春秋经传集解(第二桓公)[M].上海:上海古籍出版社,1978:105.
[26] 张昌平.襄阳县新发现一件铜盏[J].江汉考古,1993(3);邹芙都.楚系铭文综合研究[M].成都:巴蜀书社,2007:58.
[27] 田成方.𫊟土父𣪘、蓼子䤾盏与己姓蓼国[J].华夏考古,2015(3).
[28] 王先福.楚邓县故址考[J].湖北文理学院学报,2018(12).

# 纪南城研究回顾

尹弘兵
（湖北省社会科学院楚文化研究所）

[摘　要]　纪南城据文献记载为楚郢都故址，20世纪的纪南城考古大会战奠定了纪南城研究的基础，此后学界针对纪南城的年代、性质、形制、建筑、水利、防御、交通、社会、经济及楚都礼制、楚都分类等分别进行了专题研究，取得了丰硕的成果。

[关键词]　纪南城　楚都　考古　专题

纪南城遗址位于今荆州城北约5千米处，据文献记载为东周楚国都城所在，以纪南城为中心的鄂西地区也是楚国的腹心地区，在楚都探索和楚文化研究中有极其重要的地位。20世纪70年代，文物考古部门对纪南城进行了大规模的考古调查、勘探与发掘，推动了楚文化研究的深入发展，楚文化考古的重心也于此时从湖南转至湖北，学术界也对纪南城进行了全面、深入、立体的考察。

## 一、纪南城的文献记载与考古发掘

纪南城城垣至今保存完好，城外护城河遗迹明显，1961年列为首批国家重点文物保护单位，是湖北省境内最大的古城址，城垣周长15506米，面积16平方千米。

### 1. 纪南城的文献记载

纪南地名最早见于吴赤乌十三年（250年），

"魏征南将军王昶率众攻江陵，不克而退……绩便引兵及昶于纪南，纪南去城三十里，绩先战胜而融不进，绩后失利"[1]。又东晋末年，桓玄败死后，其侄桓振攻陷江陵，挟持晋安帝，南阳太守鲁宗之起兵攻破襄阳，进屯纪南[2]。据此可知纪南在当时的江陵城以北，纪山之南。当时的江陵城则在今荆州城的范围内，荆州城南垣部分始筑于东汉，三国时的土城已埋入地下，当属关羽所筑，晋以后历代均有修补，五代时外部包砖，城址始终没有离开现存城墙的范围[3]。

可知三国时纪南位于汉江陵城以北约三十里，与今地理基本相合。纪南城之名则始于西晋杜预："楚国，今南郡江陵县北纪南城也。"[4]以后在《荆州记》《水经注》《括地志》等著作中均有记载，并沿用至今。

史载纪南城为楚郢都故址，《史记·货殖列传》："江陵故郢都，西通巫、巴，东有云梦之饶。"[5]《汉书·地理志》："江陵，故楚郢都,楚文王自丹阳徙此。"[6]杜预《春秋释例》卷六《土地名》:"楚国都于郢,南郡江陵县北纪南城,东有小城名逞。"[7]逞,应为郢之误。司马彪《续汉书·郡国志》南郡"江陵"条刘昭注引《荆州记》曰:"县北十余里有纪南城,楚王所都。东南有郢城,子囊所城。"[8]六朝时《荆州记》凡五种,以盛弘之所作最为有名,刘昭所引《荆州记》未知是哪一种,但肯定在南齐以前。《水经注》则云:"江陵西北有纪南城,楚文王自丹阳徙此,平王城之。班固言:楚之郢都也。"[9]可见六朝学者不仅肯定纪南城为楚郢都,更明确记载了江陵县、纪南城及郢城的相对方位,与今天的实际情形基本相合。唐人著作《括地志》《史记正义》等皆谓楚郢都在纪南城或江陵,此后历代学者皆承此说。

### 2. 纪南城的考古发掘

纪南城为湖北境内面积最大、规格最高、保存最完好的古城址,新中国文物考古事业刚起步时,纪南城即受到文化部门和文物考古工作者的极大关注,对纪南城的地面调查与勘探自新中国初期起即开始进行,1953年湖北省文管委对纪南城进行了田野调查[10],1956年纪南城被定为全省第一批重点文物保护单位,1961年被列为全国第一批重点文物保护单位,随后设立考古工作站,1965年对城址进行普探、试掘、测绘,同时在城外发掘楚墓,1973年发掘了南城垣水门。1975年冬成立湖北省纪南城文物保护与考古发掘工作领导小组,时任省委书记韩宁夫为组长,成员由国家文物局和地方负责人以及专家学者共同组成,并邀请北京大学、吉林大学、南京大学、四川大学、厦门大学、中山大学、山东大学等高校考古专业师生和中国历史博物馆、国家文物局文博研究所以及上海、天津、湖南、河南、四川、山西、青海等七个省、直辖市文博部门的考古工作者和文物考古训练班的学员参加,进行了大规模的考古工作,又称"纪南城考古大会战",发掘面积7000余平方米,清理墓葬600余座,还发现大批古水井、古窑址及文化堆积较厚的遗址多处,为楚都、楚文化研究奠定了重要基础[11]。

1980年以后,纪南城考古工作转向了对城内各功能分区的调查和勘探,对城内的松柏区[12]、松柏鱼池[13]、摩天岭遗址[14]、新桥遗址[15]进行了小规模的发掘。

但20世纪的纪南城考古工作表明,纪南城的年代较晚,初步认定纪南城应为战国时期的楚郢都,其年代上限为春秋晚期至战国早期,至于是否楚文王始都之郢,以当时的资料还难以做出明确的回答[16]。

纪南城考古会战的成果表明,纪南城不仅没有春秋早期的遗物,春秋中晚期时也只是一个很小的聚落,这与文献所载纪南城为春秋早期楚始都之郢完全不合,早期郢都很可能不在纪南城。此次发掘证明纪南城确为楚郢都故址,但年代只是战国时期,以后的楚都研究,基本上是在这一发掘成果基础上进行的。学术界普遍认为,纪南城应为战国时期的楚郢都,即公元前278年秦将白起所拔之郢。但更早的郢都究竟在何处,则引起学术界的长期争议,成为楚都探索和楚文化研究中的重大疑难问题。

2005年以后,纪南城遗址纳入大遗址考古的范围内,2010年楚纪南故城大遗址保护区将城址本体和周边的一些墓葬区、龙湾遗址纳入保护范围内。2011年后湖北省文物考古研究所对纪南城烽火台遗址及其西侧城垣进行了解剖发掘,对纪南城城内台基进行了重新调查、勘探与局部试掘,获得了一批新资料,取得了新突破。发掘发现纪南城宫殿区只有二期夯土堆积:第一期夯土为洪水所毁,洪水过后并没有改变原有的设计规划,而是在此基础上加高夯筑了第二期夯土台基,从而完成了纪南城的建设,形成了完整的格局[17]。这一次的工作探明了宫城范围和环形界沟的范围[18],基本弄清了宫殿建筑台基分布情况和相互关系。

2011年的试掘发现在修建城垣时对原地面进行了平整,在生土层上铺有一层瓦砾,主要是大块的板瓦与筒瓦，其中夹杂少量的陶器，虽然这些陶器的数量较少，但为确认纪南城的始建年代提供了确凿的依据，初步判断这些陶器的年代为战国早期，据此判断城垣的始筑年代不早于战国早期，而城垣内的护坡及台基的护坡夯土层上叠压一薄层文化层，出有较多的陶器及板瓦、筒瓦等，可能是当时的活动面，这些陶器均具有战国中晚期的特点，为推断城垣的使用年代提供了依据，简报认为城垣的使用年代为战国早期以后[19]。

2018～2021年湖北省文物考古研究院对楚纪南故城东垣南门、东城垣（含护城河）展开考古工作，在2级墙体下发现灰坑，出土大量陶片，其年代属于战国中期。

纪南城周围的楚墓极为密集，纪南城以西八岭山区的冯家冢是纪南城区域内规模最大、等级最高的楚墓，2010年进行全面勘探和局部发掘，发现冯家冢的墓地布局同熊家冢几乎一致，证明冯家冢是一座最高等级的楚墓，具有陵园布局，是纪南城内最高统治者的墓葬。更为重要的是，在殉葬墓中出土了一套陶礼器，这使得对冯家冢有了精确断代的可能，简报认为其年代为战国中期早段至战国早期晚段[20]，有学者认为此断代可以更为精确，定为战国中期前段，与之相对应的楚王应为肃王[21]。

在纪南城南，也分布着较为密集的同时期墓地和遗址，已发掘的遗址有高台、张家台、荆南寺等。

纪南城南2千米的红光村，1970年在一处圆形台基内发现25件彩绘石磬。圆形土台直径约20米，高出地面约2米，石磬出土于战国文化层，出土时磬的股部两两相接，整齐地叠置成半圆形，磬由青灰石制成，大小、厚度不同[22]。

拍马山红土地台基位于纪南城西南1.5千米处，东距红光土基亦1.5千米，1993年发掘两座夯土台基，二号台基为方形，边长94米，夯土用修整精细的楠木柱为夹筑地梁，用工讲究，规格很高，一灰坑打破二号台基，出土器物900余件，以陶豆为主，少量鬲、壶、盆等，建于战国早期，废弃于战国中期偏晚[23]。

高台古井群位于纪南城南1000米处，密集分布400多口战国古井。2010～2012年进行发掘，清理88口，另在拍马村一组发掘战国木井1口，始于战国早、中期，兴盛于战国中期或偏晚一些，沿用至秦汉[24]。

2010年发掘的张家台遗址，位于纪南城南约700米，面积约90000平方米，发掘面积1050平方米，共发现灰坑60个、灰沟9条、水井32口。年代分两期：前期年代上限不早于战国早期晚段，下限为战国中期前段；后期年代上限为战国中期后段，下限不晚于战国晚期前段（不晚于公元前278年白起拔郢）[25]。

荆南寺遗址位于纪南城西南约5.5千米处，发掘面积近3000平方米，东周时期的文化层堆积较厚，发现5座房址、21座灰坑、4条灰沟和17口水井，年代为战国早期延续到晚期，以战国中期为主[26]。

纪南城西侧有张家岗、郭大口、杨家湾、纪南闸等4处遗址，东侧有马房山、毛家山、郭家草场、松堤等4处遗址，北侧有马家店、王家湾等2处遗址。纪南城外的东周墓地主要有西侧的王场，北侧的围城店、枣林铺等9处墓地（群），东侧有以雨台山墓群为代表的众多墓地（群）[27]。

纪南城周围墓地分布有一定规律：越邻近纪南城周围高地，小型楚墓分布就越密集，这些墓地可能是楚国的"邦墓"，即小贵族与平民墓地；八岭山与西北岗地有墓冢存在，可能是楚国贵族墓地[28]。

## 二、纪南城的年代与性质

纪南城的年代与性质，自纪南城考古大会战后，学界进行了大量的讨论。

### 1. 楚郢都始终在纪南城

楚郢都始终在纪南城为传统主流观点。纪南城发掘期间，冯永轩作《说楚都》，认为楚国共历八都，对于纪南城与楚郢都的关系，仍审慎采用了传统说法，至于争议，则期待考古发掘的成果[29]。

刘彬徽认为从楚文王"始都郢"至楚东迁，楚郢都始终在纪南城，仅少数时期有短暂的迁移[30]。至于纪南城在考古年代上的缺环，他认为是由于认识上和工作上的不足[31]。清华简《楚居》发表后，他认为楚文王始都为郢，在今荆山南麓至沮漳河流域，也可能仍应在今荆州市荆州区内[32]。杨权喜认为今纪南城就是楚郢都，"始郢都"也可能就在今纪南城[33]。杨宽认为春秋初期楚所迁之郢即纪南城，但未筑城，现存纪南城是春秋晚期和战国早期经多次扩建加固而成的[34]。曲英杰赞同纪南城即楚始都之郢，至战国晚期[35]。许宏认为纪南城即楚文王始都之郢，只是始都的规模不大[36]。孙华认为郢都一开始就在纪南城[37]。魏昌也认为楚文王始都郢在纪南城[38]。董灏智认为从春秋初年至楚顷襄王二十一年楚郢都始终在今纪南城[39]。贾海燕则认为楚文王始都郢在今宜城楚皇城，楚成王二十四年后在纪南城[40]。梁云认为纪南城早期为春秋中晚期，晚期为战国早中期[41]。

清华简《楚居》发表后，辛德勇提出纪南城即《楚居》中的疆郢，从武王或文王入居开始，至被白起攻陷止，一直保持着核心京城的地位[42]。程少轩也认为楚武王所徙之"郢"在湖北江陵北纪南城遗址。子居亦认为楚文王徙纪南城即是《楚居》为郢。

### 2. 纪南城为春秋晚期或战国早期以后的楚郢都

考古发掘表明纪南城的年代偏晚，难以定为春秋郢都，于是有学者提出纪南城为春秋晚期或战国早期以后的楚郢都。

张正明提出始都之郢在宜城，吴师攻破的郢在楚皇城，楚昭王复国后将郢都迁纪南城[43]。陈程认为纪南城建都的时间是春秋晚期至战国早期[44]。文必贵认为楚武王时郢都在季家湖古城，楚昭王时徙纪南城[45]。

郭德维提出"纪南城始建于楚惠王中后期，毁于顷襄王二十一年（前278年），故是战国时代的楚郢都。楚在此建都将近200年"[46]。

肖玉军、张万高、胡俊玲认为纪南城始建年代自楚平王至楚惠王、楚简王时期，春秋晚期后段至战国早期前段，可统称为春战之际[47]。

左鹏认为战国时期的楚郢都在今纪南城[48]。笪浩波认为《楚居》中的为郢即季家湖古城，为吴师所入之郢，战国早期楚都迁纪南城[49]。王琢玺认为纪南城筑于战国早期，战国中期达于鼎盛阶段[50]。

2018~2021年纪南城东垣南门及北城垣发掘后，闻磊将城垣分为二期，判定楚纪南故城现存城垣（二期城墙）的年代应为战国早期晚段至战国中期，新发现的一期城墙的年代应为春秋晚期至战国早期。

### 3. 纪南城为战国中期以后的楚郢都

王红星认为纪南城不是楚国最早的都城，其始建年代不早于楚肃王时期，也不会晚于楚宣王时期，应在战国中期，废弃年代大约在公元前278年[51]。《楚居》和崇源铜器群发表后，王红星进一步认为宜城楚皇城聚落群和江陵纪南城聚落群应分别是春秋、战国时楚国核心区，并据《楚居》力证纪南城为蔵郢，始建年代为战国中期的楚肃王后期或楚宣王前期[52]。闻磊提出纪南城有二期城墙后，王红星认为纪南城有两期城墙存疑，其始建年代亦应为战国中期早段，楚人定都于纪南城为楚宣王前期，废弃年代为公元前278年[53]。

尹弘兵根据楚国疆域核心区的变化和史料记载，认为纪南城遗址应为战国中晚期楚郢都，纪南城始为郢都的年代应为战国中期早段或战国早中之际，毁于公元前278年，楚肃王四年将郢都迁到纪南城，即新蔡葛陵楚简中的鄩郢[54]。其后，尹弘兵对纪南城的年代上限、冯家冢与纪南城、楚肃王徙郢、栽郢与纪南城、鄩郢与纪南城等问题进行了系统分析，提出纪南城始建年代为战国中期早段，楚肃王四年（前377年）楚迁都于此，称鄩郢[55]。

黄锡全认为纪南城即出土文献中的"栽郢"，是楚宣王至东迁以前的楚都，具有90年左右的历史[56]。赵晓斌认为冯家冢的墓主即为最早埋葬于纪南城西八岭山的一代楚王，墓主身份应为楚肃王，悼王、肃王应为纪南城的开创者[57]。

闻磊、周国平亦根据2018～2019年对纪南城东城垣的解剖发掘，判定纪南城现存城垣的年代为战国中期，有"先都后城"的可能[58]。近期有多篇硕士学位论文涉及纪南城与楚都的研究，大抵皆认同纪南城为战国中期以后的楚郢都，如廖航认为战国早期时江汉平原西部成为楚国核心区域，战国中期时纪南城成为楚国都城[59]。蒋秀林认同纪南城为战国中期以后的楚郢都[60]。华佳莹认为至少战国中期，楚郢都已是纪南城[61]。韩旻君认为纪南城始建年代为战国早期，使用年代为战国中期[62]。毕重阳认为纪南城为战国中期至白起拔郢时期的楚国都城[63]。

### 4. 纪南城不是楚郢都

也有学者认为楚郢都不在纪南城，今纪南城遗址是战国时期的一座具有都邑规模的楚国城址。

石泉先生从古文献中的"江"不是长江的专称及古代地名随人迁徙的规律出发，对曾（随）国、邓国、邓县、竟陵、云杜、绿林、丹阳、荆山、临沮、当阳、枝江、宜城及古沮水、古漳水、古鄩水等古郢都外围地名进行了全面而细致的梳理、考释，认为楚郢都在宜城楚皇城遗址，纪南城是战国时具有都城规模的楚国大城[64]。

王光镐同意楚郢都在宜城楚皇城，对纪南城进行综合分期后认为纪南城是战国中期晚段至战国中晚期之际的楚城，存在不过四五十年，大体相当于宣王后期至顷襄王元年前后，纪南城只是楚宣王后期至楚顷襄王元年的楚国陪都栽郢[65]。

## 三、纪南城的形制与建筑

1975年对纪南城进行大规模考古勘探后，学者开始运用考古资料并结合文献记载，从各个方面探讨纪南城的城市规划、布局与建筑技术。

### 1. 城市规划与布局

张良皋论述了秦都、楚都的布局规划，以及楚都对后世的影响[66]。

高介华、刘玉堂分析了楚国城市的特点，对纪南城的剖析较为充分，对地方城邑也按职能加以分区，是楚国城市研究的奠基性作品[67]。

郭德维《楚都纪南城复原研究》是一部关于纪南城的专著，对纪南城进行了复原，分析了楚国的建都思想，综合研究了楚国在纪南城建都的原因、纪南城的布局、水路交通线和周边墓葬等问题[68]。

王琢玺的博士学位论文综合多年来纪南城的考古资料，对纪南城的地理环境、城邑要素、发展阶段等进行了专门考察[69]。

何为的硕士学位论文从都城选址、都城规模与人口、都城布局、对外交通、城防、都城与墓葬关系等方面对纪南城进行了讨论，分析了东周时期楚国都城形制的特点与演进[70]。

2011～2015年的勘探及发掘获得了一批新资料，尤其是对宫城区的认识有了重大突破，确定了宫城范围、夯土台基及台基之间的连廊、殿前广场、东广场及广场上的灰坑、环形界沟等，宫殿区内的台基可能分别为宗庙、朝堂与寝宫[18]。2018～2019年纪南城东垣南门发掘后，闻磊、周国平又从发展的角度将郭德维20世纪的研究成果与21世纪的发掘及研究成果进行了对比，考察了纪南城研究的世纪进展，对纪南城的布局做了进一步的论述，并结合九店楚日书《相宅篇》对宫殿格局进行了分析[58]。

曲英杰的两本专著对楚丹阳、郢、都、鄢、成阳、钜阳、寿春七城进行了专门考察，并综合讨论了楚、吴、越都城[71]。贺业钜的专著也对纪南城的布局做了专项考察[72]。

蒋秀林、华佳莹、毕重阳的硕士学位论文均对纪南城的布局、形制、规模做了考察。韦峰对功能空间在先秦城市空间格局中的变迁进行了初步考察，其中也有纪南城的内容[73]。邓莉对楚国都城的形制与规模，城市布局、选址、交通等方面进行了专题讨论，并且结合当时主要诸侯国都城的布局情况进行了分析[74]。

此外，窦建奇和王扬[75]、黄渺淼[76]、徐文武[77]、邓玉婷和肖国增[78]，均从已有的勘探、发掘成果出发，对纪南城的规划与宫殿布局进行了考察。孙继、向德富则讨论了纪南城的"多市制"[79]。

纪南城的南郊，近年来开始受到学者的关注，向德富、向会斌对纪南城南郊布局进行了探讨[80]，沈德玮则对纪南城南郊空间的演进进行了专门考察[81]。

### 2. 建筑技术

高介华、刘玉堂《楚国的城市与建筑》对楚都的设计与筑城技术、施工组织、宫室建筑等进行了较为专门的考察。

郭德维对纪南城最大的30号台基进行了复原[82]。

王崇礼分析了楚国建筑的布局、形体、结构和制作技术，总结了不同时期楚国土木建筑技术的特点和成就[83]，并从建筑学的角度对纪南城的形制、分区布局、宫殿建筑等有所论述[84]。

孟修祥主编的《楚国科技》对纪南城的建筑形制与宫室建筑技术进行了专题探讨[85]。

苏莹莹系统考察了纪南城南垣水门，并绘制了复原图纸[86]。

## 四、纪南城专题研究

对于纪南城，学者还从楚都礼制，楚都分类，水利，防御，交通，社会与经济方面进行了多角度、全方位的考察。

### 1. 楚都礼制

高崇文从礼仪制度的角度，对郢都的郭城、宫城、宫殿建筑和兆域方位体现的礼仪制度进行了较为全面的考察[87]。

晏昌贵、江霞对楚国的都城制度做了探讨，提出楚都以东北为重心，与殷商相似而与周代不同，并进一步讨论了方位选择的文化背景[88]。晏昌贵强调楚都布局以东部或东北部为重心，与楚简《日书》反映的建筑住宅方位吉凶观念大体相合[89]。

纪南城南发现的拍马山红土地台基和红光村台基，可能具有礼制功能。何驽认为拍马山红土地台基为楚都郢时的社稷坛，是楚王祭大地神和谷神的场所[23]。孙继、向德福认为红光村台基发现的石磬与楚人的祭祀有着密切的联系[90]。

### 2. 楚都分类

楚都属于楚国城市中的一类，因此对楚国城市的分类研究也得到学者的较大关注。

马世之将楚城分为都城、别都、县城、封邑四个类型[91]。陈振裕对楚城分类进行了更进一步的考察，将50座楚城分为都城、别都、县邑、军事城堡四类，并初步分析了每种类型城址的规模、选址、布局、城垣等特点[92]。刘玉堂对楚国地方城邑进行了专门研究，从数量与类型、形制与规模、分布格局、建筑特色四个方面，初步分析了楚国地方城邑，重点对城邑进行职能分区研究[93]。

陈振裕还将楚国都城与其他诸侯国都城进行比较，结合楚文化的发展历程，探讨楚国城邑的发展阶段[94]。

杨权喜梳理了楚城的发掘资料，重点论述了楚国城市基本情况，总结了楚城分等级建设等特点[95]。

马良民、曲英杰、梁云等学者，均将纪南城与同时期的战国城址进行对比，提出了当时东、西方城址差异化的建设模式[96]。

邓莉对楚国城市的性质与职能、层级进行了详细分析，对楚国都城进行了专题讨论，并结合当时主要诸侯国都城的布局情况进行了分析[74]。

毕重阳把楚国城邑分为都城、别都、县邑、封君邑、军事城堡、经济功能型城邑和一般城邑，在划分城邑类型的基础上可以看出各类型的楚国城邑分布存在明显的战略布局意识[63]。

### 3. 水利

纪南城的水利问题也得到了学者的高度关注。刘玉堂、袁纯富《楚国水利研究》是关于楚国水利的专著[97]。向德富、孙继认为纪南城在码头、水门和水井等水利设施的修建上已达到一定的水平[98]，并考察了纪南城的给排水系统[99]。谢励斌对楚纪南城和燕下都的河道系统规划进行了对比研究[100]，陈程、向德富讨论了纪南城的防洪问题[101]。

水井也受到学者的关注，除上引向德富、孙继的文章外，贾兵强等较早对楚国的水井进行了专门的考察[102]。高台古井群发掘后，刘建业对纪南城古井的形制、制造方式、用途、使用者身份、废弃原因等进行了考察[103]。

杜峰、范江欧美论述了古代水井的供水机理，并对井群进行分类，认为井群的产生是由于旧水井出水量达不到使用水量时，就在旧井周边重新开挖新井[104]。

刘谦的硕士学位论文对战国秦汉时期长江中游水井进行了专门研究，其中大量使用了纪南城的水井资料[105]。

### 4. 防御

20世纪80年代纪南城考古资料刚刚报道出来时，陈绍棣就重点探讨了郢都的防御问题，总结了纪南城的建制、布局和建筑技术[106]。

郢都的防御问题近年来受到较多关注，陈程、孙继、向德富讨论了纪南城的防御设施及防御理念[107]。蒋佳妮详细讨论了长江中下游城防设施与北方中原系统的地域区别，虽是综合讨论长江中下游吴楚越地区城防设施的地域特色，但纪南城亦在其中[108]。

### 5. 交通、社会与经济

纪南城的交通、区位问题，学者也进行了考察。

郭德维基于鄂君启节和纪南城的考古资料，并综合文献记载，对以郢都为中心的楚国水上交通运输进行了较全面的考察[109]。

王红星、朱江松对北京大学水陆里程简所记章渠进行定位，明确了章渠的位置和走向，认为章渠是楚宣王前期在纪南城的选址阶段，为避免洪水威胁、保障用水及水路交通而与郢都统一规划、同步施工的[110]。

李光明从地理形势、交通条件、与外部的联系等方面讨论了纪南城的交通问题[111]。杨旭莹认为纪南城具有极其重要的军事战略地位，是楚国走向强国的必经之路[112]。

刘玉堂、袁纯富《楚国交通研究》对以纪南城为中心的楚国水陆交通路线进行了全面考察[113]。

在人口与经济方面，马世之根据纪南城的规模与布局，提出纪南城人口约30万人[114]。杨权喜对纪南城周边的农业规模、生产形式进行了研究[115]。何晓琳则对纪南城的制陶手工业进行了分析[116]。

在纪南城的社会结构方面，余静通过系统考察雨台山墓地发现，雨台山墓地同一墓区的人群关系较不同墓区更为密切，墓区内部也有亲疏之分，墓群里的人群关系较墓区的人群关系更为密切，墓葬排列很可能是按亲属关系的不同分别进行埋葬[117]。尚如春从考古学的角度考察了楚国社会在东周时期的发展变迁历程，系统探讨了楚国社会阶层结构的演变历程，并通过墓地结构考察了楚国的社会基层组织[118]。罗泰依据考古材料对公元前1000~前250年的中国社会进行了全面考察，亦就楚墓所反映的高级贵族和低级贵族的分野、低级贵族与平民的融合两大发展趋势，以及由此造成的贵族与平民之间界限的日趋模糊等问题进行了较为宏观的阐述[119]。

蒋鲁敬将纪南城外周边近年出土的古文字资料进行了综合整理，并据此对楚文化考古进行了新的考察[120]。

## 五、小结

纪南城作为楚都故址，长期受到学者的高度关注，是楚都探索与楚文化研究中的核心问题。纪南城的考古工作已经持续多年，为我们深入研究纪南城提供了较为充分的基础，现在学界对纪南城的研究已不限于探讨最基本的年代与性质、形制与规划，而是深入技术、礼制、水利、防御、社会经济等多个领域，在纪南城本体的研究上，也开始深入纪南城的城市形态等较为深层次的领域。期待学界对纪南城的研究更加深入、全面、立体，取得更多的成果。

### 参考文献

[1] 三国志·卷56·吴书·朱然传附子绩传[M]. 北京: 中华书局, 1959: 1308.

[2] 晋书·卷10·安帝纪[M]. 北京: 中华书局, 1974: 257; 晋书·卷74·桓彝传附虔子振传[M]. 北京: 中华书局, 1974: 1945; 晋书·卷99·桓玄传[M]. 北京: 中华书局, 1974: 2602; 宋书·卷51·宗室传·临川烈武王道规传[M]. 北京: 中华书局, 1974: 1472.

[3] 湖北省荆州市博物馆, 湖北省荆州区博物馆. 荆州城南垣东端发掘报告[J]. 考古学报, 2001(4).

[4] (晋)杜预集解. 春秋经传集解[M]. 上海: 上海古籍出版社, 1978: 73.

[5] 史记·卷129·货殖列传[M]. 北京: 中华书局, 1982: 3267.

[6] 汉书·卷28·地理志[M]. 北京: 中华书局, 1962: 1566.

[7] (晋)杜预. 春秋释例(卷6)[M]. 上海: 上海商务印书馆, 1936: 219.

[8] 后汉书志·卷22·郡国四[M]. 北京: 中华书局, 1965: 3479-3480.

[9] 杨守敬, 熊会贞. 水经注疏[M]. 南京: 江苏古籍出版社, 1989: 2404.

[10] 程欣人, 蔡成鼎. 湖北省江陵境内三个古城遗址的初步调查[J]. 文物参考资料, 1954(3).

[11] 湖北省博物馆江陵纪南城工作站. 一九七九年纪南城古井发掘简报[J]. 文物, 1980(10); 湖北省博物馆. 楚都纪南城的勘查与发掘(上)[J]. 考古学报, 1982(3); 湖北省博物馆. 楚都纪南城的勘查与发掘(下)[J]. 考古学报, 1982(4).

[12] 湖北省文物考古研究所. 1988年楚都纪南城松柏区的勘查与发掘[J]. 江汉考古, 1991(4).

[13] 湖北省博物馆江陵工作站. 纪南城松柏鱼池探掘简报[J]. 江汉考古, 1987(3).

[14] 湖北省博物馆江陵工作站. 江陵县纪南城摩天岭遗址试掘简报[J]. 江汉考古, 1988(2).

[15] 湖北省文物考古研究所. 纪南城新桥遗址[J]. 考古学报, 1995(4).

[16] 湖北省博物馆. 楚都纪南城的勘查与发掘(上)[J]. 考古学报, 1982(3); 湖北省博物馆. 楚都纪南城的勘查与发掘(下)[J]. 考古学报, 1982(4).

[17] 湖北省文物考古研究所. 荆州纪南城遗址松柏区30号台基2011～2012年发掘简报[J]. 江汉考古, 2014(5); 湖北省文物考古研究所. 2011～2015年楚都纪南城考古工作报告[C]//湖北省文物考古研究所. 纪南城考古发现. 江汉考古增刊, 江汉考古编辑部.

[18] 闻磊, 周国平. 郢路辽远: 楚都纪南城宫城区的考古发掘[J]. 大众考古, 2016(11).

[19] 湖北省文物考古研究所. 荆州纪南城烽火台遗址及其西侧城垣试掘简报[J]. 江汉考古, 2014(2).

[20] 荆州博物馆. 湖北荆州八岭山冯家冢楚墓2011～2012年发掘简报[J]. 文物, 2015(2).

[21] 张绪球. 熊家冢出土浅浮雕玉器的特征与年代——兼论熊家冢主墓的年代[C]//荆州博物馆. 荆楚文物(第2辑). 北京: 科学出版社, 2015.

[22] 湖北省博物馆. 湖北江陵发现的楚国彩绘石编磬及其相关问题[J]. 考古, 1972(3).

[23] 何弩. 江陵拍马山红土地台基的时代与功能[J]. 考古与文物, 1997(6).

[24] 荆州博物馆. 湖北荆州高台古井群2012年考古发掘简报[C]//文化遗产研究与保护技术教育部重点实验室, 西北大学丝绸之路文化遗产保护与考古学研究中心, 边疆考古与中国文化认同协同创新中心, 等. 西部考古(第16辑). 北京: 科学出版社, 2018.
[25] 湖北省文物局, 湖北省南水北调管理局. 荆州张家台遗址[M]. 北京: 科学出版社, 2018.
[26] 荆州博物馆. 荆州荆南寺[M]. 北京: 文物出版社, 2009.
[27] 王琢玺. 周代江汉地区城邑地理研究[D]. 武汉: 武汉大学, 2019: 131.
[28] 江陵县文物工作组. 湖北江陵楚冢调查[C]//《考古》编辑部. 考古学集刊(第4集). 北京: 中国社会科学出版社, 1984: 201-202.
[29] 冯永轩. 说楚都[J]. 江汉考古, 1980(2).
[30] 刘彬徽. 试论楚丹阳和郢都的地望与年代[J]. 江汉考古, 1980(1); 刘彬徽. 纪南城考古的简要回顾与思考[C]//湖南省博物馆. 湖南省博物馆馆刊(第十二辑). 长沙: 岳麓书社, 2016.
[31] 刘彬徽. 纪南城考古分期初探[J]. 江汉考古, 1982(1).
[32] 刘彬徽. 关于清华简《楚居》的思考(之一)[C]//楚文化研究会. 楚文化研究论集(第十集). 武汉: 湖北美术出版社, 2011.
[33] 杨权喜. 江陵纪南城的年代与性质再讨论——兼论楚文化起源地和发展中心区域[C]//刘玉堂. 楚学论丛(第三辑). 武汉: 湖北人民出版社, 2014.
[34] 杨宽. 中国都城的起源和发展[M]. 1983年手稿/1987年日文版, 后作为上篇收入杨宽. 中国古代都城制度史研究[M]. 上海: 上海人民出版社, 2003.
[35] 曲英杰. 先秦都城复原研究[M]. 哈尔滨: 黑龙江人民出版社, 1991; 曲英杰. 史记都城考[M]. 北京: 商务印书馆, 2007; 曲英杰. 说郢[C]//湖南省文物考古研究所, 湖南省考古学会. 湖南考古辑刊(第6集). 长沙: 《求索》杂志社, 1994.
[36] 许宏. 先秦城市考古学研究[M]. 北京: 北京燕山出版社, 2000: 95.
[37] 孙华. 楚国国都地望三题[J]. 华中师范大学学报(人文社会科学版), 2005(4).
[38] 魏昌. 楚国史[M]. 武汉: 武汉出版社, 2002: 65.
[39] 董灏智. 楚国郢都兴衰史考略[D]. 长春: 东北师范大学, 2008.
[40] 贾海燕. 楚国始都郢及其初迁时地的探讨[J]. 中南民族大学学报(人文社会科学版), 2005(2).
[41] 梁云. 战国时代的东西差别——考古学的视野[M]. 北京: 文物出版社, 2008.
[42] 辛德勇. 北京大学藏秦水陆里程简册初步研究[C]//清华大学出土文献研究与保护中心. 出土文献(第四辑), 上海: 中西书局, 2013: 195-196; 辛德勇. 《楚居》与楚都[C]//辛德勇. 旧史舆地文编. 上海: 中西书局, 2015.
[43] 张正明. 楚都辨[J]. 江汉论坛, 1982(4); 张正明. 楚史[M]. 武汉: 湖北教育出版社, 1995.
[44] 陈程. 楚纪南城起始时间述论[J]. 河南工业大学学报(社会科学版), 2012(3).
[45] 文必贵. 楚郢都雏议[J]. 江汉考古, 1982(2).
[46] 郭德维. 楚都纪南城复原研究[M]. 北京: 文物出版社, 1999: 33, 39; 郭德维. 楚郢都辨疑[J]. 江汉考古, 1997(4).
[47] 肖玉军, 张万高, 胡俊玲. 论纪南城的始建年代[C]//徐少华, 谷口满, 罗泰. 楚文化与长江中游早期开发国际学术研讨会论文集. 武汉: 武汉大学出版社, 2021.
[48] 左鹏. 楚国历史地理研究[M]. 武汉: 湖北教育出版社, 2012: 83.
[49] 笪浩波. 从清华简《楚居》看"为"郢之所在[J]. 中国历史地理论丛, 2016(4); 笪浩波. 清华简《楚居》与楚国都城探研[M]. 武汉: 武汉大学出版社, 2022.
[50] 王琢玺. 周代江汉地区城邑地理研究[D]. 武汉: 武汉大学, 2019.
[51] 王红星. 楚都探索的考古学观察[J]. 文物, 2006(8).
[52] 王红星. 楚郢都探索的新线索[J]. 江汉考古, 2011(3).
[53] 王红星. 荆州纪南城为楚都藏郢考[J]. 长江大学学报(社会科学版), 2023(2).
[54] 尹弘兵. 楚国都城与核心区探索[M]. 武汉: 湖北人民出版社, 2009: 2, 246; 尹弘兵. 纪南城与楚郢都[J]. 考古, 2010(9).

[55] 尹弘兵. 楚都纪南城探析: 基于考古与出土文献新资料的考察[J]. 历史地理研究, 2019(2).
[56] 黄锡全. 荆州纪南城遗址究竟是楚国的哪个郢? [C]//徐少华, 谷口满, 罗泰. 楚文化与长江中游早期开发国际学术研讨会论文集. 武汉: 武汉大学出版社, 2021.
[57] 赵晓斌. 从考古新发现看荆州战国楚王陵与楚都纪南城的时空关系[C]//徐少华, 谷口满, 罗泰. 楚文化与长江中游早期开发国际学术研讨会论文集. 武汉: 武汉大学出版社, 2021.
[58] 闻磊, 周国平. 纪南城考古学研究的世纪碰撞与发展——再读《楚都纪南城复原研究》[J]. 江汉考古, 2022(6).
[59] 廖航. 试论东周时期江汉平原西部楚国势力的变迁[D]. 武汉: 武汉大学, 2017.
[60] 蒋秀林. 春秋战国楚都研究[D]. 西安: 陕西师范大学, 2018.
[61] 华佳莹. 战国时期楚国都城变迁研究[D]. 开封: 河南大学, 2022.
[62] 韩旻君. 沮漳河中下游地区夏商周时期考古学文化研究[D]. 重庆: 重庆师范大学, 2020.
[63] 毕重阳. 东周楚国城邑类型和分布研究[D]. 南京: 南京大学, 2020.
[64] 石泉. 古代荆楚地理新探[M]. 武汉: 武汉大学出版社, 1988.
[65] 王光镐. 楚文化源流新证[M]. 武汉: 武汉大学出版社, 1988.
[66] 张良皋. 秦都与楚都[J]. 新建筑, 1985(3).
[67] 高介华, 刘玉堂. 楚国的城市与建筑[M]. 武汉: 湖北教育出版社, 1996.
[68] 郭德维. 楚都纪南城复原研究[M]. 北京: 文物出版社, 1999.
[69] 王琢玺. 周代江汉地区城邑地理研究[D]. 武汉: 武汉大学, 2019: 134.
[70] 何为. 东周时期楚国都城形制研究[D]. 北京: 中国建筑设计研究院, 2010.
[71] 曲英杰. 楚、吴、越三都城综论[J]. 东南文化, 1992(6).
[72] 贺业钜. 中国古代城市规划史[M]. 北京: 中国建筑工业出版社, 1996.
[73] 韦峰. 先秦城市空间格局研究[D]. 郑州: 郑州大学, 2002.
[74] 邓莉. 楚国城市的性能与层级探讨[D]. 武汉: 华中师范大学, 2018.
[75] 窦建奇, 王扬. 楚"郢都(纪南城)"古城规划与宫殿布局研究[J]. 古建园林技术, 2009(1).
[76] 黄渺淼. 纪南城的布局及其城建思想[J]. 兰台世界, 2011(7).
[77] 徐文武. 楚都纪南城的繁华与衰落[J]. 世界遗产, 2016(2).
[78] 邓玉婷, 肖国增. 楚都纪南城布局与规划理念的探究[J]. 城乡建设, 2021(18).
[79] 孙继, 向德富. 楚都纪南城"多市制"试探[J]. 郑州航空工业管理学院学报(社会科学版), 2012(2).
[80] 向德富, 向会斌. 纪南城南郊布局探析[J]. 绵阳师范学院学报, 2013(9).
[81] 沈德玮. 城郊空间的构造与重塑: 楚都纪南城南郊"拔郢"事件前后的考古学考察[J]. 江汉考古, 2023(3).
[82] 郭德维. 楚都纪南城30号宫殿台基的建筑复原研究[J]. 华中建筑, 2004(1).
[83] 王崇礼. 楚国的土木建筑技术成就及特点[J]. 荆州师专学报, 1991(3).
[84] 王崇礼. 楚国土木工程研究[M]. 武汉: 湖北科学技术出版社, 1995.
[85] 孟修祥. 楚国科技[M]. 武汉: 湖北人民出版社, 2006.
[86] 苏莹莹. 楚国纪南城南垣水门的复原研究[D]. 武汉: 华中科技大学, 2010.
[87] 高崇文. 楚郢都礼制考[J]. 江汉考古, 1996(3).
[88] 晏昌贵, 江霞. 楚国都城制度初探[J]. 江汉考古, 2001(4).
[89] 晏昌贵. 楚国都城制度再认识[J]. 社会科学, 2008(8).
[90] 孙继, 向德福. 从红光村发掘的彩绘石磬看纪南城南郊祭祀[J]. 湖南工业大学学报(社会科学版), 2012(2).
[91] 马世之. 楚城试探[C]//楚文化研究会. 楚文化研究论集(第一集). 武汉: 荆楚书社, 1987.
[92] 陈振裕. 东周楚城的类型初析[J]. 江汉考古, 1992(1).
[93] 刘玉堂. 试论楚国地方城邑建设的若干问题[J]. 荆州师专学报, 1993(1).
[94] 陈振裕. 东周楚城的比较研究[J]. 江汉考古, 1993(1).
[95] 杨权喜. 楚国城址的发掘与研究[C]//陈建明. 湖南省博物馆馆刊(第六辑). 长沙: 岳麓书社, 2010.
[96] 马良民. 试论战国都城的变化[J]. 山东大学学报(哲学社会科学版), 1988(3); 曲英杰. 楚、吴、越三都城综论[J]. 东南文化, 1992(6); 梁云. 战国时代的东西差别——考古学的视野[M]. 北京: 文物出版社, 2008.

- [97] 刘玉堂, 袁纯富. 楚国水利研究[M]. 武汉: 湖北教育出版社, 2012.
- [98] 向德富, 孙继. 楚纪南城水利设施初探[J]. 沈阳工程学院学报(社会科学版), 2011(7).
- [99] 向德富, 陈程. 楚纪南城给排水系统浅析[J]. 华北水利水电学院学报(社科版), 2012(6).
- [100] 谢励斌. 楚纪南城和燕下都河道系统规划对比探究[J]. 荆楚学刊, 2017(1).
- [101] 陈程, 向德富. 楚纪南城防洪机制初探[J]. 郑州航空工业管理学院学报(社会科学版), 2012(2).
- [102] 贾兵强, 郑庭义, 麦婵妹, 等. 楚国水井文化初探[J]. 农业考古, 2008(4).
- [103] 刘建业. 战国楚都的水井与民生[J]. 大众考古, 2015(10).
- [104] 杜峰, 范江欧美. 荆州严家台遗址东周水井的发现与收获——兼论楚国水井形制与水井供水原理[C]//刘玉堂. 楚学论丛(第六辑). 武汉: 湖北人民出版社, 2017.
- [105] 刘谦. 战国秦汉时期长江中游水井研究[D]. 武汉: 湖北省社会科学院, 2019.
- [106] 陈绍棣. 战国楚郢都的几个问题[J]. 江汉论坛, 1987(2).
- [107] 陈程, 孙继, 向德富. 楚纪南城军事防御设施及理念浅析[J]. 新余学院学报, 2012(4).
- [108] 蒋佳妮. 长江中下游春秋战国城池防御设施研究[D]. 西安: 西北大学, 2017.
- [109] 郭德维. 楚国的水上交通运输[J]. 中华文化论坛, 1995(2).
- [110] 王红星, 朱江松. 楚章渠(杨水)初探[J]. 长江大学学报(社会科学版), 2022(2).
- [111] 李光明. 略论楚都纪南城的地理因素[C]//楚文化研究会. 楚文化研究论集(第八集). 郑州: 大象出版社, 2009.
- [112] 杨旭莹. 楚都纪南城与渚宫江陵区位考析[J]. 湖北大学学报(哲学社会科学版), 1988(4).
- [113] 刘玉堂, 袁纯富. 楚国交通研究[M]. 武汉: 湖北教育出版社, 2012.
- [114] 马世之. 略论楚郢都城市人口问题[J]. 江汉考古, 1988(1).
- [115] 杨权喜. 东周时代楚郢都的农业生产考略[J]. 农业考古, 1990(2).
- [116] 何晓琳. 江陵纪南城遗址制陶手工业分析[C]//楚文化研究会. 楚文化研究论集(第十集). 武汉: 湖北美术出版社, 2011.
- [117] 余静. 江陵雨台山墓地分析[D]. 长春: 吉林大学, 2005; 余静, 滕铭予. 江陵雨台山墓地埋葬规律探讨[J]. 华夏考古, 2010(2).
- [118] 尚如春. 东周时期楚国社会变迁研究——以江汉淮地区墓葬为中心[D]. 长春: 吉林大学, 2019.
- [119] 罗泰. 宗子维城: 从考古材料的角度看公元前1000至前250年的中国社会[M]. 吴长青, 张莉, 彭鹏, 译. 上海: 上海古籍出版社, 2017.
- [120] 蒋鲁敬. 纪南城周边近年出土的古文字资料与楚文化考古研究[J]. 长江大学学报(社会科学版), 2021(5).

# 楚墓出土绕线棒研究

王君妍[1]  张闻捷[2]
(1. 襄阳市博物馆  2. 厦门大学历史与文化遗产学院)

[摘　要]　楚墓中出土的绕线棒是一种形似纺锤状的漆木质器物。本文以迄今楚墓中发现的绕线棒为主要研究对象，从绕线棒的出土位置和出土数量、形制，并综合出土绕线棒墓葬的等级、墓主身份等方面，结合历史文献及考古出土相关器物的对比，分析楚墓中出土的绕线棒这一器物的主要功用，进一步明确绕线棒的实际用途以及其所反映出的社会礼制思想。

[关键词]　绕线棒　楚墓　弋射

绕线棒为东周时期楚墓中出土的一种具有地方文化特色的器物，由绕线柱和绕线柄上下两部分组成，部分有髹漆彩绘，柱上缠绕有丝（麻）线，形似当代织机所用纺锭或纺锤。目前为止考古发掘所出的绕线棒大多为木质，也存在少数为竹质的情况。对于其功能用途目前尚未有统一的定论，根据已有资料的整理，绕线棒在楚墓中从高等级封君墓至士一级墓葬皆有出土。本文以楚墓中出土的绕线棒为主要研究对象，在考察其用途及使用方法的基础上，旨在了解楚国的社会经济和手工业发展水平，从考古所见资料来还原楚人社会生活的其中一方面，填补目前对于绕线棒这一器物专门性研究的空白。

## 一、楚墓中出土绕线棒概况

关于目前考古所见的绕线棒，从历年各地的考古发掘情况来看，分布在湖北、湖南、广西、江苏等地，尤以湖北地区出土的绕线棒数量及地点为最多。湖北境内又以江陵地区为中心分布区，包括天星观楚墓、望山楚墓、九店楚墓、溪峨山楚墓群、雨台山楚墓群等，同时还分布在湖北境内的其他地区，包括当阳曹家岗、襄阳鏖战岗、枣阳九连墩、随县擂鼓墩，湖南地区主要有长沙楚墓、临澧九里大墓、慈利石板村等处。

据笔者不完全统计，已搜集到出土绕线棒的墓葬分布于26处地点，其中楚墓30余座，另包括5座汉墓。出土绕线棒277件（部分墓葬的考古发掘报告中未列出其出土的具体数量），具体包括江陵溪峨山楚墓18件[1]，荆州纪城一号墓3件[2]，江陵天星观一号墓5件（其中4件在出土时圆柱形柱体尚缠绕有丝线[3]），荆州望山桥一号墓14件[4]，江陵望山一号楚墓16件[5]，江陵雨台山M89、M100、M159、M170、M197、M200、M206共26件[6]，江陵九店M514出土1件、M621出土4件、M632出土4件[7]，枣林岗M109出土2件[8]，潜江龙湾M32出土3件[9]，荆门左冢一号墓

图一　金属弹簧形器
（江陵九店M544出土）

图二　金属弹簧形器形制图
（曾侯乙墓出土）

出土2件[10]，郭店一号墓出土36件[11]，当阳曹家岗五号墓出土2件[12]，曾侯乙墓出土20件[13]，麇战岗M69出土7件、M178出土3件[14]，安岗一号楚墓出土木质绕线棒26件、竹质绕线棒40件[15]，长沙浏城桥一号墓出土6件[16]，湖南慈利石板村M33、M36共出土3件[17]，荆州纪南松柏汉墓出土4件[18]，广西贵县罗泊湾一号墓出土12件[19]，江苏邗江姚庄101号墓出土3件[20]，江苏邗江胡场5号墓出土17件[21]。江陵秦家咀楚墓区、九连墩一号楚墓、郭家庙曹门湾墓区、临澧九里一号大墓等也出土绕线棒这类器物，但在发掘报告中未做详细介绍。

少数墓中的绕线棒在出土时丝线上还串缀有金属弹簧，一般将其命名为金属弹簧形器（图一）。这类金属弹簧均为一根根金属丝缠绕成圆管状，内部中空。曾侯乙墓与当阳曹家岗五号墓绕线棒出土时均可明显看到丝线上串缀的金属弹簧形器（图二）。

## 1. 类型学分析

根据其柄部断面形状的区别将其分为三型。

A型　绕线棒的柄部切面呈圆形。又可分出三亚型（图三）。

Aa型　柄部整体呈上下粗细相当的长条圆柱状。

荆州纪城一号楚墓出土一件标本M1：7，柱体髹黑漆，柄柱之间采用榫接的方式，柱体上缠绕麻线，柄微残[2]（图三，1）。荆门左冢一号楚墓出土一件，标本M1N：2，通体未髹漆，形制呈纺锤形，整节由圆木制成，下附一短柄[10]（图三，2）。

Ab型　柄部呈上细下粗的塔形尖锥状。根据柄部顶端的形制又可分为二式。

Ⅰ式：细长柄，柄部顶部有明显形似帽状的凸起部分。

荆州江陵地区枣林岗东周墓出土2件，形制呈圆柱尖锥形，其上绕有丝线，圆柱顶有圆形锥状柱，锥状柱有长短之区别。标本JZM109：10，锥状柱细长，顶端起棱似帽状；标本JZM109：19，锥状柱细长[8]（图三，3）。老河口安岗楚墓出土标本M1：76-1，竹质，上部呈圆柱状，有一圆木塞，塞孔内插入圆形木棒，木棒上套有帽、箍[15]（图三，4）。

Ⅱ式：柄部两端有粗细之别，较细的一端未

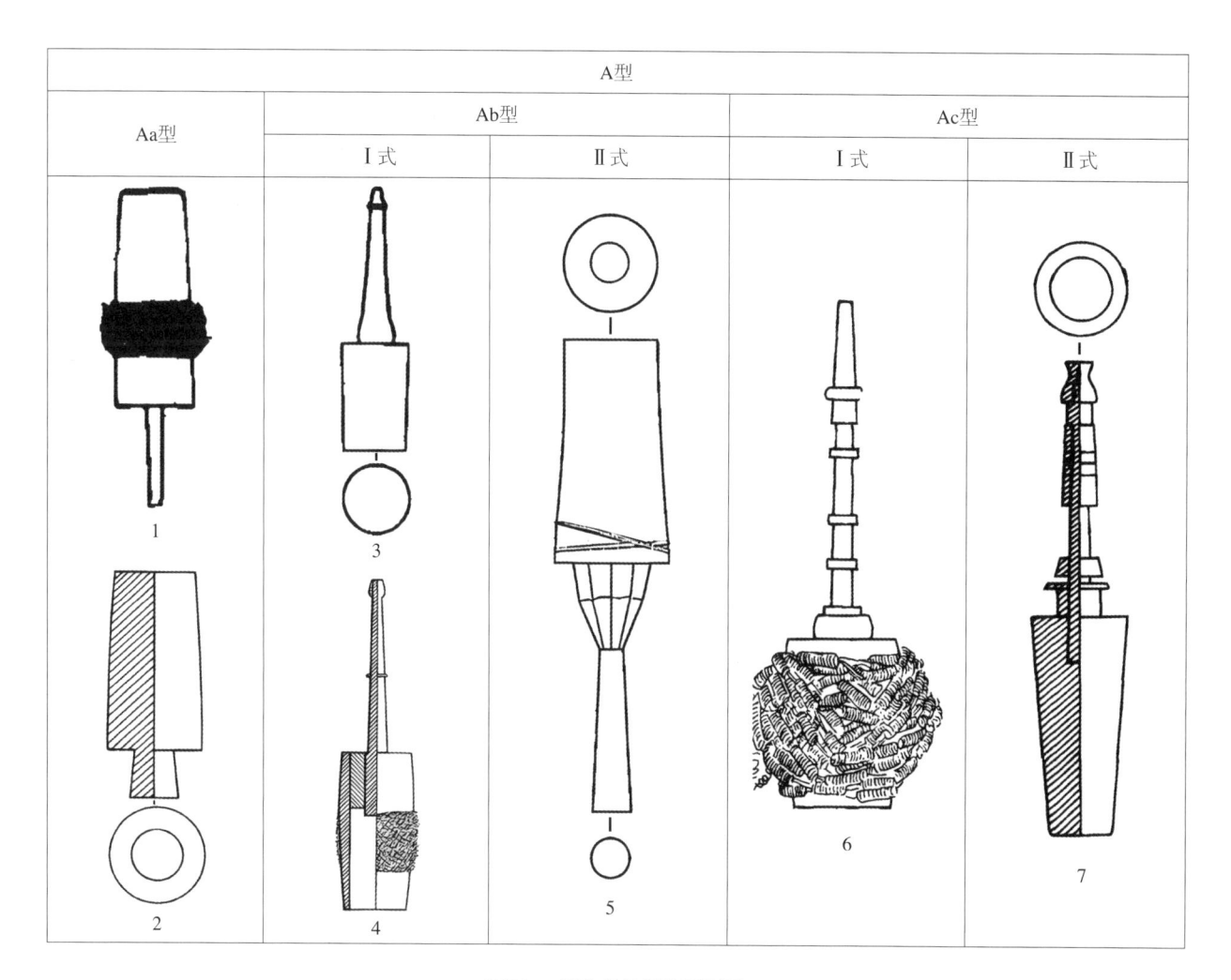

| A型 |||||
|---|---|---|---|---|
| Aa型 | Ab型 || Ac型 ||
| | Ⅰ式 | Ⅱ式 | Ⅰ式 | Ⅱ式 |
| 1<br>2 | 3<br>4 | 5 | 6 | 7 |

图三　A型绕线棒器物形制图

1、2.Aa型（荆州纪城M1、荆门左冢M1）　3、4.Ab型Ⅰ式（枣林岗M109、安岗M1）　5.Ab型Ⅱ式（鏖战岗M69）
6.Ac型Ⅰ式（曾侯乙墓）　7.Ac型Ⅱ式（望山M1）

见尖锥状的帽形凸起部分。

主要见于襄阳鏖战岗M69出土3件，纺锤形，棒体呈圆筒状，上端插入圆柱形轴柄[14]（图三，5）。

Ac型　由细长柄与绕线柱组成，柄部由若干环状形器物套接而成。根据柱体丝线有无串缀金属弹簧又可分为二式。

Ⅰ式：丝线上均串缀有金属弹簧器。

见于随县曾侯乙墓出土20件绕线棒，绕线柱与棒体榫接而成，缠绕由多根丝线合成一股的丝绳，其上串缀金属弹簧器[13]（图三，6）。

Ⅱ式：绕线柱内外分别缠绕细丝线及粗麻线，未串缀金属弹簧器。

见于江陵望山一号楚墓出土标本WM1∶B76，绕线柱上端有凹槽榫接长柄，细长把上套有8个阴刻菱形纹的骨环[5]（图三，7）。

B型　绕线柄切面呈多边形，根据绕线柱的柄部形制可分为二亚型（图四）。

Ba型　柄部呈塔状，为一根整木制成，未见套接环状骨环装饰。这部分器物的绕线柱上几乎均缠绕有丝线，根据丝线上是否串有金属弹簧器又可分为二式。

Ⅰ式：丝线上串缀有金属弹簧形器。

见于当阳曹家岗五号墓出土2件绕线棒。硬木制作柱呈椭圆柱体，柄呈八棱锥体，刻饰对顶三角形柳叶纹十二组[12]（图四，1）。

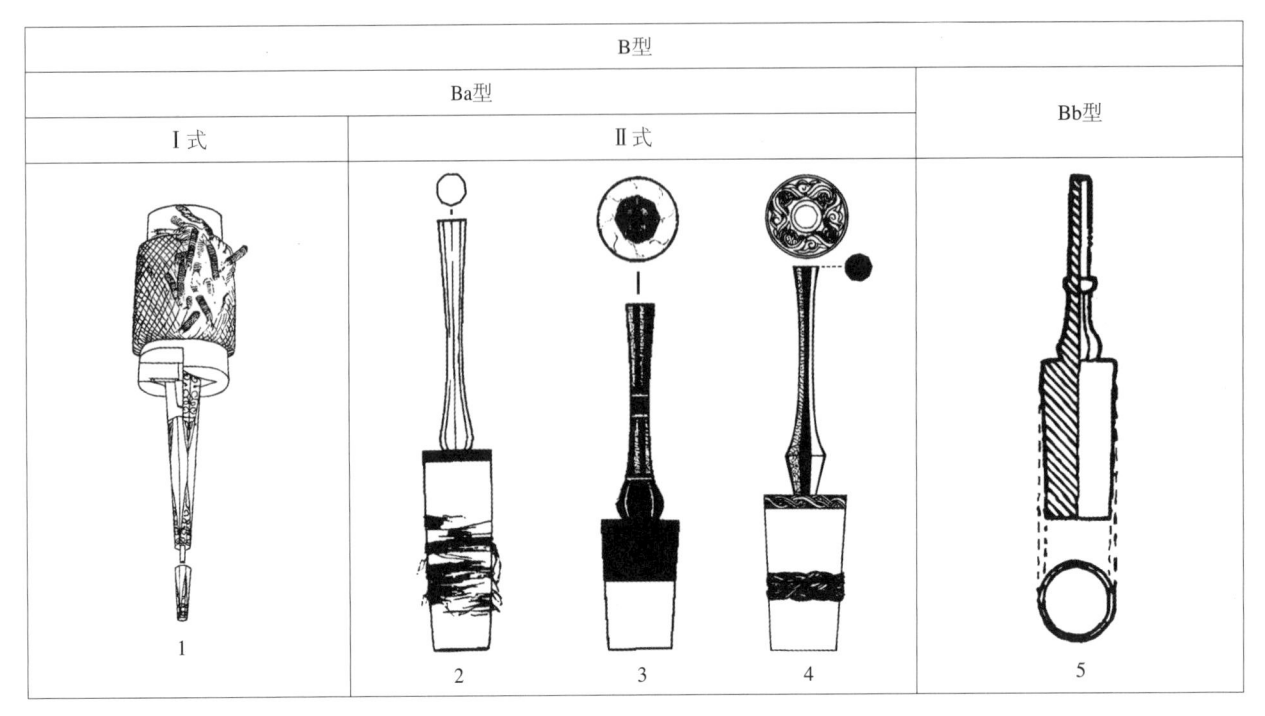

| B型 ||| 
|---|---|---|
| Ba型 || Bb型 |
| Ⅰ式 | Ⅱ式 | |
| 1 | 2　3　4 | 5 |

图四　B型绕线棒器物形制图
1. Ba型Ⅰ式（当阳曹家岗M5）　2～4. Ba型Ⅱ式（长沙浏城桥M1、江陵雨台山、江陵九店）　5. Bb型（江陵溪峨山M7）

Ⅱ式：丝线上未见串缀金属弹簧形器。

潜江龙湾M32中出土的3件绕线棒柄部断面存在圆形和多边形两种情况，报告中给出的其中一件标本M32：36，其横断面呈七边形[9]。长沙浏城桥楚墓中出土6件皆呈纺锤状，髹黑漆，柄部为尖柱状，棒体上绕线[16]（图四，2）。江陵九店出土标本M632：17，柄部形制如塔状，断面呈八棱形，有粗细数节[7]（图四，4）。江陵雨台山出土标本M89：24，柄、柱分制而成，柄细长，断面为九边形，柱上缠有麻线[6]（图四，3）。

Bb型　柄部明显可见套接环状骨环装饰物。

见于江陵溪峨山楚墓出土标本M7：7，素面，圆柱形，缠有麻线，底径略小，上部中心插进塔形小木棒[1]（图四，5）。

C型　出土时已有部分残缺，柄无存，无法判断其原始的形制（图五）。

湖南慈利石板村出土标本M33：10，下端稍粗，有一榫，可插入柄中[17]。江陵天星观一号墓出土标本M1：29，体柱状，柄无存，上端有安柄的圆形榫眼[3]。江陵九店出土标本M621：7，只存棒形柱，棒上粗下细，柱上残存少许麻线，光素[7]。老河口安岗楚墓出土标本M1：153-1，器体呈圆木柱状，缠绕多层弦丝线，器身髹红漆，边缘饰一圆环圈带，中部套接带平顶木圆帽的圆形木棒，中下部套一圆木箍，大部分帽、箍出土时已腐烂缺失。外有一革质杯形套，仅存漆壳，中腹偏上一周穿26个小孔[15]。襄阳鏖战岗战国墓出土标本M178：32-1，棒体下端包有铜帽[14]。

基于上述类型学的分析，我们可以看出绕线棒型式演变的过程，其制作工艺的变化趋势基本呈现出由简至繁、再由繁至简的过程，战国中期是绕线棒制作工艺较为精细的时期，串缀金属弹簧形器的绕线棒所占比例并不高。将墓葬的等级、墓主的身份与绕线棒的形制相结合来对比分析，等级较高的大夫墓中，绕线棒的制作技艺较为复杂精美，普通的士族墓中出土的绕线棒的形

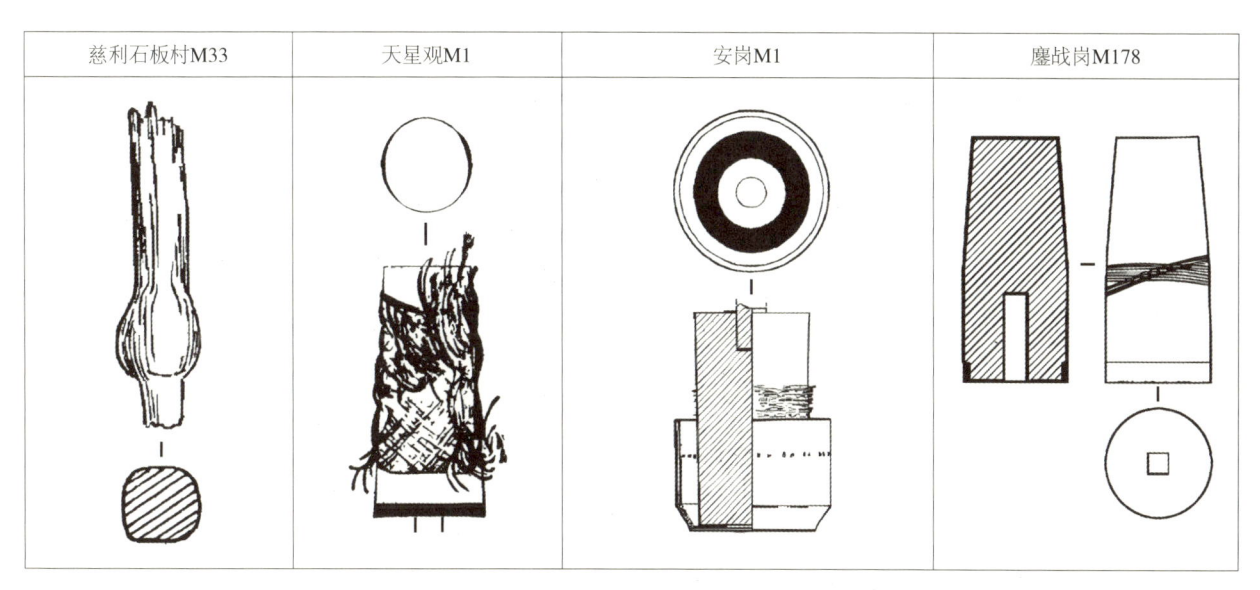

| 慈利石板村M33 | 天星观M1 | 安岗M1 | 麋战岗M178 |

图五 部分C型绕线棒形制图

制则较为简单，制作工艺相对粗略。

从现有材料来看，楚墓中出土的考古所见绕线棒，最早出现于春秋晚期的墓葬中，其年代大致从春秋晚期一直延续至汉代时期，且在战国时期较为流行，尤其以战国中期为鼎盛期，随后在其他地区极少数汉墓中仍有零星发现，西汉之后各地区的墓葬中基本不见这种器物的踪迹，说明绕线棒并非楚国特有的一类器物。

### 2. 出土位置分析

当阳曹家岗五号墓中随葬的2件绕线棒，均摆放于墓葬的头箱，且头箱中主要放置的是兵器杆、青铜箭镞、镇墓兽等器物，并叠压有大量的皮甲片及零散的甲片装饰，绕线棒与木弓同出（图六）；湖南石板村M33和M36墓中随葬的3件绕线棒，出土时放置于墓葬的头箱，与绕线棒伴出的器物包括鼎、敦、壶、盘等仿铜陶礼器和镇墓兽等漆木器，M36与M33的方向一致且两座墓相邻，M36中出土大量成套的青铜兵器，且其规模大于M33，据推测这两座墓应为夫妇异穴合葬墓。M36中随葬19件铜镞，均残存芦苇杆与丝线相连的痕迹（图七）；荆门郭店一号墓随葬的36件绕线棒，出土时位于墓葬的头箱，这座墓的随葬品主要放置于头箱，其中包括铜质及陶质礼器、琴瑟等乐器、铜剑及箭镞等兵器、车马器和陶纺轮、铜镜、漆耳杯等生活用具（图八）；荆州纪城一号墓中随葬的3件绕线棒，放置于墓室的东（右侧）边箱，周围同出的器物主要为铜车马器及青铜兵器等，其中绕线棒的下方叠压木弓1件，以及箭镞6件（图九）；江陵望山M1中随葬16件绕线棒，摆放于墓葬的边箱中，边箱的东侧摆放虎座鸟架悬鼓1件及竹简，南侧摆放铜质及木质车马器（图一〇）；江陵天星观M1随葬绕线棒5件，出土时摆放在墓葬的南室，该处墓葬规模等级较大，葬具一椁三棺，椁室分为七室，仅北室内遗物保存较为完好，其余几室皆被盗扰，南室主要放置青铜容器及部分青铜兵器以及漆木器等；江陵溪峨山M2、M7和M10皆出土绕线棒，其中M2中墓室的头箱及边箱均发现摆放有绕线棒，"头箱与边箱相通，以放置长杆兵器"[1]（图一一）。M7和M10由于发掘简报中未具体提及，故其在墓葬中的摆放位置暂不清楚；襄阳麋战岗M69、M178随葬的绕线棒10件皆放置于墓室的边箱位置，与其同出的还包括铜剑、箭镞、木柲等兵器（箭镞为平头柱状），另外还与车马器出于同一空间内，头箱主要放置铜、陶

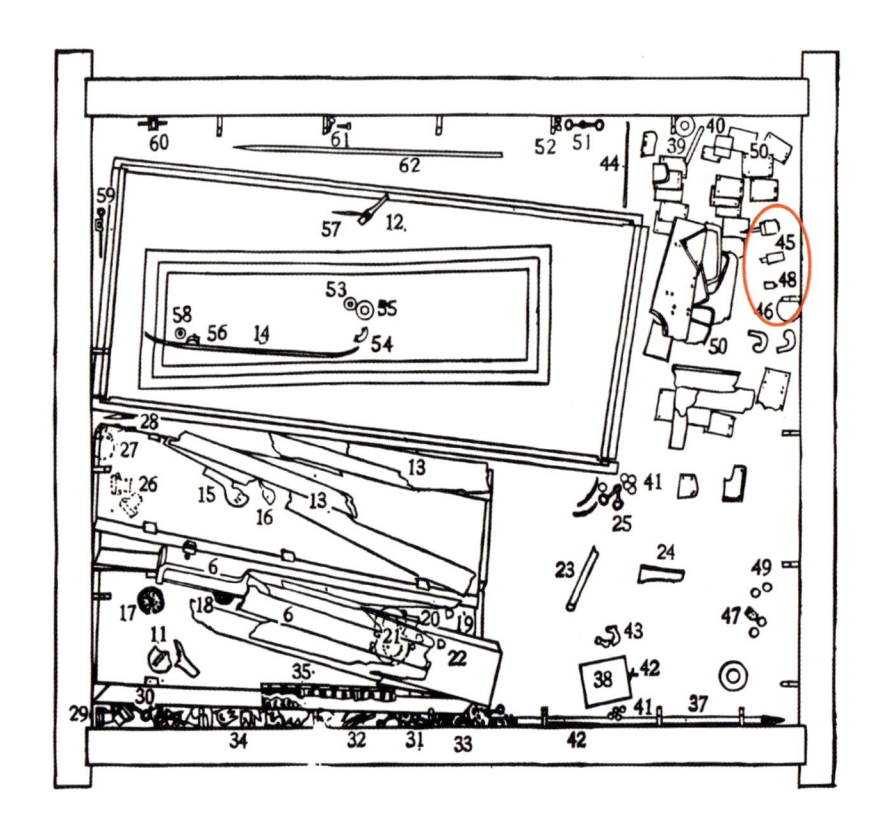

图六 当阳曹家岗M5绕线棒出土位置图
45.绕线棒 46.甲片金属装饰 48.铜合页 50.皮甲片

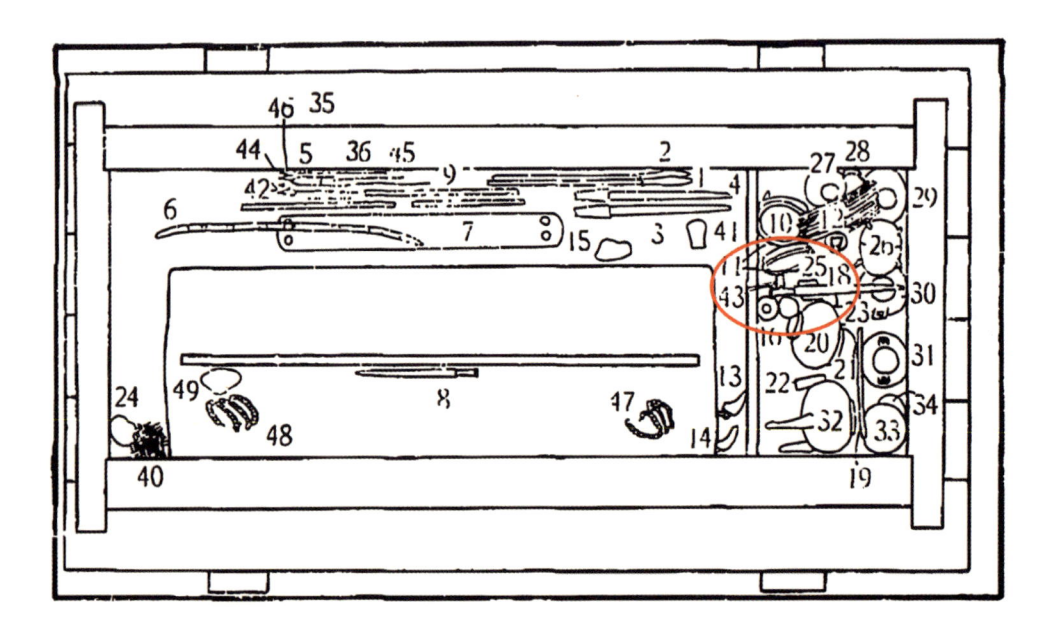

图七 慈利石板村M36绕线棒出土位置图
43（25上）.绕线棒 12.竹简 18.铜剑 35.铜镞

[引自湖南省文物考古研究所,慈利县文物保护管理研究所.湖南慈利石板村36号战国墓发掘简报[J].文物,1991(10)]

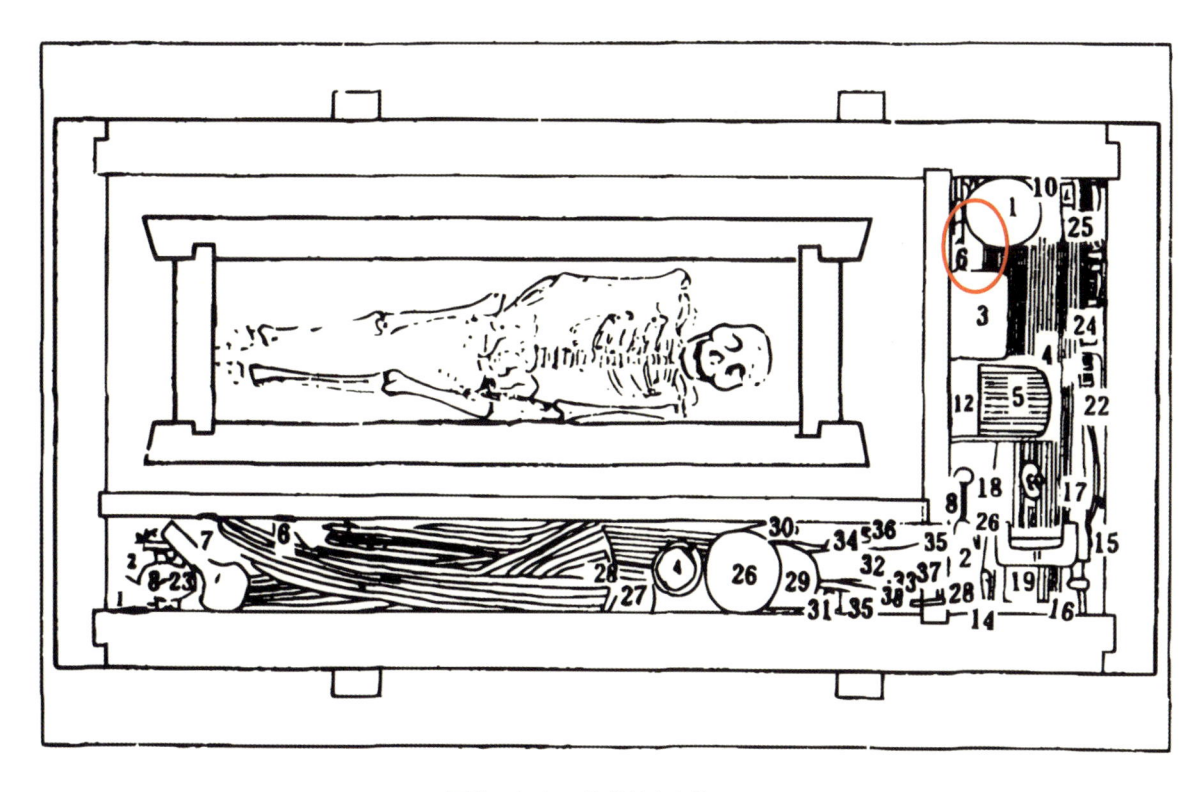

图八　郭店M1绕线棒出土位置图
6.绕线棒　1.陶鼎　3.漆盾　4.竹筒　5.箧　18.铜剑　19.铜镞

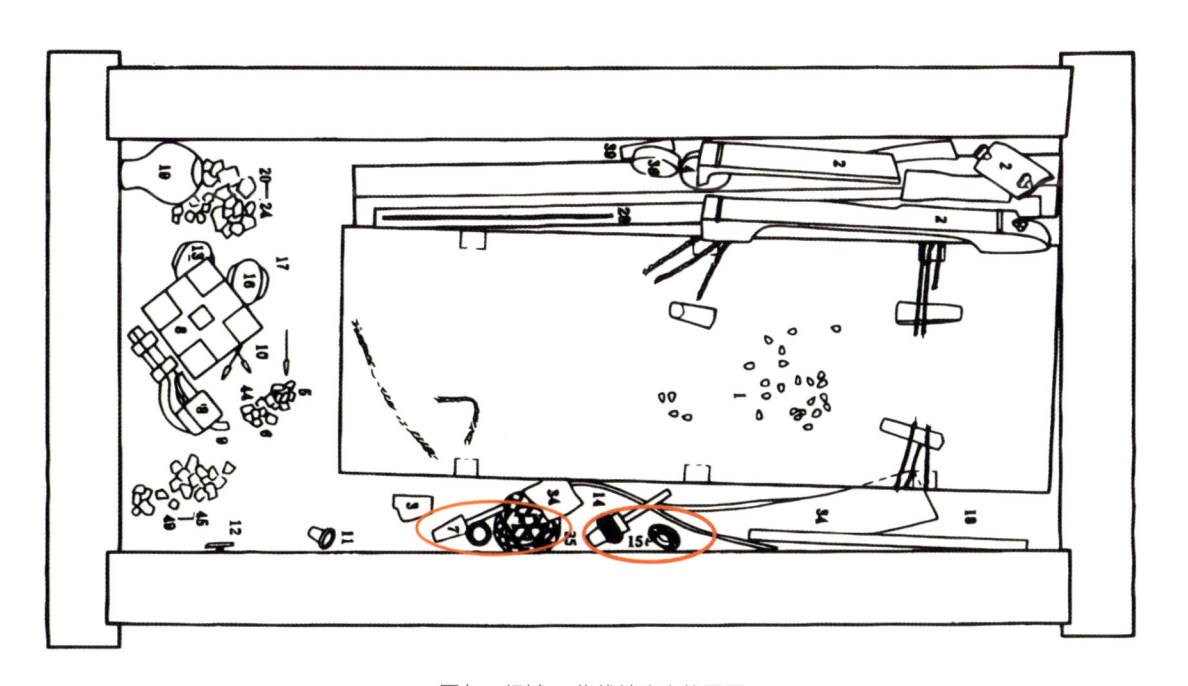

图九　纪城M1绕线棒出土位置图
7、15.绕线棒　35.竹筒　25.铜戈（第2层）　27.铜镞（第2层）　29.木弓（压于绕线棒下方）

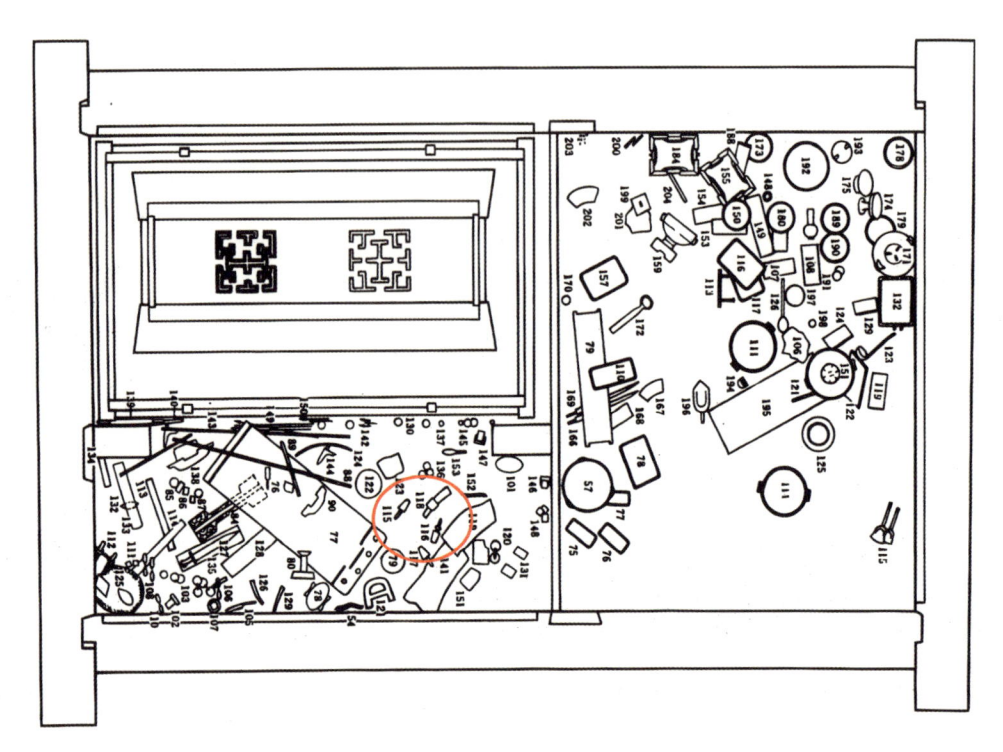

图一〇　望山M1绕线棒出土位置图
115～117.绕线棒

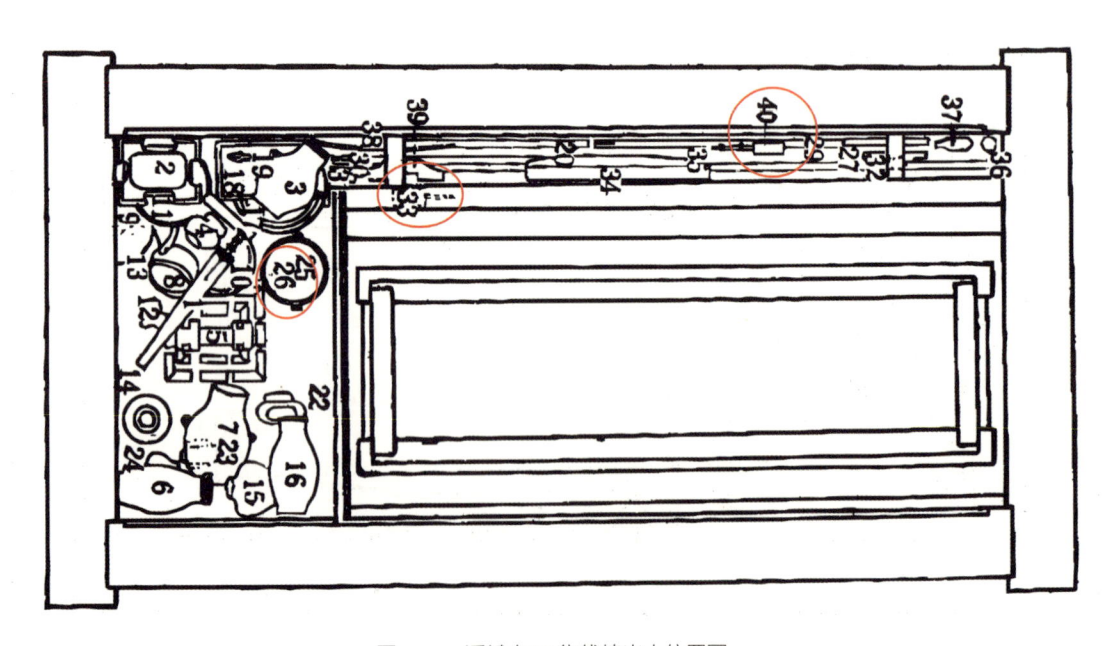

图一一　溪峨山M2绕线棒出土位置图
26、33、40.绕线棒　20.铜戈　38.木弓

礼器（图一二、图一三）；安岗M1中的绕线棒在椁室的头箱、东西边箱皆散落可见，从各类随葬品放置的位置来看未发现任何规律可循，其中木质绕线棒出土时置于西侧边箱中，与其同出的还有木弓和铜镞（图一四）；荆门左冢M1随葬的2件绕线棒，置于椁室的北室（除东室被盗扰较严重之外，其余各室的随葬器物皆放置于原来的位置），其余几室随葬的器物分类基本为：南室车马兵器，西室为铜盘、铜缶、铜盉三件青铜器，从东室残存器物痕迹来看，原主要放置青铜礼器及漆案、漆几等，北室主要分层放置日常用品等漆木器和部分兵器（图一五）；雨台山M89和M159中的绕线棒均摆放于椁室的头箱中，墓中同出的器物另包括陶壶、陶鼎等仿铜陶礼器，铜戈、箭矢等青铜兵器及部分日常用器（图一六、图一七）；长沙浏城桥M1随葬的6件绕线棒出土时摆放在墓葬椁室边箱的东南角，因墓内积水较多，故存在漆木器等器物浮动的现象，可能出土时的摆放位置与下葬时存在一定的误差，各类器物摆放的大致情况主要是东室主要放置竹矢箙、箭镞以及漆几、皮甲和陶簋、陶豆等仿铜陶礼器（图一八）；枣林岗M109中与2件绕线棒同出的器物包括铜镞、竹弓等兵器、陶礼器、镇墓兽和木梳、扇等日常用品；潜江龙湾M32中随葬3件绕线棒，仿铜陶礼器（鼎、簋、壶）及镇墓兽等置于头箱中，椁内与绕线棒同出器物还包括1件竹弓及8支箭镞等。

当然，若是仅从其放置于头箱或边箱这一处细节来看，并不能对我们探讨绕线棒的性质和功用做出合理的解释。原因是一般墓葬的椁室出现有分室的情况可以作为墓主生前等级的标志。头箱和边箱均是由棺椁之间形成的空间所构成的，其主要作用是用来摆放随葬器物，有些墓只见头箱，有些规模较大的墓设置有头箱和多个边箱，由于墓葬规模大小的限制，仅有高规格的墓葬才存在椁室分隔出多室的情况，大多数一椁一棺的墓葬一般只设头箱和边箱。而楚人一般会对椁内各室进行功能上的区分，来放置不同类别的随葬器物。由于空间的限制，随葬品并非严格地按质地或者用途分门别类摆放在不同的分区内，而是置于同一空间内。所以笔者主要参考了几座较大型墓葬中绕线棒出土的情况，并综合不同等级墓葬绕线棒的器物组合来探讨。首先我们来看曾侯乙墓中绕线棒的情况。曾侯乙墓属规模等级都较高的一处墓葬，墓中所出的这20余件绕线棒从制作工艺上看也最为精细，尤其是柄部的制作最

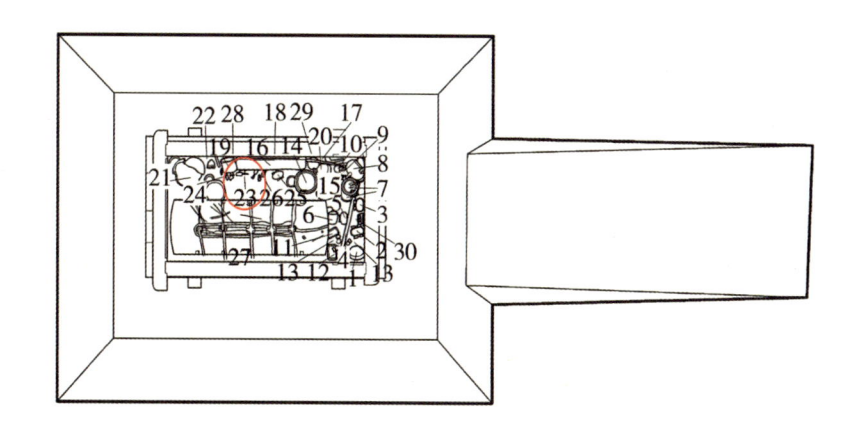

图一二　麇战岗M69绕线棒出土位置图

23.绕线棒　24.铜镞　17.木弓　18.竹弓　19.漆木箭箙

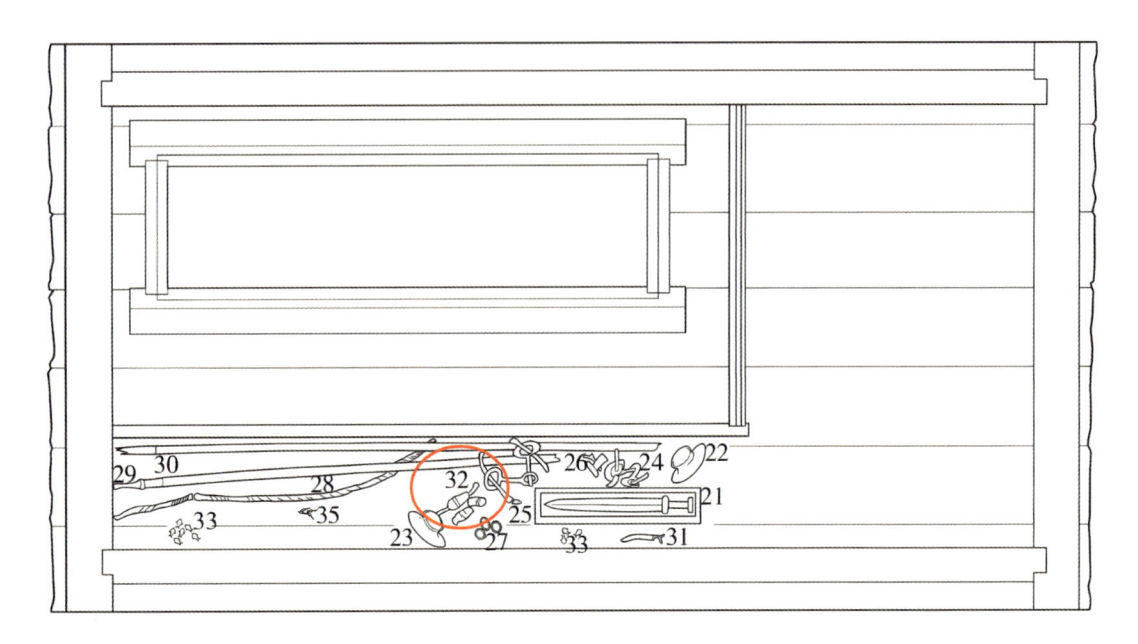

图一三 麇战岗M178绕线棒出土位置图
32.绕线棒 28.木弓 35.铜镞

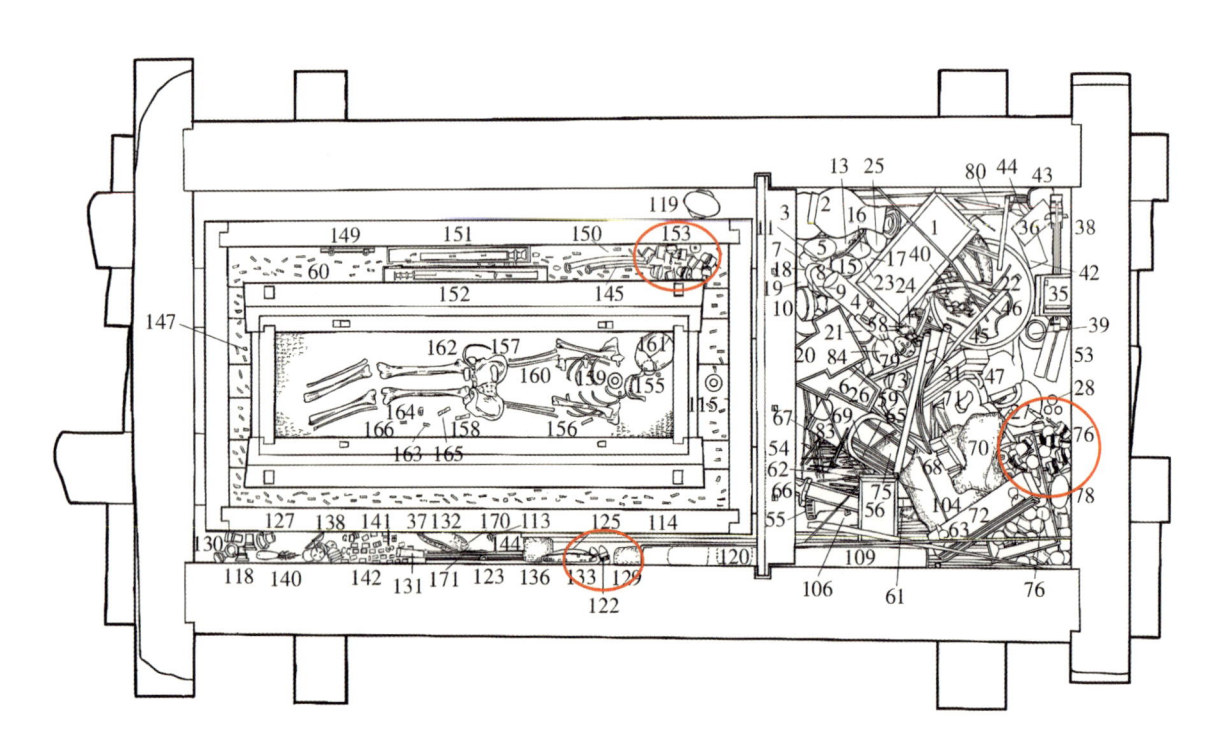

图一四 安岗M1绕线棒出土位置图
76、122.竹绕线棒 153.木绕线棒 125.木矢箙 129.竹笥 133.铜镞

为考究。其出土位置相对较明确,在椁室的东室内,从图中标记的出土位置及出土时的原状来看(图一九),20件绕线棒呈东西向排列的方式摆放在一件长方形木案上(图二〇、图二一),与兵器(铜箭镞)、乐器(瑟、十弦琴等)、漆木器等一同置于东室中,且这种摆放的方式也在本文所讨论的墓葬中属唯一一例。

从出土绕线棒的墓葬中可以得出几点认识:第一,楚墓中的绕线棒常见于墓葬的边箱,同样也存在着出土于头箱的情况,多是与其他随葬品放置在一起,基本不见单独出土的情况。在本文所搜集的这批墓葬资料中,可以明确绕线棒的出土位置的,大多数位于墓葬的边箱,当阳曹家岗M5、荆门郭店M1、湖南慈利石板村M36中的绕线棒出土时放置于墓葬的头箱中。第二,从绕线棒在墓葬中的摆放位置来看,基本与青铜箭镞、木弓等兵器同出,部分箭矢上还残存芦苇秆。在发掘清理的过程中,绕线棒往往与箭镞及木(竹)弓等器物一同出土。

士族这一阶层在先秦时期随着新兴地主阶层的兴起,开始逐渐活跃起来。目前考古发现的绕线棒出土于士族阶层墓葬的情况占有较大的比例,另外还见于大夫至封君一级等高等级的贵族墓葬中,在更低一级的庶民墓或贫民墓中则至今未曾发现过。

有一个值得我们注意的现象,绕线棒出土的数量与墓葬等级并无直接的对应关系,即更高等级的墓葬中或仅随葬一两件绕线棒,而在稍低一级的墓葬中我们能见到随葬十几件甚至几十件绕线棒的情况。如江陵天星观M1经考证,其墓

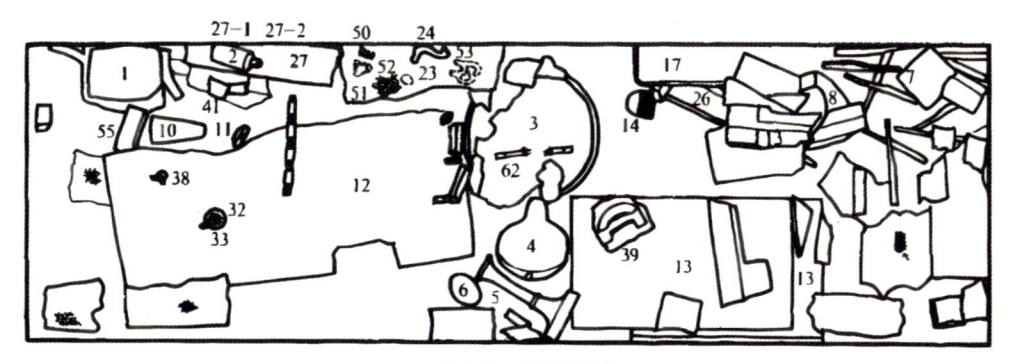

1. M1北室第一层随葬器物

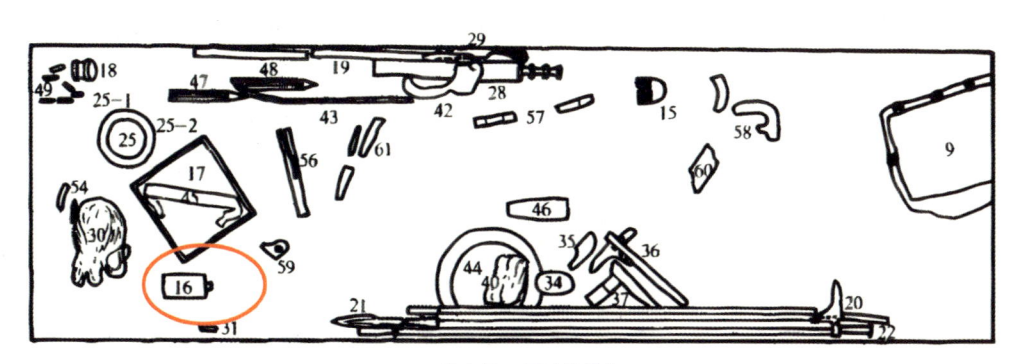

2. M1北室第二层随葬器物

图一五 左冢M1绕线棒出土位置图
16.绕线棒 12.漆瑟 21.铜矛 32.玉环 33.玉杆 59.木器足

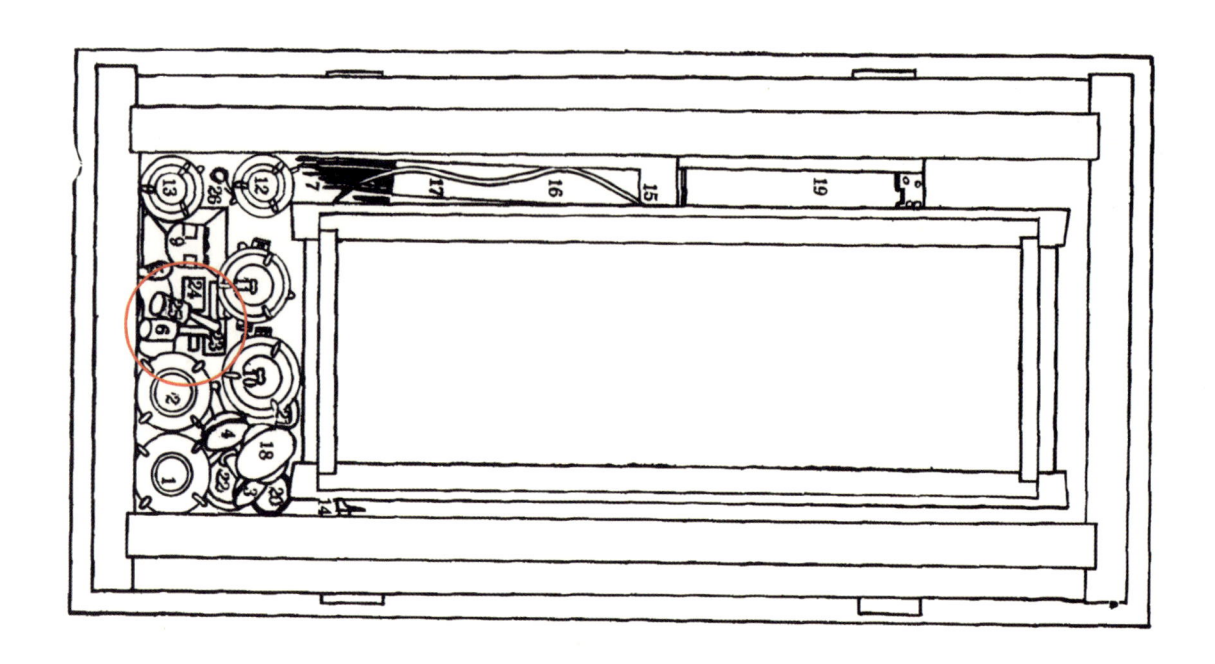

图一六　雨台山M89绕线棒出土位置图
23~25.绕线棒　7.铜镞　9.镇墓兽　13.陶敦

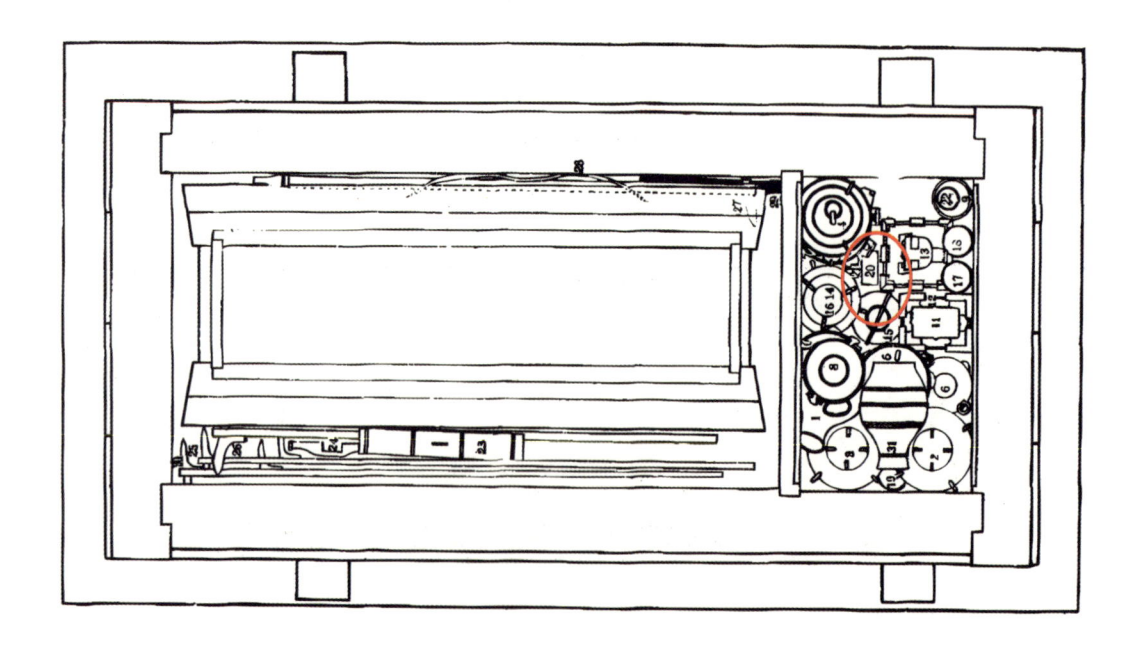

图一七　雨台山M159绕线棒出土位置图
20.绕线棒　16.陶敦　28.竹弓　29.铜镞（边箱）

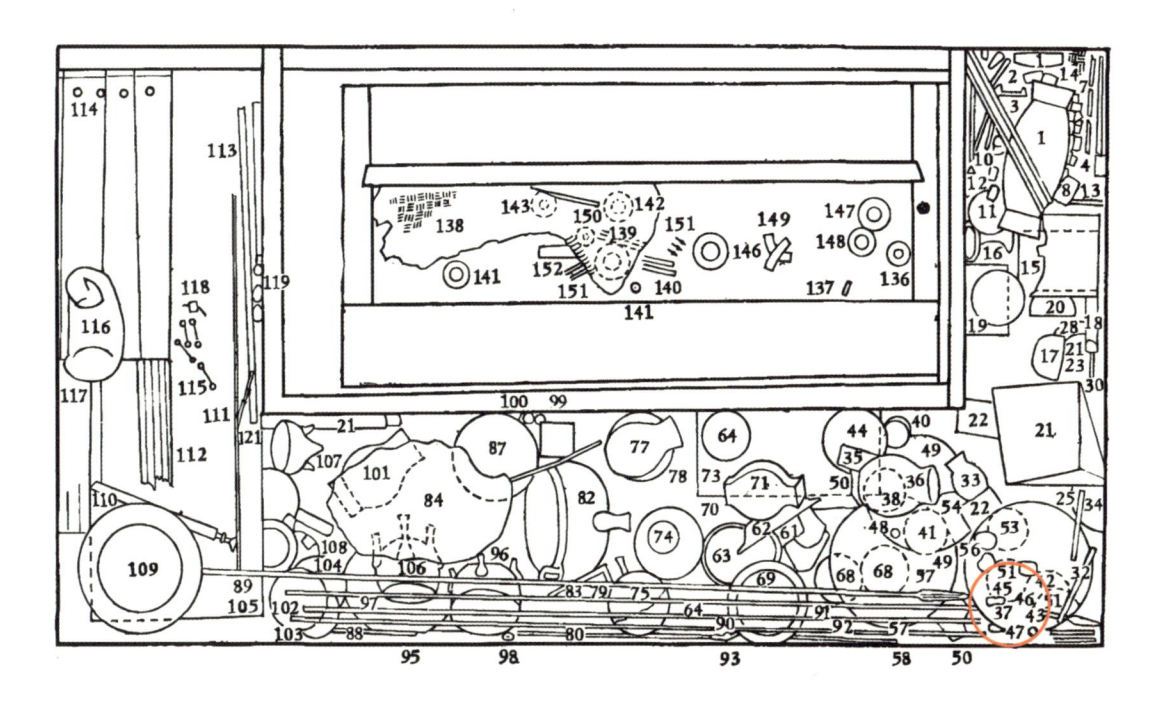

图一八　浏城桥M1绕线棒出土位置图

37.绕线棒　45.铜矛　46.铜戈

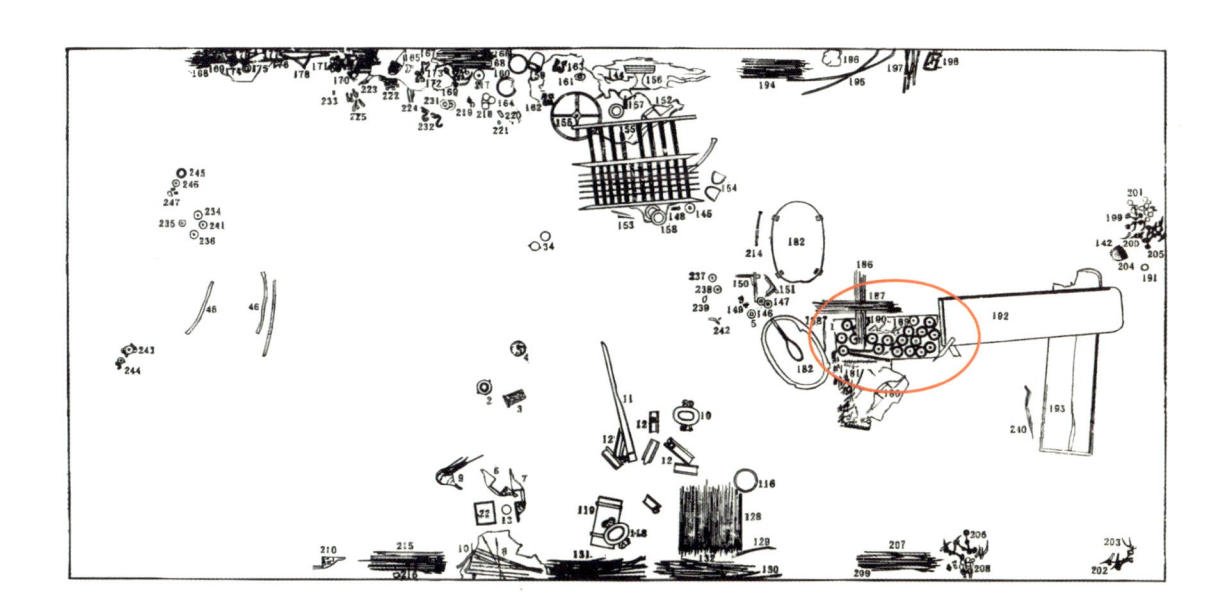

图一九　曾侯乙墓绕线棒出土位置图

189.案座纺锤形器　186、187.箭

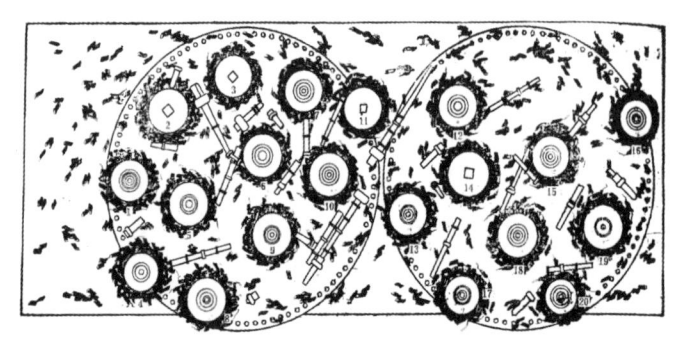

图二〇 曾侯乙墓案座纺锤形器平面图

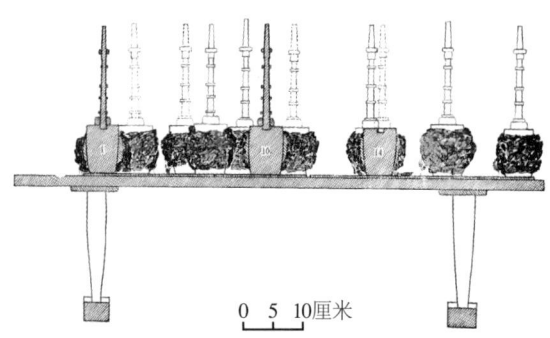

图二一 曾侯乙墓案座纺锤形器剖面图

主为封君，该座墓中仅出土5件绕线棒，但在安岗M1中却随葬木质绕线棒26件以及竹质绕线棒40件，郭店M1的墓主为士一级的身份，墓中却出土36件绕线棒，可见随葬绕线棒数量的多少对于我们判断其墓葬等级高低的实际意义并不大。这一现象说明墓中随葬绕线棒这类器物或许并非与墓葬等级、墓主生前地位有关，可能是一种具有实用功能的器物，这种器物多由士族或者具有更高地位的贵族使用。

## 二、绕线棒功能用途探讨

确定墓葬中绕线棒用途的两个重要参考，其一是摆放位置，其二是同出器物。前文已对此进行论述分析，此不再赘述。

何驽和谭白明先生均以曾侯乙墓出土的案座纺锤形器为主，并结合考古同出的竹弓、铜箭及绕线棒上缠绕的金属弹簧形器，认为这类圆形镞头在实战中实则不具备杀伤力，应为文献所提"矰矢"或"志矢"，推测其当为先秦时期在王室贵族阶层中较为流行的娱乐活动弋射所用器具。《述而》："子曰：志于道，据于德，依于仁，游于艺。"先秦时期的"艺"包括礼、乐、射、御、书、数，射属其中之一，《论语》中曾提及"君子无所争，必也射乎！揖让而升，下而饮，其争也君子"。由此可见，在中国古代射不仅作为军事战争的手段之一，同时也是备受社会各阶层热衷的一种娱乐消遣活动。弋射在战国时期是王公贵族中较为流行的一种娱乐活动，《礼记·射义》中记载："天子将祭，必先习射于泽。泽者，所以择士也。"其意为弋射在当时是作为天子选拔人才的方式之一，在举行祭祀大典之前通常会进行弋射的考核。《仪礼·士昏礼》中说："昏礼，下达。纳采，用雁。"《仪礼·士相见礼》中："下大夫相见以雁，饰之以布，维之以索，如执雉。"文献中所提的雁大多是通过弋射获得的，而弋射活动应与当时的礼俗相关。《汉书·司马相如传》颜氏注："以缴系矰仰射高鸟谓之弋射。"古时弋射这一娱乐性的活动又被称作"加"，《史记·楚世家》称："楚人有好以弱弓微缴加归雁之上者。"《说文解字注》系部中提到"缴，生丝缕也，谓缕系矰矢而以隿射也"[22]。缴，即箭矢上所系的丝绳，主要用于古时的弋射活动中。《淮南子·说山训》中称"好弋者，先具缴与矰"。弋射所用的箭矢必须系缴，据《周礼·司弓矢》，可知系缴的短矢即为矰，高诱注《淮南子·说山》云："缴，大纶。"《说文》释纶为"纠青丝绶也"，指代的是就丝绳而言，取其轻细结实。最初的弋射或许用葛麻类材料制的绳系箭，因其相较丝线而言容易制作，江苏邗江姚庄101号西汉墓中出土的缴即麻制线绳，也可证明这一说法。缴的作用并不仅仅在于收回箭矢，重点是在空中缠缚飞禽。《说文·网部》载："罗，以丝罟鸟也。从网从维。"《新序·杂事》："不知弋者选其弓弩，修其防翳，以矰缴其颈。"可见弋射实际并无射杀飞禽之意，目的在于射击与网罗，而缴主要是起到缠绕束缚的作用从而达到生擒活捉的目的，同时也便于收回射出的箭矢。弋射作为一种古老的射猎方式已失传许久，今考古工作者多侧重将考古出土或传世的青铜器画像纹饰或汉画像石中描绘的内容与文献结合，借此来还原弋射活动的场景。

曾侯乙墓东室随葬品中的漆木衣箱上描绘弋射活动场景的图案有学者讨论其应为后羿弋射图。图中一人立于扶桑树之下，将带有丝线的箭矢向上空飞过的日鸟射出，其中一只手持弓，另一只手向上微抬举一纺锤状物体，物体上的丝线与射出的箭的一端相连，特别是纺锤状器顶端外线尾的"丰"字形状，表示着线外穿有串环状物，有学者借此推断似乎与绕线棒丝线上串缀的金属弹簧相符（图二二）。四川成都市郊汉墓出土画像砖的弋射图中，两人左手握弓，张弓正瞄向头顶飞过的雁群。在两位射者的身侧下端各放置一个带有提梁的装置，其上的绳索与射出去的箭矢相联结（图二三）。成都百花潭出土战国铜壶上所绘弋射图与上述画像砖相似，下端皆有一半圆形装置插于地面，与射出的箭矢以丝线相连（图二四）。

我们首先来了解一下古代的弋射技术。据文献中相关记载，即用系有丝绳的箭镞，通过箭矢的牵引作用将丝绳射向空中，利用绳子达到束缚飞禽脖颈或者羽翼的方式来获取猎物。飞禽从弋射者头顶上方经过，当其射出的高度超过弋射目标飞翔的高度时，两者相撞受到冲力，由于矰矢受到牵引缴的力开始下折，飞禽受到撞击失去平衡，则很容易将其展开的双翅或脖颈缠绕束缚住，达到弋射的目的。

弋射多以体型较大、行动较缓的飞禽等为主要猎捕对象，这类活动多在湖畔池边进行。如上文已提到，缴即系于箭矢上的丝绳，可能是用生丝捻成。根据曾侯乙墓东室漆木衣箱上所绘弋射图，其丝绳的尾端分为三股，似乎是说明这种装置上缠绕的丝绳存在由多股丝线合成的情况，再观四川地区所出绘弋射活动的器物纹饰，下端是立于地面之上起固定作用的半圆状物体，可能是弋射用的绕缴装置。《说文》："磻，以石著弋缴也。"缴的两端所系分别为弋射用箭矢以及"磻"，"磻"的偏旁从"石"字，从其字形推论此类器物应为石质工具。《殷周青铜器通论》中的车马田猎纹鉴上所绘图中，下方三位弋射者俯身正张弓将箭矢射向从头顶飞过的飞禽，我们能很清晰地看到图中上方的三只大雁翅膀皆被丝绳束缚住，做出挣扎的态势，丝线的一端系于箭矢中部，而丝线的另一端与一圆状器物相连，利用重力及其自身重量的作用将飞禽向下拉扯（图二五）。

宋兆麟先生在其所著文章《战国弋射图及弋射溯源》中指出磻即拴缴的石质工具，以作坠石，使射中的飞禽不致将箭矢带走。孙机在《汉代物质文化资料图说》书中认为"不晚于春秋

图二二　曾侯乙墓衣箱弋射图案

图二三　成都汉画像砖弋射图案

图二四　成都百花潭战国铜壶弋射图案

图二五　车马田猎纹鉴图案

(引自容庚,张维持.殷周青铜器通论[M].北京:文物出版社,1984:图版一四一)

末、战国初,又发明了弋射用的绕缴装置,它有点像一枚纺锭"[23]。纺锭或许指代本文所探讨的绕线棒这一器物。以此说法来看,持这类观点的学者在绕线棒用于弋射活动的这一方向上达成了一致的看法。

综上来看,楚墓中出土的绕线棒用于古时的弋射活动的可能性并非不存在,其上所绕丝线的作用相当于文献中提及的"缴"。参见弋射图像中所绘场景,缴多系于箭矢中间位置,似乎与放风筝的方法相似。

## 三、绕线棒使用方法的推测

### 1. 编缀皮甲

大多数墓葬中存在着绕线棒与皮甲片同出的情况。结合上述文献记载,笔者试图寻找绕线棒上所缠绕的丝线与皮甲片的编缀方式之间的联系。《史记·礼书》载:"楚人鲛革犀兕,所以为甲,坚如金石。"甲胄是历朝军事作战时用于防护的一种装备,在商代晚期的墓葬中曾发现过目前所见最早的皮甲,战国时期的甲胄在诸多诸侯国遗址及具有一定等级的墓葬中都有发现。由于整片的皮甲穿用不便,随后则演变为将皮革裁制成甲片,再进行编缀使之成形的方法。关于皮甲制作的基本程序,主要包括"为容"、制革、甲片的髹漆处理、打孔与编缀。编缀工序主要是按照一定的叠压顺序将各甲片连接为一体,再将各个不同的部位连缀成一件整体的甲衣。在本文所涉及的楚墓中约有一半的墓葬中有皮甲片同出。《左传·襄公三年》载:"三年春,楚子重伐吴,为简之师,克鸠兹,至于衡山。使邓廖帅组甲三百、被练三千以侵吴。"[24]关于"组甲"及"被练"所指代的具体实物,杨伯峻先生在《春秋左传注》中进行过较为详细的考证。其中提及"马融谓组甲是以组为甲里,公族所服。

贾逵、服虔则以为以组缀甲，车士服之"[25]。考之《初学记》二十二引《周书》云："年不登，甲不缨组。"又《燕策》云："身志削甲札……妻自组甲絣。"絣即用丝锦织成的带状丝织物，因以之穿组甲片谓之组甲。以此来穿缀甲片的话，较之以绳索穿成者更为牢固，不易为兵器所中。但是此举较为费时费力，故当年岁不丰之时，穿甲不用组絣。由此观之，贾、服之说较马说可信。马融又谓被练是以练为甲里，卑者所服。贾逵则以为以帛缀甲，步卒服之。考之《吕氏春秋·去尤篇》："邾之故法，为甲裳以帛。公息忌谓邾君曰：'不若以组。凡甲之所以为固者，以满窍也。今窍满矣，而任力者半耳。且组则不然，窍满则尽任力矣。'"[25]由此观之，贾逵之说似乎可信。将生丝煮熟之后制成练，其柔软洁白，用以穿甲片成甲衣，自较以穿甲更为容易，但却不如组带坚固。"组甲三百，被练三千"，或组甲是车士，被练是徒兵[25]。望山M1中曾出土了丝带、丝帛、丝绳等，其中丝带出土时位于椁室的边箱，有宽窄两种形制，出土时覆于人皮甲之上，从其外观来看，这类丝带显然是经过纺织后织成锦，再将其穿缀在皮甲片上使其组成一副完整的皮甲。再来看墓葬中出土的绕线棒上所缠绕的丝线，综合上述讨论来看，以其作为串缀皮甲片的做法虽然可行，但是考虑到实用性，则可能存在着不确定因素，因仅用丝线串缀的坚固程度实际与组带相差甚远。从另一方面来看，参见杨伯峻先生在《春秋左传注》中对于"组甲"及"被练"的探讨内容，不仅提及组甲及被练的制作方式，同样对于使用这类丝织物的具体身份进行了考证。

### 2. 备弓弦之用

下面我们再来讨论绕线棒可能存在的另一种使用方式。综合其出土的相关信息来看，可知绕线棒多与弓、箭矢等兵器一同随葬（图二六），且墓主的等级均在士一级以上，生前的官职多以武官为主。据此，关于绕线棒的功用笔者倾向其与"射"一类的活动有关。

西周以后，弋射成为体现周礼的形式之一，并且兼有较技和娱乐的功能，随后又成为士人修身的方式之一，可见弋射属于士族阶层及其以上等级的贵族们举行的活动，这一点与出土绕线棒的墓葬等级相符合。弓的起源与狩猎活动的兴起有着紧密的联系，在远程射击方面弓箭发挥着重要作用。最初的弓箭采用单根的木材及竹质材料弯曲制成，随后逐渐发展为复合弓。《考工记·弓人》中记载有关弓所需材料，包括"干、角、筋、丝、漆、胶"六类，关于弓箭的弓体在制作时一般选择竹、木等材料，在射箭时主要通过拉弓人的力量使弓弦绷紧，弓臂会弯曲变形，在松开的一瞬间产生的力量将架在弦上的箭矢弹射出去。关于楚墓中出土绕线棒的用途，具体到实际的使用方式中，笔者认为其存在着两种不同的情况。

其一，参见成都百花潭铜壶、成都市郊汉画像石等所绘弋射场景的纹饰，结合文中对绕线棒出土位置及同出器物组合的信息来看，认为在弋射活动中起到文献中"缴"的作用是较为可信的说法，即用来系箭矢。其二，丝线也有备弓弦使用的可能。

### 3. 关于出土弹簧的讨论

除曾侯乙墓与当阳曹家岗M5两座墓中清理出的绕线棒丝线上仍串缀金属弹簧以外，另又在其他地区的个别墓葬中发现弹簧这类器物，金属弹簧的丝径在0.05～0.1厘米。那么，墓葬中金属弹簧单独出土的情况，是否由于墓中漆木器因保存情况不好而腐坏无存，还是原本这些墓中就未随葬绕线棒，关于这一现象，笔者将对这批弹簧及其用途进行专门讨论。

先来了解绕线的方式，曹家岗M5的绕线棒柱体上缠绕的丝线是由三股匀称纤细的丝线搓制成的，线外附有丝带穿缀的形制似弹簧丝的器物若干。曾侯乙墓中的绕线棒丝线同样交错地缠绕在柱体中间部分，再将七八根丝线撮合成一股，

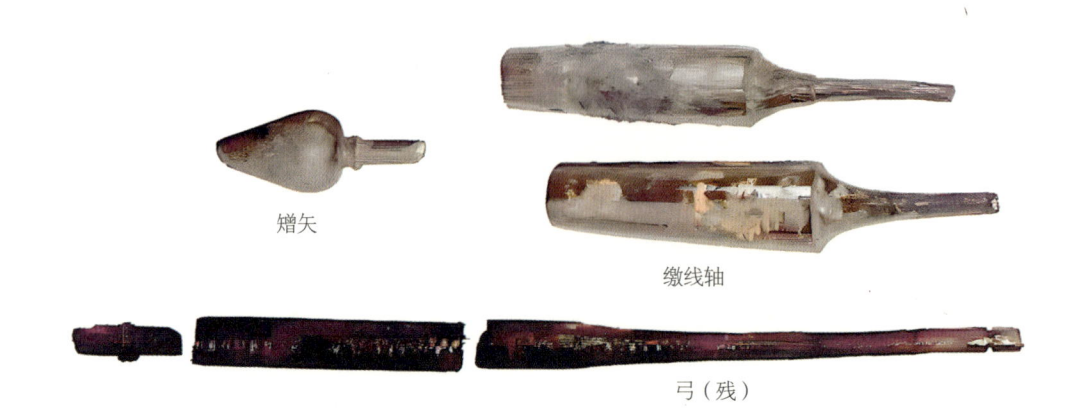

图二六　绕线棒共出器物组合
(出土于枣阳郭家庙曹门湾墓区M1)

每间隔两厘米的位置串缀一段金属弹簧，再将其交错地绕于柱形木棒上。另安徽六安城西窑厂二号楚墓中出土的弹簧丝上存留串缀丝线的痕迹。这类金属弹簧形器是采用拉丝工艺制成的。前文已了解到弋射技术的实际操作方式，接下来笔者试图探讨部分墓葬中与绕线棒同出的金属弹簧在弋射活动中起到的作用。我们知道，弹簧所产生的力与其自身具备的弹性大小有着密切的关系，但较为奇怪的一种现象是，根据化学成分检测分析之后的结果，专家判断曾侯乙墓中与黄季佗父墓中所出的金属弹簧仅具备弹簧的外形，却不存在弹性。曾侯乙墓出土的20件绕线棒中，有两件线团上串缀的是金弹簧，其余十余件皆为铅锡质地的弹簧。金弹簧的化学成分有金、银、铜，另包括微量铅、锡、铁，铅锡弹簧所含成分是以铅和锡为主的合金，以及少量铜。而黄金与铅锡合金的质地都很软，并不具有弹性，只是从外观上看形制与当代生活中的弹簧相似。而在其他墓葬中出土的弹簧成分多以铅锡为主。这类金属材质所具备的基本属性主要包括硬度大、韧性好、化学稳定性强，有良好的抗腐蚀和抗氧化的属性。所以这类器物也许并非属于弹簧，称作"金属弹簧形器"则更为合适。那么这类金属弹簧形器串缀于丝线外并一同缠绕在绕线棒上主要是起到什么作用呢，笔者推论大概有以下几种可能。

第一，增加重量，保证弋射方向的准确性。以曾侯乙墓中的弹簧丝为例，出土的各个绕线棒上的弹簧丝重量在200克左右，结合各地画像石及画像砖上的相关图案，这类装置在实际使用过程中主要是放置于地上，或握于弋射者的手中（具体的使用方式见成都市郊汉画像石及扬州出土汉代温明所绘图案上等）（图二七）。若金属弹簧形器所含的金属成分制成的金属丝不具备弹性性能的话，将金属弹簧形器串缀于绕线棒的丝线上，具体到弋射过程中存在着增加重量的可能，保证箭矢射出时的方向不容易偏离，从而确保较为准确地击中弋射的目标。

第二，便于缠绕住弋射目标。"缴"的一端在弋射中一般系于箭矢的中部，丝线上串有一节节金属弹簧绕于绕线棒上，由于弋射的目的并非射杀飞禽，而是生擒活捉，因而在弋射过程中，系有丝线的矰矢在射向空中的时候能与飞禽产生较大的撞击力，加之箭矢与飞禽之间相互受到冲击之后，会迅速下坠，串入金属弹簧形器的丝线应该可以起到通过增加摩擦力而便于更准确地束缚住弋射目标的作用。

第三，备弓弦之用。若考古出土的这批金属弹簧形器仍具有弹性的话，则其作为缠绕弓箭的弓弦来使用，能够利用金属自身的弹性来增加弓弦的弹力，使其在使用过程中产生更大的张力。

第四，丝线的两端分别系于矰矢和绕线柱上，由于箭矢向空中射出的时候会产生较大的

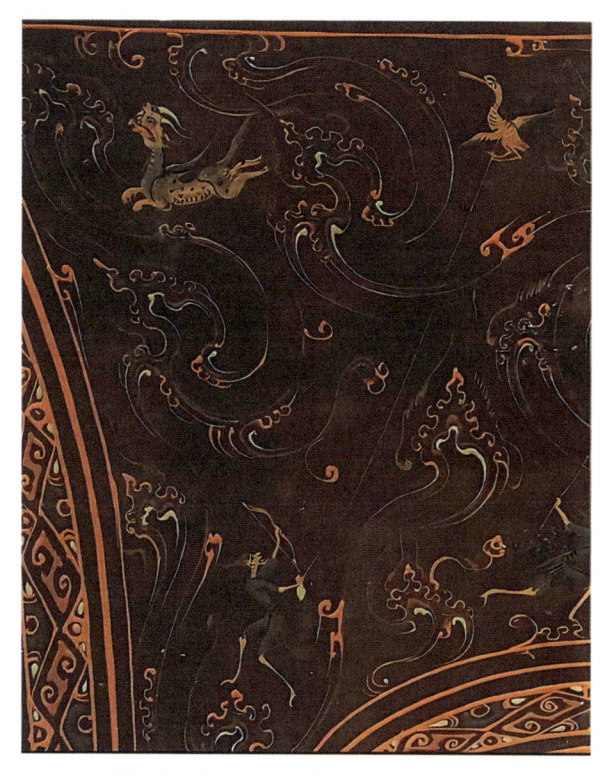

图二七　扬州出土汉代温明所绘弋射图案

张力，为避免丝绳由于力量过大在射出的过程中出现断裂，古时的弋射者想出利用金属弹簧串在丝绳中，但经笔者反复推敲后认为出现这类情况的可能性基本不存在。

我们都知道，弋射作为当时普遍的狩猎娱乐活动，其中当然也包括了高等级贵族阶层的参与，《晏子春秋·外篇》："景公好弋，使烛邹主鸟而亡之。公怒，诏吏欲杀之。"足见诸侯国王公贵族对弋射的热衷程度。所以综合目前的资料来看，不论是楚墓还是部分汉墓中所出土绕线棒的墓葬，基本都具有一定的规模，其墓主大多为贵族阶层。诸如生前拥有较高地位的曾侯乙，其墓中出土了黄金质地的金属弹簧形器，在一定程度上也彰显出了等级。

## 四、结语

通过以上对楚墓出土绕线棒进行探讨，可以得出以下几点结论。

本文探讨的绕线棒形似纺锤状，通过类型学方法可将其分为A型和B型，从其外部形制来看其制作技术有着由简到繁的变化过程，依据墓主等级的高低其制作的精美程度也有所差别。从绕线棒在墓中的出土位置及周围同出器物来看，多与箭镞、弓或者铜戈等兵器置于一处，同时包括一种圆首异形镞，这类箭镞通常不具有杀伤力，比较适用于弋射活动中。楚墓中出土的绕线棒年代从春秋晚期延续至战国晚期，主要分布于湖北江陵、鄂西北及湖南长沙等地，墓主相应的等级从士一级至封君阶层。但这类纺锤状的绕线棒未随着楚国的覆灭而消失，而是在部分地区的汉墓中仍有发现。这一现象至少可以说明绕线棒并非楚国所特有的一类器物，可能是作为一种实用工具用于日常生活及某一项活动当中。

关于绕线棒的主要功能及使用方法，一种是用于编缀皮甲，另一种是备弓弦之用。笔者通过论证倾向其应当是用作弋射活动中的收缴工具。在基本理清了绕线棒的用途之后，对部分绕线棒丝线上串缀的金属弹簧形器存在的实际意义及合理性进行讨论。具体到弋射活动中，这类具有弹簧结构的金属器能够起到增加重量、保证弋射方向的作用，从而便于更准确地击中飞禽。从另一方面也可说明在先秦时期的楚国已掌握了金属制作的技艺，并且已较为普遍，除了曾侯乙墓这类高等级墓中可见金弹簧以外，在一般的士一级墓中也可见大量以铅锡合金为主要成分的金属弹簧形器。

认识并了解绕线棒的用途，一定程度上为我们了解两千多年前楚国的社会生活提供了有价值的信息，本文主要参考现有考古报告中的绕线棒图像资料，对实物的具体认知较为缺乏，使得文章的研究在一定程度上可能存在片面性。随着考古工作的不断展开，各地区出土绕线棒的情况可能会日渐增多，也能为我们展开更深入系统的研究提供更为丰富的材料。

## 参考文献

[1] 湖北省博物馆江陵工作站. 江陵溪峨山楚墓[J]. 考古, 1984(6).
[2] 湖北省文物考古研究所. 湖北荆州纪城一、二号楚墓发掘简报[J]. 文物, 1999(4).
[3] 湖北省荆州地区博物馆. 江陵天星观1号楚墓[J]. 考古学报, 1982(1).
[4] 荆州博物馆. 湖北荆州望山桥一号楚墓发掘简报[J]. 文物, 2017(2).
[5] 湖北省文物考古研究所. 江陵望山沙冢楚墓[M]. 北京: 文物出版社, 1996.
[6] 湖北省荆州地区博物馆. 江陵雨台山楚墓[M]. 北京: 文物出版社, 1984.
[7] 湖北省文物考古研究所. 江陵九店东周墓[M]. 北京: 科学出版社, 1995.
[8] 湖北省荆州博物馆. 枣林岗与堆金台——荆江大堤荆州马山段考古发掘报告[M]. 北京: 科学出版社, 1999.
[9] 湖北省潜江博物馆, 湖北省荆州博物馆. 潜江龙湾: 1987～2001年龙湾遗址发掘报告[M]. 北京: 文物出版社, 2005.
[10] 湖北省文物考古研究所, 荆门市博物馆, 襄荆高速公路考古队. 荆门左冢楚墓[M]. 北京: 文物出版社, 2006.
[11] 湖北省荆门市博物馆. 荆门郭店一号楚墓[J]. 文物, 1997(7).
[12] 湖北省宜昌地区博物馆. 当阳曹家岗5号楚墓[J]. 考古学报, 1988(4).
[13] 湖北省博物馆. 曾侯乙墓(上)[M]. 北京: 文物出版社, 1989.
[14] 襄阳市文物考古研究所. 湖北襄阳市鏖战岗战国楚墓的发掘[J]. 考古, 2016(11).
[15] 襄阳市博物馆, 老河口市博物馆. 湖北老河口安岗一号楚墓发掘简报[J]. 文物, 2017(7).
[16] 湖南省博物馆. 长沙浏城桥一号墓[J]. 考古学报, 1972(1).
[17] 湖南省文物考古研究所, 慈利县文物保护管理研究所. 湖南慈利县石板村战国墓[J]. 考古学报, 1995(2).
[18] 荆州博物馆. 湖北荆州纪南松柏汉墓发掘简报[J]. 文物, 2008(4).
[19] 广西壮族自治区文物工作队. 广西贵县罗泊湾一号墓发掘简报[J]. 文物, 1978(9).
[20] 扬州博物馆. 江苏邗江姚庄101号西汉墓[J]. 文物, 1988(2).
[21] 扬州博物馆, 邗江县图书馆. 江苏邗江胡场五号汉墓[J]. 文物, 1981(11).
[22] (清)段玉裁. 说文解字注[M]. 上海: 上海古籍出版社, 1981: 659.
[23] 孙机. 汉代物质文化资料图说[M]. 上海: 上海古籍出版社, 2011: 78.
[24] 杨伯峻. 春秋左传注[M]. 北京: 中华书局, 1990: 925.
[25] 陆玖译注. 吕氏春秋[M]. 北京: 中华书局, 2011: 381.

# 东周楚国玉器述略*

陈 春[1]　曹 静[2]
(1.湖北省博物馆　2.武汉大学历史学院)

[摘　要]　楚地出土的春秋、战国楚玉，是楚文化的重要组成部分，在先秦玉器发展史上占有重要地位。本文简要论述东周楚国玉器的出土概况及其用料、制作、器类、纹饰等方面特点，借以展现楚国玉器的时代风貌、辉煌成就以及发挥的承前启后、继往开来的历史作用。

[关键词]　东周　楚国　玉器

长江中游地区的楚地是东周时期楚国统治的腹心之地，是养育和滋润楚文化繁荣昌盛的沃土，见证了荆楚文明的兴旺发达。楚立国近八百年，春秋以降灭国众多，遂成霸业。时至东周，王室渐微，诸侯强起，变法风起云涌，思想百家争鸣。这一时期，各地的制玉业竞相发展，继承与革新不断碰撞、交织，各国玉器在继承传统制玉工艺的同时，亦相互借鉴、兼收并蓄、不拘一格、奇葩异放，成就了春秋、战国玉器的辉煌。据不完全统计，楚地历年出土的楚国玉器有上万件（套）之多，数量大，种类全，以淅川下寺、乔家院等楚墓出土玉器为代表的春秋楚玉和以熊家冢、九连墩等楚墓出土玉器为代表的战国楚玉，在我国玉器发展史上占有重要地位，书写了长江流域玉文化的光辉篇章。本文分春秋、战国两个时段概述楚国玉器的时代特征及基本面貌。

## 一、春秋楚玉

### 1. 出土概况

春秋楚国玉器绝大多数出自墓葬，主要是河南淅川下寺春秋墓[1]、固始侯古堆一号楚墓[2]、淅川和尚岭春秋墓[3]、南阳彭氏家族墓[4]、桐柏月河春秋墓[5]，湖北当阳赵巷4号春秋墓[6]、襄阳山湾墓地[7]、襄阳高新沈岗墓地[8]、钟祥黄土坡墓地[9]、麻城李家湾墓地[10]、郧县乔家院墓地[11]、郧县肖家河墓地[12]、当阳曹家岗楚墓[13]、枝江姚家港楚墓[14]，湖南资兴旧市楚墓[15]、长沙浏城桥一号墓[16]、衡阳苗圃楚墓[17]、衡阳赤石春秋墓[18]，安徽舒城河口春秋墓等[19]。这些墓葬多分布于当时的贵族墓地，一般位于城市附近的低缓山坡或河湖岗咀处。如淅川下寺春秋楚墓位于淅川县城南丹江口水库西岸的龙山脚下，在这处

---

\* 本文为国家社会科学基金项目"两周曾国玉器整理与研究"（20BKG045）的阶段性成果。

春秋中晚期楚国高级贵族墓地中共发掘春秋墓葬11座，出土玉器2000余件，是楚国春秋玉器最重要的发现。下寺楚墓随葬的玉器，玉料上乘，纹饰饱满，尽显端庄大气。山湾墓地位于襄阳余岗山湾一带的土岗上，西南约5千米处有邓城遗址，为楚灭邓国之后的一处楚国墓地，发掘的33座墓葬年代自春秋中叶延续至战国晚期，其中M2、M11、M19、M33等4座春秋中晚期墓葬共出土玉石器36件。乔家院春秋楚墓位于郧县五峰乡肖家河村附近的岗坡上，濒临汉江南岸，三面环水，4座春秋墓出土随葬器物共计217件，墓主身份为楚国中等贵族。曹家岗5号墓位于当阳河溶镇东南约4.5千米处，西距沮、漳二水汇合处5千米，出土璧、觽、璜等玉器5件。姚家港墓地位于枝江城关镇以西约16千米的岗坡上，南临长江，历年来发掘清理春秋至战国时期楚墓多座。

### 2. 玉料与制作

楚国春秋玉器多为新疆和田玉，以青白色、青色居多。玉器大多为透闪石，一部分石性较重的玉石可能为当地出产。制作采用了单阴线、双阴线雕刻及剔地浅浮雕技法，切割、抛光、钻孔等技法熟练。玉器普遍受沁，有黄褐、灰褐、灰白沁色。山湾M33出土的蟠虺纹玉片饰，本色为青白，受沁后整器表面呈白雾状沁斑。山湾M11出土的玉璜形饰、M2出土的绞丝纹玉环，呈灰褐色和灰白色，不透明状，当为受沁所致。

### 3. 器类特色

楚地出土春秋玉器的器类主要是佩饰，有璧、环、玦、镯、觽、璜、管、珠、片饰等，还有圭、琮等礼用器。数量不及战国楚玉，但普遍保存状况较好，时代明确，其中不乏精美之器，如玉觽、玉虎等。

淅川下寺墓群出土82件各种形制的玉觽，其中M2出土的云纹玉觽（M2:261），首端做虎头状，虎口部雕作圆穿孔，器身宽而短，末端收缩，两面满饰云纹，颇具威严。襄阳山湾M19出土的卷云纹玉觽（M19:6），首端宽，器身显细长，末端尖锥状，表面浅浮雕卷云纹。其器身中间刻一道凹槽将全器分作两部分，与下寺云纹玉觽全身浑然一体之感作风明显不同。当阳曹家岗M5出土的人首素面玉觽（M5:56），首端镂雕人面像，饰卷云纹，"目"字形眼，一端眼角呈弯钩状，这一造型不免让人想起商周以来一直流行的人龙合体玉佩的人面形象，不失为一件既沿用经典造型亦赋予时代气息的创新范例。觽首端雕琢成人首或龙首，觽体上部雕刻纹饰，下部素面，是春秋时期玉觽的典型造型。

玉虎是春秋玉器中流行的成对佩饰，各地高等级贵族墓葬中均有出土。淅川下寺M1出土一对玉虎（M1:3、M1:4），近15厘米长，黄白色，半透明，玉质细润。两件虎先用一块玉料从中对剖，一分为二雕刻而成，虎低头弓背，尾下垂，尾尖上卷，在口与尾处穿孔；玉虎一面刻虎纹，背面磨光。郧县乔家院M4出土一对玉虎，虎方首，弧背，曲足，双面阴刻虎纹，造型生动，刻工精细，是湖北地区出土的春秋晚期玉虎中最精美者。

值得一提的是，乔家院M4出土的一件带剑鞘玉柄铁剑，剑长约31厘米，附玉剑柄、玉珌。玉剑茎乳白色，宽格，宽扁首，茎的两端有凹榫分别与剑格和剑首的母榫套合相连，其套合连接处的中间用玉销钉加以固定。鞘尾端的玉珌乳白色，梯形，鞘中部镶嵌一内凹弧的长方形玉片。剑茎、鞘珌通体饰云纹，长方形玉片凹面素面，弧面饰阴刻云纹。这是目前保存最好的春秋时期玉质剑柄。

此外，宜昌赵巷M4出土的玉琮（M4:44），素面，造型古朴，制作大方，具有商周遗风。

### 4. 纹饰风格

春秋楚玉的纹饰主要有龙纹、蟠虺纹、兽面纹、卷云纹、弦纹等。春秋时期纹饰繁缛，密不透风的特点在襄阳山湾M33出土的蟠虺纹玉片饰（M33:13、M33:14）和M11出土的玉璜形饰（M11：29）上都体现得淋漓尽致。淅川下寺M1出土的一件浮雕兽面纹玉片饰（M1：12），近方形，高7.1、宽7~7.5厘米，乳白色，玉质细腻，正面浮雕兽面纹和对称的蟠螭纹，背面无纹。玉片上下各有一小孔，显得神秘恢诡。襄阳山湾M33出土的蟠虺纹玉片饰，雕琢隐起的蟠虺纹。四边缘有对称牙扉，两边有对称四个钻孔，南阳彭氏家族墓地M2出土的蟠虺纹玉片饰与之形制接近。这一特征还体现在玉璜纹饰上。淅川下寺M36出土的蟠虺纹玉璜（M36：16），半环形扁平体，一面满饰蟠虺纹，一面光素。无独有偶，淅川和尚岭M2出土的玉璜（HXHM2：9），亦是半环形扁平体，正面满饰云纹，两端有对称的齿脊。襄阳山湾M2出土的绞丝纹玉环，边缘薄，中部较厚，单面阴刻绞丝纹，属春秋晚期典型器，这类绞丝纹玉环在淅川下寺M1、郧县乔家院M5、河南固始侯古堆M1均有出土，表面琢制的细密阴刻线呈旋转状，器形巧小，攻治难度大。

## 二、战国楚玉

### 1. 出土概况

长江中游楚地出土的战国玉器，数量大，种类全，保存好，精品多，令人叹服，在中国古代玉器发展史上占有重要地位。主要有湖北荆州熊家冢墓地[20]、丹江口市吉家院墓地[21]、枣阳九连墩楚墓[22]、荆门包山楚墓[23]、江陵望山沙冢楚墓[24]、江陵九店楚墓[25]、襄阳陈坡墓地[26]、老河口安岗楚墓[27]、荆门左冢楚墓[28]、荆州院墙湾楚墓[29]、江陵雨台山楚墓[30]，湖南长沙浏城桥楚墓[31]、临澧九里楚墓[32]、临澧九里茶场楚墓[33]、澧县新洲楚墓[34]、沅水下游楚墓[35]，河南新蔡葛陵楚墓[36]、淅川徐家岭楚墓[37]、淮阳平粮台楚墓[38]，安徽长丰杨公战国墓[39]、六安楚墓等[40]。

战国楚玉以熊家冢墓地出土玉器为首要。熊家冢位于纪南城西北33千米处，为战国时期楚国国君级墓葬，在主冢附近分布上百座陪葬坑，已发掘墓葬共出土玉器2000余件，大多数玉器可能以玉组佩形式入葬。这批玉器尽管用料不算上乘，但普遍器体较大、造型考究、纹饰精美，一派楚国王族风范。如M4出土的玉龙人凤佩（M4：69），全器雕成龙形，龙回首，拱身，卷尾，足上站立一人。人椭圆脸，弧形耳，长裙衫，龙颈后部附雕两个简化的相连凤首，尾尖作简化凤首形，尾外侧也附饰一个简化凤首。这种人、龙、凤合体的新颖造型和构思体现了王族玉器制作的高超水平。M16出土的一对玉龙凤佩（M16：11），龙身高度弯曲成"U"形，呈竖立状，龙身附雕复杂，龙尾上端倒连一凤，龙背和尾尖又各附连一凤，这种设计也是独一无二的。而M1出土的镂雕六龙三环佩，共透雕六龙三环，三环并排，对龙叠加，十分大气。熊家冢墓地还出土多件透雕蟠螭纹玉璧，如M68：2，直径13.1厘米，青白玉，其纹饰分三区，中区镂雕十一条螭相互缠绕和衔接，螭身皆无凸饰。两面纹饰略有不同，一面有六条螭身饰鳞纹，五条螭身饰绹索纹，另一面螭身全部饰绹索纹。内区一面饰斜叠简化圆首尖钩纹和谷纹，另一面光素。外区饰不减地浅浮雕谷纹，间饰蝌蚪纹和卷云纹。这种分区设计的玉璧，西汉多见，以往认为是西汉玉器的时代特征，现在看来，战国时期就已经出现，只不过可能是专为高等级王公贵族精心打造。

荆州院墙湾出土玉器，龙凤纹样不拘一格，造型洒脱飘逸。M1出土的镂雕龙人鸟佩，两侧为相向而立的双龙，与中间上方一环相衔，环内刻绹纹。中下方立一人，头上顶环，左右两手分别按于龙腹，立人身穿曲裾长袍，袍上饰连续间隔长方形网纹。两龙背上各蹲伏一小鸟。M1出土的内外相叠连体双龙佩（M1：25），青白色，透雕，造型为内外两层相叠的连体双龙。外层两龙头卷曲于身下并相连，各自向内反转一周并伸出体外；内层龙体做卷云状。全器以内外两层龙身环绕，形成椭圆形。蛇、鱼的纹饰元素，在玉器中呈现得并不多。M1出土的龙鸟蛇形玉佩（M1:37），二龙背向而立，龙头上各立一小鸟，与蛇相衔。二龙足下各踏一鱼，实属罕见。

枣阳九连墩1、2号楚墓是战国中晚期楚高级贵族夫妻异穴合葬墓，M1出土玉器300余件（含玉串珠），墓主男性；M2出土玉器200余件（含玉串珠），墓主女性。九连墩楚墓玉器的面世，为认识楚国高级贵族用玉增添了新资料。双龙、双凤、四凤、四螭、龙凤相合、螭首双凤等造型的玉佩，质润色和，设计精巧，布局和谐，线条刚劲，完美表达了楚人尊龙尚凤的思想观念，是战国晚期楚玉的佳作。九连墩M1的六对龙形佩，出土时成对叠压放置，龙多呈"S"形或"弓"字形，颇有生气。备受关注的还有三人踏豕玉饰（M2:481），高5.1厘米，三人皆着衣裙，呈"品"字形叠立，两人并足共踏一豕，造型别致，纹饰简洁明快，画面质朴，给人和谐、安宁之感。人面兽身玉饰（M1:962），长13.9厘米，镂雕人面鸟嘴，胸前双翼，翼间趴伏一龙。这种人鸟龙合体造型，自商周至战国一直延续。双凤玉佩（M2:487），双凤透雕，风姿舒展，共立一台，整体构成一个大的兽面。类似造型的玉佩在石家河文化、陶寺文化中可找到更早的实物[41]，表现出不同区域玉文化的共性，两者或有一定的关联。四凤玉佩（M1:714），透雕双凤各衔一只倒立小凤鸟。双螭方牌饰（M2:489），长方形外框中饰网格纹，透雕尾部卷曲相连的双螭。涡纹玉环（M1:688）、谷纹玉环（M1:715），均在内外缘修刻齿槽，形制与广东肇庆北岭松山战国晚期M1出土铜削刀的谷纹玉环首近似，两者用途是否一样还有待考察。

江陵望山、沙冢楚墓共出土玉石器89件，其中望山M1、M2墓主属楚悼氏王族成员，M1出土玉环、瑗10件，墓主男性；M2出土玉璧、璜、佩、带钩26件及石璧、璜、管饰22件，墓主女性。望山M2出土了记录随葬器物的竹简遣册，其中50号简记有"一革带，佩：一囗囗囗，一鞢，一尚环。一绲带，一双璜，一双琥，一玉钩，一环"[42]，这是对该墓随葬衣带及其玉佩的记录。望山M2:G1、M2:G2、M2:G13-1、M2:G13-2等4件玉质、玉色相同的玉佩，属一对，每对有2件，为一璧一佩相配，谷纹龙形佩下置谷纹璧，规整、和谐。

荆门包山楚墓共发掘5座，出土玉器23件，其中M2为当时楚国司法长官左尹墓，出土玉璧、璜等14件。包山M2:431-3玉条，在一段凹槽附近阴刻"元""大"二字，是为数不多的湖北出土有铭战国玉器。

老河口安岗楚墓属鄂西北发掘的重要楚墓，出土的玉器也显示墓主的身份不下大夫。M1出土的一件双龙玉佩（M1:162），面、背透雕双龙回首相向状，中部透雕一螭双身，一面平，一面微弧，龙身浅刻波浪、网格、卷云纹等。另一件双龙玉佩，双面雕刻，透雕双龙，左右对称，龙首相背，龙身弯曲近"S"形，前爪与下腹扶珠，龙身剔地浅浮雕谷线。都是难得的艺术精品。

荆门左冢楚墓出土了数件别具一格的玉器。M1出土的龙形玉佩，全器雕刻成"S"形弯曲的龙形，龙首宽，龙尾窄，龙尾弯曲呈凤首状，颈部附一条凤，龙身两面皆阴刻卷云纹。M1出土的兽面纹玉带钩（M1内棺:3），出自内棺，由整块长方形玉石雕凿而成，钩头做长颈鸟头状弯曲，左右各刻一圆睛，钩尾近正方形，四角圆滑。其上浮雕兽面纹，背面正中凿有一长方形凸纽。

江陵九店楚墓发掘近600座，有90座出土玉、石器81件，其中28件玉璧、环、佩饰出自少数几座士级墓，多数士级墓随葬石璧、环、佩饰，庶民墓则几乎不出玉、石佩，反映出玉器对于社会一般平民来说比较珍贵，他们日常可能不佩玉或极少佩玉。

湖南临澧九里M1是迄今湖南已发掘楚墓规模最大的一座，墓主身份属封君一级，惜被盗严重，残留玉器10余件，其中镂空双龙首形玉璜雕刻精美，实属佳作。出土的1件双龙形玉环，龙首对视衔珠，龙尾叠加，龙爪伸出外廓，形态奔放，造型独特。

安徽长丰杨公战国墓随葬玉器是安徽地区出土战国玉器的代表。M2出土的一件龙凤形玉佩（M2：23），长15.4厘米，双首龙形，首相背、身相连的"几"字造型，龙昂首张口身饰勾连云纹；龙身下镂空透雕一对站立的凤鸟，凤鸟圆眼，勾嘴，长冠后扬卷曲，卷尾，两鸟尾相连，其造型新颖，雕技精湛，线条流畅。M2出土的另一件龙形玉佩（M2：24），长13.5厘米，两端镂雕龙首，龙做回首状，曲体，中间以阴线分隔，龙体上、下透雕变体凤纹，对称和谐，匠心独具。M2出土的鸟形玉觿（M2：43），觿首透雕成鸟形，鸟尖喙长冠，圆目外凸，翼向上卷起，琢磨光亮，造型别致。

### 2. 玉料与制作

战国楚玉一般都属软玉，以新疆和田玉为主。此外也有一定数量的玛瑙、水晶、绿松石、琉璃、料珠器。制作上，采用了切割、抛光、钻孔等技术，有的留下切割痕。组玉佩的制作过程，九连墩楚墓玉佩中均有一定数量的"对开同型"器，即从一块玉料上一剖为二制成两件造型相同、大小相当、纹饰基本同样，甚至切割痕、沁色、纹理都相互吻合的成对器，彰显了组玉佩对称、和谐的风韵和内涵，如九连墩M1：948-1、M1：948-2系一对谷纹玉璜，M1：709-1、M1：709-2是一对双龙凤云纹玉璜[43]。

熊家冢墓地在成品玉器之外，还出土了一批半成品，如熊家冢M14：1、M49：9龙形佩即为半成品。其制法是先用线性工具切割出龙的外围轮廓，再在体内钻孔锼锯，勾勒龙形。有些镂空处保留了圆孔的形状，由此可观察到镂雕工艺的过程。另外还有七个完整的钻孔，其中有的可能是尚未进行锼锯的，而这些孔起到设计定位的作用。

### 3. 器类特色

战国楚玉的器类可分为佩饰、礼器、用具、葬玉等几类。佩饰主要有璧、环、瑗、玦、璜、佩、管、珠、觿等及象生造型的饰件，礼器有圭、琮等，用具主要有带钩、环、玉梳、玉韘、玉具剑、剑首、削刀首等及车马玉坠饰，葬玉包括玉琀、玉握、覆面、系璧等。以各类佩饰数量最多，当中又数璧、环、璜、佩最常见。这些佩饰中有不少是属于组玉佩的，组合形式有简有繁，多挂于胸前或腰间。用具中玉带钩、玉剑首多见，带钩有时配一玉环以结衣带。玉剑首嵌装于铜剑柄端并用丝织物绑牢，其与玉剑格、玉璏、玉珌构成完整的一套玉具剑饰。葬玉用于贵族丧葬，玉琀塞口，玉握结手。包山M2墓主玉琀是用谷纹玉璧敲碎而成的3块小碎玉[44]。葬玉中的玉璧，一般是系在墓主棺外头挡板上，这一方式似与古人魂魄观念有关，可能借以营造人神沟通的宇宙境界[45]。

### 4. 纹饰风格

战国楚玉的纹饰主要有谷纹、涡纹、云纹、卧蚕纹、勾连纹、斜线纹、方格纹、圆圈纹等，其中以谷纹、涡纹最为流行，一般用阴刻轮廓线勾画出装饰范围，其内满布谷纹、涡纹，有的再以云纹、卧蚕纹、勾连纹填隙，几乎不留空白，少数还以蒲格纹打底布局。纹饰多采用单阴线刻、剔地浅浮雕、镂空透雕手法，双阴线刻技法少见。造型上，龙形佩最醒目，单体、双体、四体兼而有之，皆体态端庄，一般屈身卷尾，回首反顾，但除成对器外，鲜有姿势一模一样者，无不透露出工匠对玉龙造型的潜心钻研和心领神会。以凤为造型也较流行，更有龙凤一体者。双首共身的谷纹或涡纹玉璜也是这一时期的经典造型。

以上我们概述了春秋、战国楚玉的基本面貌。春秋时期是楚国玉器制作的成长期，战国楚玉承前启后，一改商周以来古朴、凝重、保守的格调，展现时尚、奔放、自由的风气，顺应了时代变革的大势。特别是以熊家冢墓地、曾侯乙墓等楚国及其附庸国国君一级墓葬（含附属墓）出土玉器为代表的楚国（系）玉器，代表了当时玉器制作的最高水平，其中随葬的玉器半成品、璞料等昭示了皇室专有玉器作坊的富有，更有大批的精美玉器，其用料之大气、设计之新巧、工艺之精湛、纹饰之华美，可谓无与伦比。熊家冢墓地出土的分区玉璧、出廓璧等都是引领时代风尚的品种，为汉代同型玉璧登峰造极的发展奠定了基础。相信随着楚地考古发掘的持续开展，会有越来越多的楚国玉器不断面世，为研究东周楚玉器发展状况注入新的活力。

### 参考文献

[1] 河南省文物研究所,河南省丹江库区考古发掘队,淅川县博物馆.淅川下寺春秋楚墓[M].北京: 文物出版社, 1991.

[2] 固始侯古堆一号墓发掘组.河南固始侯古堆一号墓发掘简报[J].文物, 1981(1).

[3] 河南省文物考古研究所,南阳市文物考古研究所,淅川县博物馆.淅川和尚岭与徐家岭楚墓[M].郑州: 大象出版社, 2004: 113.

[4] 南阳市文物考古研究所.河南南阳春秋楚彭射墓发掘简报[J].文物, 2011(3); 河南省文物考古研究院,南阳市文物考古研究所.河南南阳春秋楚彭氏家族墓地M1、M2及陪葬坑发掘简报[J].文物, 2020(10).

[5] 杜金鹏.桐柏月河春秋墓出土玉器研究[M].北京: 科学出版社, 2018.

[6] 宜昌地区博物馆.湖北当阳赵巷4号春秋墓发掘简报[J].文物, 1990(10).

[7] 湖北省博物馆.襄阳山湾东周墓葬发掘报告[J].江汉考古, 1983(2).

[8] 襄樊市文物考古研究所.襄樊考古十年(1996～2006)[M].武汉: 湖北美术出版社, 2006.

[9] 荆州博物馆,钟祥市博物馆.湖北钟祥黄土坡东周秦代墓发掘报告[J].考古学报, 2009(2).

[10] 湖北省文物考古研究所.湖北麻城市李家湾春秋楚墓[J].考古, 2000(5).

[11] 湖北省文物考古研究所,湖北省文物局南水北调办公室.湖北郧县乔家院春秋殉人墓[J].考古, 2008(4); 湖北省文物局.汉丹集萃——南水北调工程湖北库区出土文物图集[M].北京: 文物出版社, 2009.

[12] 郧阳地区博物馆.湖北郧县肖家河春秋楚墓[J].考古, 1998(4).

[13] 湖北省宜昌地区博物馆.当阳曹家岗5号楚墓[J].考古学报, 1988(4).

[14] 湖北省宜昌地区博物馆.湖北枝江县姚家港楚墓发掘报告[J].考古, 1988(2).

[15] 湖南省博物馆,东江水电站工程指挥部考古队.资兴旧市春秋墓[C]//湖南省博物馆.湖南考古辑刊(第1集).长沙: 岳麓书社, 1982.

[16] 湖南省博物馆.长沙浏城桥一号墓[J].考古学报, 1972(1).

[17] 衡阳市博物馆.衡阳市苗圃五马归槽茅坪古墓发掘简报[J].考古, 1984(10).

[18] 衡阳市博物馆.湖南衡阳县赤石春秋墓发掘简报[J].考古, 1998(6).

[19] 安徽省文物考古研究所,舒城县文物管理所.安徽舒城县河口春秋墓[J].文物, 1990(6).

[20] 荆州博物馆.湖北荆州熊家冢墓地2006～2007年发掘简报[J].文物, 2009(4); 张绪球.荆州楚王陵园出土玉器精粹[M].台北: 众志美术出版社, 2015.

[21] 湖北省文物考古研究所,十堰市博物馆,丹江口市博物馆.湖北丹江口市吉家院墓地的清理[J].考古, 2000(8).

[22] 湖北省文物考古研究所.湖北枣阳市九连墩楚墓[J].考古, 2003(7).

[23] 湖北省荆沙铁路考古队.包山楚墓[M].北京: 文物出版社, 1991: 256-259, 405.

[24] 湖北省文物考古研究所.江陵望山沙冢楚墓[M].北京: 文物出版社, 1996: 19, 101, 121, 153-158.

[25] 湖北省文物考古研究所.江陵九店东周墓[M].北京: 科学出版社, 1995: 325-333.

[26] 湖北省文物考古研究所,襄阳市文物考古研究所,襄阳市襄州区文物管理处.襄阳陈坡[M].北京: 科学出版社, 2013.

[27] 襄阳市博物馆,老河口市博物馆.老河口安岗楚墓[M].北京: 科学出版社, 2018; 湖北省文物考古研究所,襄阳市博物馆,老河口市博物馆.湖北老河口安岗二号楚墓发掘简报[J].文物, 2017(7).

[28] 湖北省文物考古研究所, 荆门市博物馆, 襄荆高速公路考古队. 荆门左冢楚墓[M]. 北京: 文物出版社, 2006.
[29] 荆州博物馆. 湖北荆州院墙湾一号楚墓[J]. 文物, 2008(4).
[30] 湖北省荆州地区博物馆. 江陵雨台山楚墓[M]. 北京: 文物出版社, 1984.
[31] 湖南省博物馆, 湖南省文物考古研究所, 长沙市博物馆, 等. 长沙楚墓[M]. 北京: 文物出版社, 2000.
[32] 熊传薪. 湖南临澧九里一号楚墓发掘简报[C]//湖南省博物馆. 湖南省博物馆馆刊(第八辑). 长沙: 岳麓书社, 2012.
[33] 湖南省博物馆, 常德地区文物工作队. 临澧九里楚墓发掘报告[C]//湖南省博物馆, 湖南省考古学会. 湖南考古辑刊(第3集). 长沙: 岳麓书社, 1986.
[34] 湖南省博物馆, 澧县文管所. 湖南澧县新洲一号墓发掘简报[J]. 考古, 1988(5).
[35] 湖南省常德市文物局, 常德博物馆, 鼎城区文物管理处, 等. 沅水下游楚墓[M]. 北京: 文物出版社, 2010.
[36] 河南省文物考古研究所. 新蔡葛陵楚墓[M]. 郑州: 大象出版社, 2003.
[37] 河南省文物考古研究所, 南阳市文物考古研究所, 淅川县博物馆. 淅川和尚岭与徐家岭楚墓[M]. 郑州: 大象出版社, 2004.
[38] 河南省文物研究所, 淮阳县文物保管所. 河南淮阳平粮台十六号楚墓发掘简报[J]. 文物, 1984(10); 河南省文物考古研究院. 河南淮阳平粮台战国楚墓M17发掘简报[J]. 中原文物, 2019(5).
[39] 安徽省文物工作队. 安徽长丰杨公发掘九座战国墓[C]//《考古》编辑部. 考古学集刊(第2集). 北京: 中国社会科学出版社, 1982.
[40] 安徽省六安县文物管理所. 安徽六安县城西窑厂2号楚墓[J]. 考古, 1995(2); 安徽省文物考古研究所, 六安市文物管理局. 安徽六安市白鹭洲战国墓M585的发掘[J]. 考古, 2012(11); 安徽省文物考古研究所, 六安市文物局. 安徽六安战国晚期墓发掘简报[J]. 文物, 2007(11).
[41] 院文清. 透雕兽面形玉佩图像试释[C]//杨晶, 陶豫. 玉魂国魄: 中国古代玉器与传统文化学术讨论会文集(七). 杭州: 浙江古籍出版社, 2016: 59.
[42] 朱德熙, 裘锡圭, 李家浩. 望山一、二号墓竹简释文与考释[M]//湖北省文物考古研究所. 江陵望山沙冢楚墓. 北京: 文物出版社, 1996: 278; 刘国胜. 楚丧葬简牍集释[M]. 北京: 科学出版社, 2011: 93.
[43] 陈春. 出土战国"对开同型"玉佩初探[C]//浙江省博物馆. 东方博物(第四十辑). 杭州: 浙江大学出版社, 2011: 40.
[44] 胡雅丽. 尊龙尚凤——楚人的信仰礼俗[M]. 武汉: 湖北教育出版社, 2003: 98; 湖北省荆沙铁路考古队. 包山楚墓[M]. 北京: 文物出版社, 1991: 262.
[45] 黄凤春. 包山2号楚墓饰棺连璧制度补说[C]//湖北省文物考古研究所. 奋发荆楚 探索文明——湖北省文物考古研究论文集. 武汉: 湖北科学技术出版社, 2000: 193-194; 陈春. 试论曾侯乙墓漆棺画饰中的"宇宙"主题[C]//冯天瑜. 人文论丛(2004年卷). 武汉: 武汉大学出版社, 2005.

# 文物所现楚汉时期长沙地区的对外交流

张艳华

（湖南博物院）

[摘　要]　本文以楚墓出土玻璃器，汉墓出土珠饰、胡人俑作为论述依据，探讨作为湘江流域人口最为密集、经济文化最为发达的城市，长沙在楚汉时期出现的外来文化因素，证明了长沙与异域文明在此时期存在较为频繁的文化交流，并兼论这些外来文化因素进入长沙的路径。

[关键词]　长沙　湘江流域　对外交流　舶来品

本文题中所论之长沙，即今天行政区划的地理范围。长沙为湖南省会，战国时属楚国黔中郡，秦为长沙郡，全国三十六郡之一，长沙自此列入中原政权的行政区划，郡治湘县。西汉封长沙国，治临湘县，王莽始建国元年（公元9年）改长沙国为填蛮郡，改临湘县为抚睦县。东汉复置长沙郡，改抚睦县为临湘县，隶属荆州。长沙自楚以来一直为湖湘政治、经济、文化中心，为湘江流域人口最为密集、经济文化最为发达的城市。长沙考古工作者经过七十余年的努力，发掘楚墓和汉墓各两千多座，出土精美文物无数，揭示了楚汉时期长沙地区较为发达的文明，说明了长沙被称为楚汉名城的缘由。

长沙对外交流的区位优势明显，地处湘江下游，倚湘江可通江达海，北连长江黄金水道，南以水陆两道转运连接合浦、广州等出海口，这些航道是海上丝绸之路向内陆延伸的主要通道之一。珠饰、香料、犀象、玻璃器等舶来品从南而来，由湘江水道运输抵达长沙，并经此入长江、汉水而转运中原地区，来自中原地区的珍宝亦可沿此路南下，而长沙地区生产的陶瓷器、丝绸等亦沿此道溯湘江外销。是故，长沙成为此中货物流转、南来北往商贸交流的重要支点。

## 一、楚墓玻璃器

玻璃是一种制作工艺相对简单而成本低，可塑性强而颜色丰富多变的产品，优越的材料属性使其很早就被人类利用生产，从装饰品到实用器无一不有，并随着现代科技的进步，已成为当代社会应用最为广泛的材料之一。玻璃制品，以往国内的考古学者沿用旧称常称为"料器""琉璃"等。玻璃的发源地为两河流域，早在公元前16世纪的古埃及已开始制造玻璃珠，后在北非、西亚以及南欧等地中海周边地区广泛流行。中国目前考古发现最早的玻璃珠出自新疆地区，如轮台群巴克M27，时代为西周中期到春秋中期；且末扎滚鲁克M14，时代为春秋早期，拜城克孜尔水库90BKKM26，时代为西周至春秋等。时代稍晚的春秋晚期，山西太原晋国赵卿墓、山西长子牛家坡M1、河南固始侯古堆M1均有出土，而春秋战国之交的湖南长沙烈士公园M3也出土了蜻蜓眼玻璃珠[1]。

春秋战国时的长沙属楚国黔中郡。春秋时期，楚人的墓葬在长沙出现，如1952年长沙龙洞坡M826为春秋晚期墓、1976年长沙杨家山M65为春秋末期墓等共计28座[2]。战国时期则开始大量出现，如丝茅冲、魏家大堆、浏城桥、沙湖桥等，遍布长沙市区及市郊。这些墓葬中出土了较为大量的玻璃器。

根据《长沙楚墓》的统计，长沙有156座楚墓出土410件玻璃器，包括璧、环、珠、管、剑首、剑珥和玺印7种，长沙是出土战国玻璃器数量最大、品种最多的地区。时代上，这些玻璃器主要集中在战国中晚期，战国中期的有1952年长沙宝塔山乙M51出土的玻璃珠，1952年龙洞坡M850出土的玻璃珠（图一）、玻璃璧，1952年颜家岭M977出土的玻璃珠、M932出土的玻璃环，1954年仰天湖M24出土的玻璃璧等。战国晚期的有1952年燕山岭M851出土的玻璃璧，1952年颜家岭M908出土的玻璃璧、玻璃珠，1952年罗汉山M1000出土的玻璃璧、玻璃珠，1953年磨子山M9出土的10件玻璃珠（图二）等。

长沙出土的这些战国玻璃珠中，以蜻蜓眼式玻璃珠多见。蜻蜓眼玻璃珠，因视觉效果与蜻蜓的复眼相似而名，西方称之为"眼式珠"（eye beads）或"复合眼式珠"（compound eye beads）。蜻蜓眼玻璃珠原产自地中海东部的埃

图一　1952年龙洞坡M850出土玻璃珠

图二　1953年磨子山M9出土玻璃珠

图三　产自埃及的公元前10世纪中期至公元前8世纪晚期蜻蜓眼玻璃珠
（美国大都会博物馆藏）

及、腓尼基等地（图三），主要作为串珠或镶嵌饰物之用。蜻蜓眼玻璃珠的使用群体主要为贵族阶层，如洛阳金村东周王陵墓（图四）、湖北随州曾侯乙墓（图五）。

曾侯乙墓共出土173颗蜻蜓眼玻璃珠，经检测均为舶来品[3]。而长沙出土的这些玻璃器，经检测，少部分为钠钙玻璃系统，为异域产品（表一）；大部分为铅钡玻璃系统，应是受上层社会对玻璃珠的市场需求刺激，本土工匠采用本土材料进行仿制的结果。长沙的40多座战国中晚期楚墓中出土62颗蜻蜓眼玻璃珠[4]，经检测，其中绝大部分为本土制造。或因当时物之珍贵而符合楚人审美情趣，蜻蜓眼玻璃珠迅速被本土工匠仿制，制造出大量纹饰、造型十分相似的玻璃珠（图六）。那么，这些舶来品从何而来呢？从前面所述之蜻蜓眼玻璃珠最早发源地为古埃及，进入中国后最早出现在新疆而后延伸到腹地，可大致判断为从北到南、从西往东的路线。高至喜先生认为是楚国人进入长沙地区后带来了玻璃制造技术[5]。从长沙地区楚墓大量出现及玻璃器较为大量出土的时间节点来讲，是非常合理的。玻璃器及生产技术随着楚国人的南进进入湘水流域的长沙，也随着湘水进入流域内的其他地区。安徽出土的楚"鄂君启"错金青铜节的第三段舟节所载楚怀王六年（前323年）"自鄂市，逾沽上汉……上江，内湘，就㵲，就邶阳，内澬，庚鄘，内资、沅、澧、油，上江，就木关，就郢"[6]，详细记载了鄂君的商队南下在湘水流域的交通路线，也可以说明当时楚国在湘水流域的经营，而长沙是这条经营线路上的重要城市。

图四 战国嵌玉嵌蜻蜓眼式玻璃铜镜
（洛阳金村东周王陵墓出土，现藏美国哈佛大学艺术博物馆）

图五 曾侯乙墓出土蜻蜓眼玻璃珠串

表一 长沙出土战国玻璃器成分测定登记表[7]　　　　　　　　　　　　　　　　　（单位：%）

| 器物名称 | 成分 ||||||||||
|---|---|---|---|---|---|---|---|---|---|
| | $SiO_2$ | $PbO$ | $BaO$ | $Al_2O_3$ | $Fe_2O_3$ | $CaO$ | $MgO$ | $K_2O$ | $Na_2O$ | $CuO$ |
| 长沙料珠 | 43.69 | 25.68 | 5.92 | | | | | | | |
| 长沙料璧 | 34.69 | 37.24 | 10.36 | | 1.16 | | 9.62 | 0.54 | | 5.20 |
| 浅绿色谷纹玻璃璧（64长下物M22） | 37.16 | 39.80 | 13.40 | 0.62 | 0.16 | 1.95 | 0.40 | 0.27 | 3.32 | 0.03 |
| 浅绿色谷纹玻璃璧（56长已M7） | 38.30 | 41.53 | 10.37 | 1.67 | 0.32 | 2.75 | 0.41 | 0.34 | 3.07 | 0.73 |

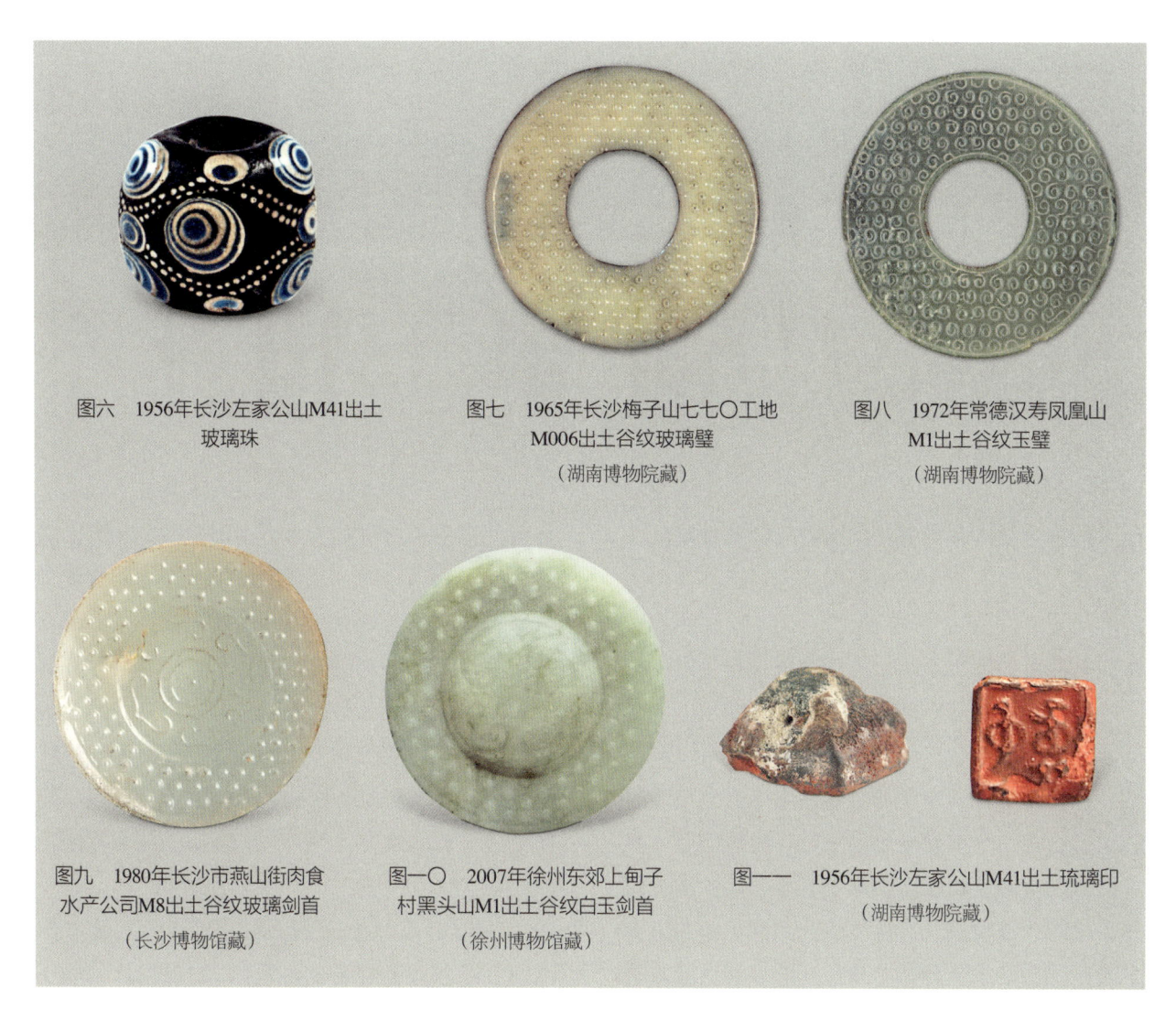

图六　1956年长沙左家公山M41出土玻璃珠

图七　1965年长沙梅子山七七〇工地M006出土谷纹玻璃璧
（湖南博物院藏）

图八　1972年常德汉寿凤凰山M1出土谷纹玉璧
（湖南博物院藏）

图九　1980年长沙市燕山街肉食水产公司M8出土谷纹玻璃剑首
（长沙博物馆藏）

图一〇　2007年徐州东郊上甸子村黑头山M1出土谷纹白玉剑首
（徐州博物馆藏）

图一一　1956年长沙左家公山M41出土琉璃印
（湖南博物院藏）

长沙楚墓中还有大量玻璃璧、玻璃剑饰及少量玻璃印的出土。根据《长沙楚墓》从1952～1994年发掘楚墓的统计，出土玻璃璧97件，出自95座墓，玻璃剑首8件，出自8座墓，玻璃剑珥7件出自7座墓[8]。璧、剑饰这类器形，本为中国传统器用。璧为古代礼仪用器，新石器时代就已盛行。《周礼·大宗伯》载："以苍璧礼天。"《注》："璧圆象天。"说明璧之圆形是仿"天圆"而作，功能为用于祭天。璧一般为玉质，楚汉时期的高等级墓葬常以玉璧陪葬，如广东南越王墓共出土71件玉璧，河南永城梁王墓出土70多件，河北满城中山王及王后墓出土69件[9]。即使是在玉料匮乏的长沙地区，楚墓中也发现来自25座墓的29件玉璧，而长沙咸嘉湖的长沙王后曹嬛墓就出土玉璧12件。玻璃璧在楚墓的出现，大概是因为在质感、观感上较为接近玉（图七、图八），随着当时玻璃生产技术的出现，玻璃璧便作为较为昂贵的玉璧的替代陪葬品而生产出来。玻璃剑饰（剑首、剑格、剑璏、剑珌）的出现，也是作为战国时期彰显财富和地位的玉剑饰的平替而出现（图九、图一〇）。傅聚良先生论述过湖南之地富有及有地位的人喜用玉器表现自己，但因本地玉料匮乏，故而用玻璃及滑石器代替[10]。1956年长沙左家公山M41出土琉璃印（图一一），其上铸有中国式古文"中身"（忠信）印文，是战国时期出土为数不多的玻璃印。印章是典型的中国传统文化用物，是一种身份、权力的象征。琉璃印应是玻璃制造工艺出现后的本土创造。

由以上所论类型的玻璃器在战国时期的长沙

图一二　南越王墓出土玻璃璧 　　图一三　1952年长沙蓉园魏家冲M854出土珠饰 　　图一四　1988年广西合浦红岭头M3出土印度-太平洋贸易珠

地区楚墓中忽然较为大量出现，量较其他地区而言最多，且经检测为铅钡玻璃系统产品，使用的是本土材料，可合理推测，在当时的长沙地区存在玻璃器的生产工坊。长沙本地玉料匮乏，为满足楚国贵族对玻璃璧等仿玉制品的需求，加之楚人南下带来了玻璃制造技术，便催生了生产工坊，这才能解释湖南尤其长沙是出土最多玻璃璧的地区。在广州南越王墓出土了谷纹玻璃璧（图一二），从颜色和表面纹饰上来讲与长沙出土的基本相同，经建筑材料科学研究测试中心的史美光进行的化学成分分析，与长沙的玻璃璧成分基本一致，说明这些玻璃璧有可能是从长沙输往广州的[11]。虽然西汉南越王墓时代稍晚，但至少可以说明，至迟到西汉，或许早到战国，长沙与广州之间已经存在物品流通。

## 二、汉代珠饰

　　大汉无疆。汉代是一个对外文化交流十分活跃的时代。位于湘江流域支点的长沙，出土了大量印证其在两汉时期对外交流频繁的物证。长沙地区发掘的汉墓共有2000多座，出土玻璃珠、水晶珠、琥珀、玛瑙、金珠、费昂斯珠、玳瑁器等物①，异域文化因素明显，部分为纯舶来品，部分为使用外来材料制成本土器用，部分为本土材料仿异域形制之物。这些都说明了产品的交流，带来思想文化上的碰撞，并由此形成技术上的互学互鉴。

　　长沙汉墓中出土的各种珠串饰较多，大多为舶来品珠子和本土珠子搭配。虽出土时为散乱状态，串配方式不明，目前串饰为整理者后期串配而成，但珠串中有各种类型珠饰搭配的事实是存在的。

　　1952年长沙蓉园魏家冲M854出土的珠饰（图一三）有玻璃珠、红玉髓、费昂斯珠、饰花玛瑙珠等各种类型。玻璃是两汉时期海外贸易的主要商品之一。珠串中的蓝色小玻璃珠，为钾玻璃，属于印度-太平洋贸易珠中的一类，在海上丝绸之路沿线分布极其广泛，广西合浦尤其多（图一四），长沙亦出土不少（图一五）。串饰中制作粗糙的红玉髓珠，多见于1~3世纪海上丝绸之路沿线遗存，越南南部、柬埔寨、泰国等地常见[12]。中间白色两头黑色的玛瑙珠，多见于伊朗北部、印度北部等地区，国内少见。中间有白色纹路的直筒形缟玛瑙珠，国内的广州、合浦有一定量的出土[13]，而海上丝绸之路沿线的东南亚、印度次大陆、伊朗北部等地区有较为大量的出土。这种玛瑙珠在长沙地区的汉

---

① 根据湖南博物院藏品出土资料统计。

墓中出土较多，1959年长沙五一路M9就出土37颗（图一六）。立方截角的费昂斯珠，是英语"faience"的音译，本是指中世纪意大利法恩扎（Faenza）出产的蓝色釉陶，后来欧洲人发现古埃及制造的一种原始玻璃器外形与这类釉陶相似，故而将其命名为费昂斯[14]。费昂斯一般是用磨细的石英砂作为原料，掺和一定黏合剂塑成形状后，表面施一定釉料，加热制成。材料及加工方法使得费昂斯珠胎体疏松，表面的蓝色或绿色的釉层也很容易剥落。国内很多学者称其为釉砂珠或玻砂珠[15]。费昂斯珠算是早期玻璃的一种，常用于珠串中搭配其他珠饰使用，主要见于北方陆地丝绸之路沿线地区，如黑海北岸、阿尔泰山等，是一种具有明显地中海风格的珠饰。国内来说，陕西的西周贵族墓就有出土，长沙的战国墓和汉墓都有出土（图一七），广州汉墓也出土较多。双锥六棱柱状蓝色珠，为钾玻璃，主要出土于海上丝绸之路沿线地区，南亚地区多见。

1955年长沙丝茅冲营建工地EM009出土的珠串（图一八），也是类型较多，水晶、玛瑙、玻璃各种材质都有。水晶的化学成分为二氧化硅（$SiO_2$），颜色富于变化，有无色、白色、紫色、黄色等。湘江流域出土的水晶以白水晶、紫水晶居多（图一九），形状有管形、筒形、圆形、多面体等。全世界各地都有水晶矿藏分布，中国亦然，但是在汉代，东南亚地区是白水晶的主要产区，印度南部的德干高原是紫水晶的主要产地和加工中心[16]。因此，广州、合浦和湘江流域的水晶应是南亚和东南亚的贸易输出品。

1959年，为配合兴修五一路延长线，湖南省博物馆考古部在市东区自老中心点附近的祗园庵、李家老屋至荫塘湾一带进行考古发掘，在李家老屋西约200米处发掘了M9，M9为无顶砖室十字形墓，时代大致为东汉早期，墓中除陶器、铜器等汉墓常见随葬明器外，还出土了大量金器（图二〇），当为长沙汉墓里金器数量最多且最为精美的一座墓。原清理报告中述为荞麦形饰（3个）、细腰形佩管饰（1对）、小珠饰（193粒）、亚形饰、

图一五　1981年长沙市火车站邮电局M19出土印度-太平洋贸易珠

图一六　1959年长沙五一路M9出土玛瑙珠

图一七　长沙市伍家岭杨家公山出土费昂斯珠

图一八　1955年长沙丝茅冲营建工地EM009出土珠串

图一九　1996年长沙芙蓉路解放路工程M7出土紫水晶珠

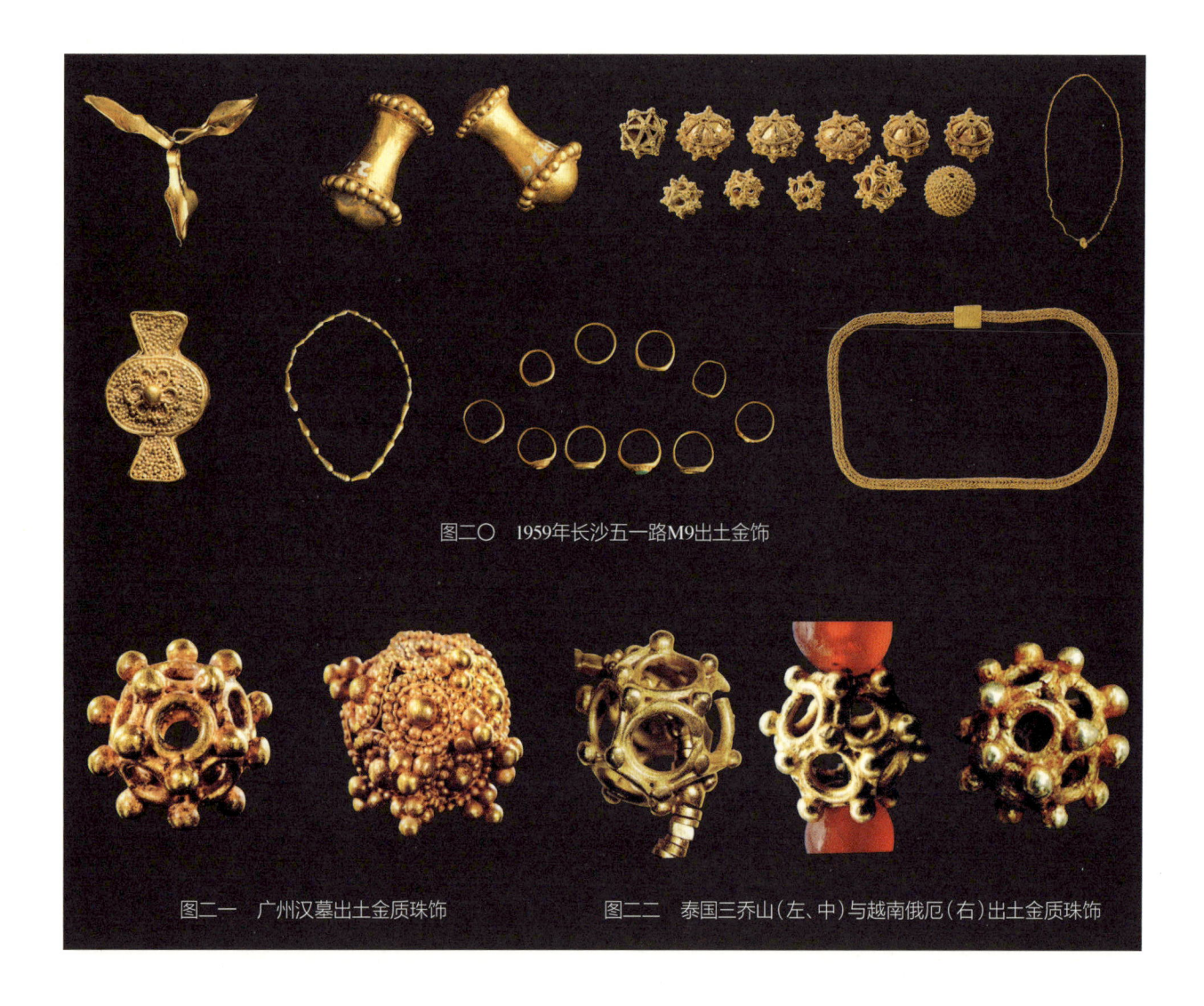

图二〇 1959年长沙五一路M9出土金饰

图二一 广州汉墓出土金质珠饰　　图二二 泰国三乔山（左、中）与越南俄厄（右）出土金质珠饰

茉莉花苞形饰（27颗）、戒指（10个）、手镯（4个）、球形饰（11件）、金饼[17]。中国金制品的历史悠久，目前最早的金质制品见于新石器时代晚期至夏、商时期的甘肃玉门火烧沟四坝文化遗址，为金丝弯曲而成的环形饰，在同时期的河北、北京、天津、辽宁等地也出现类似工艺金制品。发展至战国时期，锤揲、铸造、錾刻、贴金、包金等技艺业已成熟，金珠工艺初步形成，为汉代金器制造工艺大繁荣奠定基础[18]。而M9出土的部分金珠饰，如镂空金珠、亚形饰、金耳珰等，采用的是掐丝和焊珠等工艺，将细如粟米的小金粒和金丝焊接在器物之上，形成金珠，工艺精湛，成品作为珠饰成为珠串的一部分，凸显精致。同类型的金珠在中国境内的陆上丝绸之路沿线没有发现，但在合浦汉墓、广州汉墓都有同类型的出土（图二一），在东南亚的泰国三乔山、越南南部俄厄（图二二），西亚的伊朗地区亦有同类型金珠的发现（图二三）。根据有关学者研究，这种突然出现的细金工艺源自古希腊的迈锡尼文化，其传入的路线是地中海、波斯湾、印度洋、南海，自西向东而来[19]。而同墓出土的玻璃珠（图二四）、料珠（账本上记载为白色料珠，实为玛瑙珠，完整的有42颗）（图二五）、水晶珠（34颗）（图二六）、玛瑙珠（79颗）、琥珀（8颗）、费昂斯珠、玻璃胜佩等，也基本为舶来品，来自地中海及南亚、东南亚等地。岁月不居，时节如流，墓主身份已不可考，但由留下的这些美物可推测其主人之身份显贵。来自异域的宝物更是佐证了东汉时的长沙与地中海地区及南亚、东南亚等地的交流。

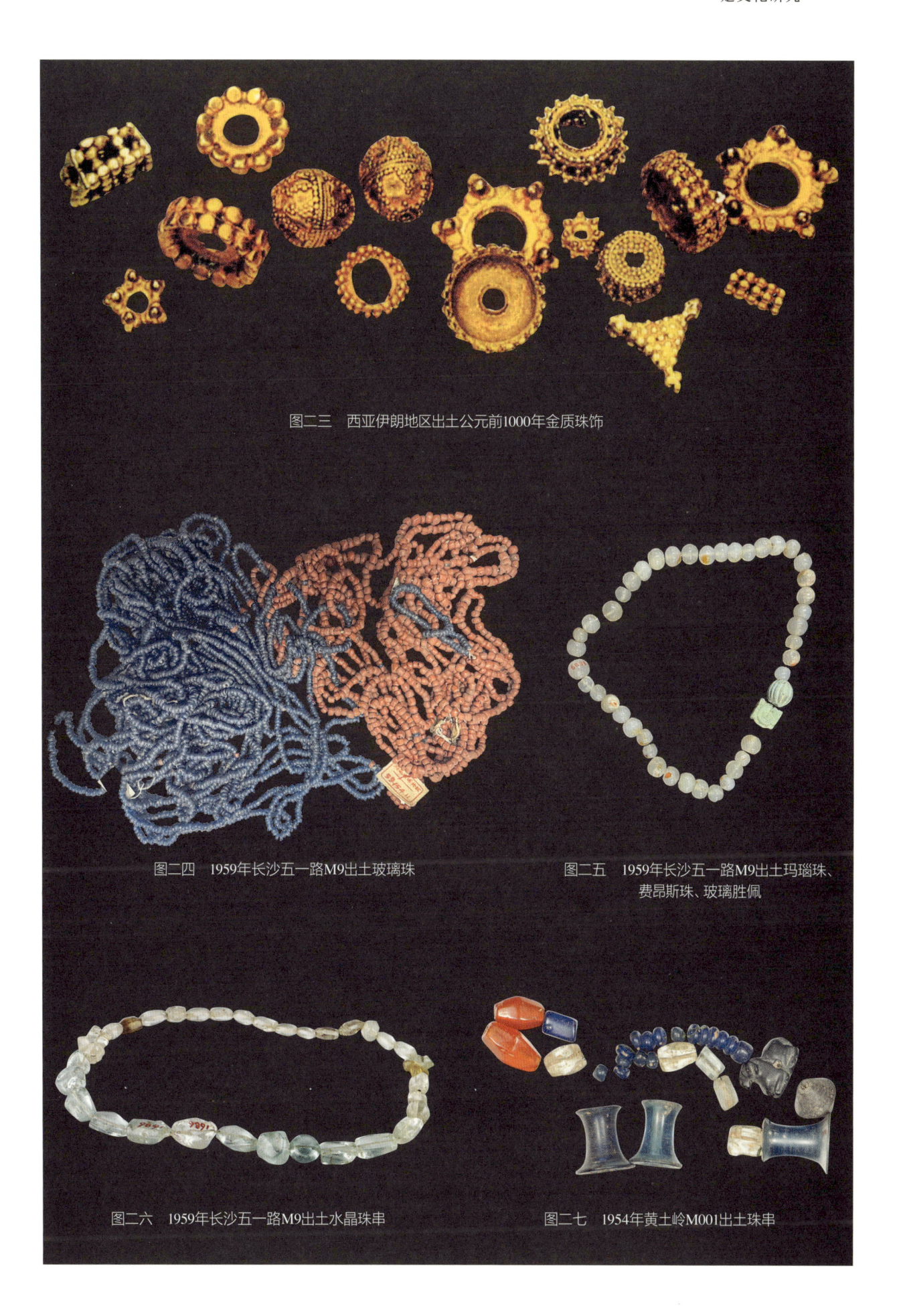

图二三　西亚伊朗地区出土公元前1000年金质珠饰

图二四　1959年长沙五一路M9出土玻璃珠

图二五　1959年长沙五一路M9出土玛瑙珠、费昂斯珠、玻璃胜佩

图二六　1959年长沙五一路M9出土水晶珠串

图二七　1954年黄土岭M001出土珠串

除以上汉墓外，还有一些汉墓，如1996年曙光路M1、1987年桃花岭中南工大M1、1976年长沙杨家山M131等亦出土了一些异域珠饰。1954年黄土岭M001出土的珠串（图二七），不仅有外来珠饰，还出现了本土制作器形。详述如下：白色透明为长形六棱桶状水晶珠，广泛发现于印度南部、孟加拉国恒河三角洲、泰国南部、越南南部，以及中国岭南地区，为典型的贸易珠。中间淡蓝色的为海蓝宝石，泰国南部、缅甸南部常见，印度东南部奥迪沙有制作遗址，印度南部泰米尔南部有矿床和制作遗址。这串珠饰中的煤精羊，则为本土制作的本土风格珠饰。煤精制品，据相关研究人员统计，新石器时代出土64件、西周墓葬出土1400余件、春秋战国时期出土35件[20]，而在国外则很少见煤精制品。另，珠饰中还有三个玻璃耳珰，是典型的本土器形。耳珰，为中国传统女性饰品，原始社会已出现，材质有玉石、陶、煤精等[21]。战国时期玻璃耳珰就已出现，而汉代则在湖南、广西、广东、湖北、贵州等地都有发现[22]。耳珰这种造型，在泰国克拉地峡三乔山、泰国南部普拷洞等地出有红玉髓耳珰或者半成品[23]（图二八、图二九），说明与东南亚的文明交流也是双向的，相互影响的。

除了以上这些品类丰富的舶来成品珠饰外，长沙汉墓也出土一些用外来材料制造的本土器物。长沙马王堆西汉早期墓出土玳瑁制品，M1出土玳瑁笄、玳瑁璧，M2出土铜扣玳瑁卮（图三〇），M3出土象剑玳瑁具（遣策原文，指装饰有玳瑁的剑）、玳瑁璧。玳瑁来自南海之地玳瑁龟的背甲，与象牙、珠玉、犀角等为当时的奢侈品。《后汉书》载："旧交阯土多珍产，明玑、翠羽、犀、象、玳瑁、异香、美木之属，莫不自出。""玳瑁形似龟，出南海巨延州。"[24]旧交阯为今天的越南北部，而长沙为内陆腹地，轪侯家的这些玳瑁制品的出现虽有赏赐的可能，但从数量上来讲，作为商品从南海之地流通至此的可能性更大。

那么，以上所述的那么多舶来品，具体是通

图二八　泰国克拉地峡三乔山出土红玉髓耳珰

图二九　泰国南部普拷洞出土耳珰半成品

图三〇　马王堆M2出土铜扣玳瑁卮

过什么途径流入长沙地区的呢?

西汉《淮南子·人间训》载秦始皇"又利越之犀角、象齿、翡翠、珠玑,乃使尉屠睢发卒五十万……又以卒凿渠而通粮道,以与越人战……"[25],意为秦始皇因为觊觎南越国可与东南亚互通宝物,令尉屠睢发兵取道零陵攻打南越国,因陆路运粮草受阻,而于公元前214年,凿成通航灵渠(即湘桂运河,将兴安县东面的湘江源头海洋河和漓江源头大溶江相连)以运粮草。这场战役胜利后,秦始皇进一步修缮了中原与岭南之间的道路。秦之后的公元前111年,汉武帝灭南越国,并在今越南北部地区设立交趾、九真、日南三郡,东南沿海纳入中原管辖范围,打破地域限制。《后汉书·郑弘传》所载可印证:"(建初八年)旧交趾七郡贡献转运,皆从东冶泛海而至,风波艰阻,沉溺相系。弘奏开零陵、桂阳峤道,于是夷通,至今遂为常路。"零陵、桂阳峤道的开通,岭南之地经湘江、洞庭、长江、汉水水路而与荆襄之间的南北通道相连,并可进一步连通关中地区。

除湘桂线全程水道外,湘粤线也有短暂的险道,据东汉《神汉桂阳太守周府君功勋之纪铭》碑文载,东汉建宁至熹平年间(168~174年),桂阳郡(治所在今湖南郴州)太守周憬(或作周昕、周煜)整治北江支流武水"六泷","(桂阳)郡又与南海接比,商旅所臻,自瀑亭至乎曲红,壹由此水"。但因地势险要、水流湍急而导致宝物损失,"非徒丧宝玩,陨珍奇,汗珠贝,流象犀也",河道整治好后,贸易通畅起来,"利抱布贸丝,交易而至"。由此可说明这条道也是当时南海珠宝来内陆之道,长沙域内的珠宝或有从此道而来者。张正明先生根据相关文献记载和出土资料,认为早在春秋战国之交,中国与印度之间便存在商路,东端在长沙。长沙出现的大量玻璃器与印度出现丝绸,都跟这条商路有关[26]。

通过以上所述的这些线路,长沙与两大海上丝路起点——广州和广西合浦已连接,使长沙成为海上丝绸之路联通中原的通道,也成为长江流域和珠江流域的连接点,加强了长沙与域外的经济文化交流。大致是由此开始,珠饰、香料、犀角、象齿等异域之物,乘着海上丝绸之路的风帆,从东南沿海的合浦、广州等港口登陆,再经湘江航道源源不断地进入长沙,或进而转运中原地区。是故,长沙汉墓出土的这些珠饰大多为舶来品,且与广州、合浦等地出土的珠饰类型具有一致性,说明这些舶来品主要是通过海上丝绸之路而来。

## 三、胡风入湘

在湖南长沙、衡阳、郴州、广东、广西等地均出土一些胡人俑,有铜、陶等质地,外貌特征明显,卷发、深目、高鼻、络腮胡,裸身或衣着较为简陋,或托灯,或牵马,为仆人形象。

1965年长沙五里路M1出土胡人奏乐吊灯(图三一)[①],盘口沿上跪坐一人,双手置于膝上,头顶上伸出环纽与铜链相连,链端有一挂钩;提梁外侧由上向下有两人吹奏长管状乐器,内侧盘边一侧一人,一人奏琴,另一人所奏乐器不明;与提梁相间的两侧各有一人,双脚附于盘外边,身向后倾,一人双手呈拱形,另一人双手置于腰部。另有湖南博物院考古发掘品库新清理出的汉墓出土胡人托灯陶俑(图三二),刻画的胡人形象与青铜灯的胡人大体一致,郴州地区出土的胡人俑座陶灯亦然(图三三)。而衡阳地区出土的两件胡人俑(图三四、图三五),衣着装扮相对精致,尤其是衡阳衡南道子坪M1出土的胡人牵马俑,胡人耳上穿环,戴帽着履,腰间束带,穿交领右衽紧袖长袍,典型

---

① 湖南博物院资料。

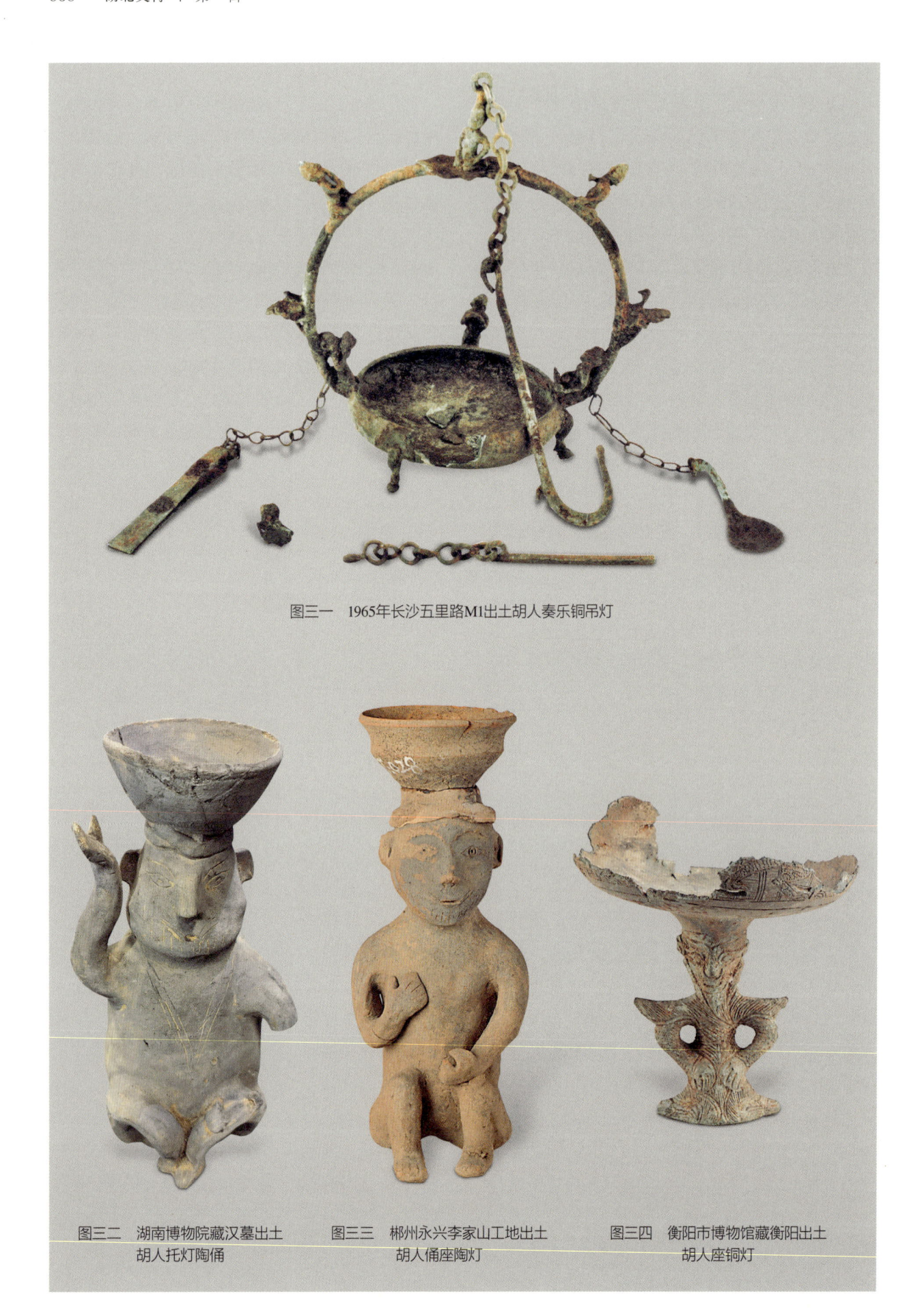

图三一　1965年长沙五里路M1出土胡人奏乐铜吊灯

图三二　湖南博物院藏汉墓出土胡人托灯陶俑

图三三　郴州永兴李家山工地出土胡人俑座陶灯

图三四　衡阳市博物馆藏衡阳出土胡人座铜灯

的楚汉服饰风格，既说明胡人来湘后以侍从身份而着装，又说明其身份地位高于陶灯座下的胡人。

在广州、广西的合浦和贵港等地的汉墓中都出土胡人托灯俑（图三六～图三八）。其中，广西出土的陶俑与湘水流域这些城市出土的胡人俑形制十分相似。这些俑的形象刻画得十分生动逼真，当是工匠们亲眼见过胡人方能做到，说明汉代时已有不在少数的胡人在湘江流域的城市活动及定居。而且，这些胡人中的部分应为富贵豪族的仆人，故而工匠们所造形象为仆人形象。关于胡人的文献记载，马王堆汉墓遣策简六八载"胡

图三五　1976年衡阳衡南道子坪M1出土胡人牵马铜俑　　图三六　合浦寮尾M13b出土胡人托灯陶俑

图三七　贵港贵县M14出土胡人座陶灯　　图三八　贵港铁路新村M3出土胡人座陶灯　　图三九　马王堆三号墓遣策简六八

骑两匹……胡人一人，操弓矢、赎观，率附马一匹"（图三九）。《三国志·士燮传》载："燮兄弟并为列郡，雄长一州……出入鸣钟磬……胡人夹毂焚烧香者常有数十。"士燮是汉末至三国时期割据交州一带（今中国广东、广西，以及越南北部和中部）的军阀，这些文献也就印证了东汉三国时期胡人掌灯侍从、牵马侍从的存在。关于这些胡人的来源，从其在中国的分布规律来看，南方早于北方、沿海早于内地，数量上东南沿海地区远远多于其他地方，故而判断应是来自南亚次大陆[27]。那么，这些胡人应是沿海上丝绸之路而来，同珠饰一起，沿着湘江流域的水系，一路北上，来到长沙，影响着湘水流域人们的生活方式与审美情趣。

## 四、结语

从楚汉时期长沙出土类型丰富的舶来品，到用外来材料制作饮食用器、仿制同款珠饰，再到胡人俑的盛行，这些实物皆是长沙地区在楚汉时期与南亚、东南亚、西亚、地中海沿岸、波罗的海等地存在较为频繁的文化交流的物证，更见证了作为湘江流域核心城市的长沙的辉煌历史。

这种异域文化进入长沙主要通过两个路径。从楚墓玻璃器出土的地域分布及时间先后看，主要是通过陆上丝绸之路、从西北向南而来。而汉代之后的珠饰等则是乘着海上丝绸之路的风帆，从东南沿海的合浦、广州等港口登陆，再经湘江航道源源不断地进入长沙。

**参考文献**

[1] 赵德云. 中国出土的蜻蜓眼式玻璃珠研究[J]. 考古学报, 2012(2).
[2] 高至喜. 湖南楚墓与楚文化[M]. 长沙: 岳麓书社, 2012: 35.
[3] Zhao H X, Li Q H, Liu S, et al. In situ analysis of stratified glass eye beads from the tomb of Marquis Yi of the Zeng State in Hubei Province, China using XRF and micro-Raman spectrometry[J]. X-Ray Spectrometry: An International Journal, 2014(6).
[4] 喻燕姣. 湖南出土珠饰研究[M]. 长沙: 湖南人民出版社, 2018: 443-446.
[5] 高至喜. 湖南楚墓与楚文化[M]. 长沙: 岳麓书社, 2012: 8.
[6] 程露. 鄂君舟车队 持节行天下——鄂君启金节详解[J]. 收藏家, 2022(4).
[7] 湖南省博物馆, 湖南省文物考古研究所, 长沙市博物馆, 等. 长沙楚墓[M]. 北京: 文物出版社, 2000: 516.
[8] 湖南省博物馆, 湖南省文物考古研究所, 长沙市博物馆, 等. 长沙楚墓[M]. 北京: 文物出版社, 2000: 333-345.
[9] 台北故宫博物院, 联合报系文化基金会, 民生报. 汉代文物大展图录[M]. 台北: 艺术家杂志社, 1999: 19.
[10] 傅聚良. 湖南地区的商周玉器[C]//湖南省文物考古研究所, 湖南省考古学会. 湖南考古辑刊(第6集). 长沙: 《求索》杂志社, 1994.
[11] 广州市文物管理委员会, 中国社会科学院考古研究所, 广东省博物馆. 西汉南越王墓(上册)[M]. 北京: 文物出版社, 1991: 423-426.
[12] 叶吉旺, 李青会, 刘琦. 珠光琉影——合浦出土汉代珠饰[M]. 南宁: 广西美术出版社, 2019: 35.
[13] 叶吉旺, 李青会, 刘琦. 珠光琉影——合浦出土汉代珠饰[M]. 南宁: 广西美术出版社, 2019: 51; 广州市文物考古研究院. 广州出土汉代珠饰研究[M]. 北京: 科学出版社, 2020: 30.
[14] 齐东方, 李雨生. 中国古代物质文化史·玻璃器[M]. 北京: 开明出版社, 2018: 19.
[15] 李青会, 干福熹, 顾冬红. 关于中国古代玻璃研究的几个问题[J]. 自然科学史研究, 2007(2).
[16] 李青会, 左骏, 刘琦, 等. 文化交流视野下的汉代合浦港[M]. 南宁: 广西科学技术出版社, 2019.
[17] 湖南省博物馆. 长沙五里牌古墓葬清理简报[J]. 文物, 1960(3).

[18] 许晓东. 一波三折: 两周时期黄金工艺的演进[C]//苏州大学非物质文化遗产研究中心. 东吴文化遗产(第五辑). 上海: 上海三联书店, 2015.

[19] 全洪. 广州出土海上丝绸之路遗物源流初探[C]//广东省文物考古研究所, 广州市文物考古研究所, 深圳博物馆. 华南考古(1). 北京: 文物出版社, 2004.

[20] 苏子华. 中国北方地区出土先秦煤精制品初步研究[J]. 文物鉴定与鉴赏, 2022(3).

[21] 李芽. 汉魏耳珰考[C]//《南都学坛》编辑部. "汉代文化研究"论文集(第2辑). 郑州: 大象出版社, 2017.

[22] 叶吉旺, 李青会, 刘琦. 珠光琉影——合浦出土汉代珠饰[M]. 南宁: 广西美术出版社, 2019.

[23] Borell B. Gemstones in Southeast Asia and beyond: trade along the maritime networks[C]//Hilgner A, Greiff S, Quast D. Gemstones in the First Millenium AD: Mines, Trades, Workshops and Symbolism. RGZM Tagungen. Mainz: Römisch-Germanisches Zentralmuseum, 2017: 21-24.

[24] (宋)范晔. 后汉书·卷31·贾琮传[M]. (唐)李贤等, 注. 北京: 中华书局, 1965: 1111-1112.

[25] (汉)刘安. 淮南子[M]. (汉)许慎注, 陈广忠校点. 上海: 上海古籍出版社, 2016: 467.

[26] 张正明. 料器与先秦的楚滇关系和中印交通[J]. 江汉论坛, 1988(12); 万全文, 杨理胜. 青铜时代背景下湖南文化中心的变迁[C]//湖南省博物馆. 湖南省博物馆馆刊(第十二辑). 长沙: 岳麓书社, 2016.

[27] 李刚. 汉晋胡俑及佛教初传中国摭遗[J]. 东南文化, 1994(1).

# 从曾侯家族墓地看周代礼制的演变

笪浩波
（湖北省文物考古研究院）

[摘　要]　曾侯家族墓地是目前周代诸侯家族墓地中揭露最为完整的材料，通过对曾侯家族墓地的研究，可以揭示周代礼制演化的历程。本文从各个时期曾侯墓葬形制大小、棺椁重数和随葬礼器三个层面展开探研，发现曾侯家族采用周礼始自西周早期后，春秋晚期前仍在遵循未有僭越，这可能与其姬姓小国的地位有关。但战国后，由于从"左右文武"到"左右楚王"的身份转变，曾侯家族放弃了周礼而从楚制。

[关键词]　曾侯家族墓地　周代　礼制演变

1978年，擂鼓墩曾侯乙墓的惊世一现，使一个淹没于历史长河中的古代诸侯国曾国被揭示了出来。这些年，随着曾侯家族墓地相继被发掘，除了西周中、晚期外的几乎其他各个时期的曾侯家族墓地得以重现。目前发现的曾侯家族墓地有叶家山墓地[1]、郭家庙墓群[2]（包括郭家庙和曹门湾两个墓地）、义地岗墓群[3]（包括枣树林和文峰塔两个墓地）和擂鼓墩墓群[4]等。曾侯家族墓地是目前周代诸侯家族墓地中揭露最为完整的材料，通过曾侯家族墓地的研究，可以揭示周代礼制产生、兴盛及衰落的历程。本文拟从墓葬形制大小、棺椁重数和鼎簋配置等几个方面来对曾侯家族墓地展开研究，从而对周代的礼制演化加以探研。

## 一、墓葬形制、大小

传世文献中没有关于墓葬形制和大小规制的记载，但从考古发掘来看，形制和大小是认定墓葬等级的重要依据。

### 墓道

目前考古发掘所见周代诸侯墓多带有墓道，如北赵晋侯墓[5]、辛村卫侯墓[6]、琉璃河燕侯墓[7]、横水倗伯墓[8]、茹家庄的强伯墓[9]、大堡子秦公墓等[10]。周代天子和诸侯对墓道极为看重，直到春秋中期也是如此，如《左传·僖公二十五年》记载了晋文公想以平定王子带之乱有功而向周襄王请增隧（墓道）的事。《左传·僖公二十五年》："夏，四月，丁巳，王入于王城，取大叔于温，杀之于隰城。戊午，晋侯朝王。王飨醴，命之宥。请隧，弗许，曰：'王章也。未有代德而有二王，亦叔父之所恶也。'与之阳樊、温、原、攒茅之田。"隧，杜预注："阙地通路曰隧，王之葬礼也。"[11]《国语·周语中》也有同样的记载。隧，即墓道。因为多一条墓道，就上一个等级。晋文公欲死后能获得与天子等同的葬制，有僭天子之权之意，故遭到周王的反对。显然，墓道的有无和多少是身份等级不同的一个重要标志。

目前所见带墓道的曾国墓葬中多有曾侯铭文的铜礼器随葬，如叶家山墓地西周早期的M28随葬有曾侯谏铭文的铜礼器[12]，M111随葬有曾侯犺铭文的铜礼器[13]；枣树林墓地春秋中期的M129随葬有曾侯得铭文的铜礼器[14]，M168随葬有曾侯宝铭文的铜礼器[15]，M190随葬有曾公𣄰铭文的铜礼器[16]；文峰塔M2随葬有曾侯铭文的铜兵器[17]；战国中期的文峰塔M18随葬有曾侯丙铭文的铜礼器等[18]。因此，带墓道可以作为认定曾侯级别墓的一个基本依据。根据这一特点，也可以将一些带墓道但随葬品中未发现曾侯铭文铜礼器的墓认定为曾侯级别的墓，如郭家庙M21[19]、曹门湾M1[20]等。根据其他墓与这些墓的关系及随葬器物可以判定同样带墓道的一些墓可能为曾侯夫人墓，如郭家庙M17[19]、曹门湾M2[2]等。有的墓虽然未发现墓道，但从墓中大量随葬曾侯铭文的铜礼器也可以认定为曾侯墓，如擂鼓墩M1为曾侯乙墓[21]。有些墓因为破坏较严重，无法判定是否有墓道，但从随葬曾侯铭文的铜礼器也可以认定为曾侯墓，如文峰塔M1、M4等[22]。

目前所见诸侯级别的墓葬墓室规模都很大，国力越强，诸侯墓葬规模越大，反之，实力越弱，规模越小。最大的是春秋晚期的秦公一号大墓，墓室东西长59.4、南北宽38.8米，面积2300多平方米[23]；最小的是西周中期的应侯再墓，墓室南北长4、东西宽2.65米，面积不到12平方米[24]。不同时期，墓葬的规模有差异。在西周礼制严格时期，诸侯的墓葬规模普遍不大，但到了礼崩乐坏的春秋中期以后，诸侯的墓葬规模越来越大，到了战国时期更是大到极致。正如《礼记·礼器》所言："礼……有以大为贵者。宫室之量，器皿之度，棺椁之厚，丘封之大。此以大为贵也。"[25]诸侯墓葬规模的不断扩大主要原因还是周天子权力的削弱和诸侯国实力的增强。曾侯墓

表一  目前所见曾侯墓葬不同时期规模

| 时期 | 墓地 | 墓号 | 墓主 | 墓室尺寸（长）×（宽）/米 | 墓道 | 备注 |
| --- | --- | --- | --- | --- | --- | --- |
| 西周早期 | 叶家山 | M28 | 曾侯谏 | 7.4×6 | 有 | 墓口 |
| | | M111 | 曾侯犺 | 13×10.2 | 有 | 墓口 |
| 西周晚期 | 郭家庙 | M21 | 曾伯陭 | 11×11 | 有 | 墓口 |
| 春秋早期 | 曹门湾 | M1 | 曾侯絴伯（？） | 11×8.5 | 有 | 墓口 |
| 春秋中期 | 枣树林 | M190 | 曾公𣄰 | 8×6.8 | 有 | 墓口 |
| | | M168 | 曾侯宝 | 6.7×5.7 | 有 | 墓口 |
| | | M129 | 曾侯得 | 8.7×7.8 | 有 | 墓口 |
| 春秋晚期 | 文峰塔 | M4 | 曾侯 | 8.2×7.3 | 不详 | 墓底 |
| | | M1 | 曾侯與 | 7.1×5.9 | 不详 | 墓底 |
| | | M2 | 曾侯越（？） | 6.68×6.58 | 有 | 墓底 |
| 战国早期 | 蔡家包 | M14 | 曾侯 | 31×20 | 不详 | 墓口 |
| | 王家包 | M1 | 曾侯 | 23×17 | 不详 | 墓口 |
| | 擂鼓墩 | 土冢 | 曾侯 | 不详 | 不详 | |
| | 团坡 | M1 | 曾侯乙 | 21×16.5 | 无 | 墓底 |
| 战国中期 | 文峰塔 | M18 | 曾侯丙 | 16.6×15.6 | 有 | 墓口 |

葬规模又是如何演变的呢？表一为目前所见曾侯墓葬在不同时期的规模。

从表一中可以看到，西周早期到春秋晚期，曾侯墓葬的规模大小变化不明显，墓室最小的是春秋中期的曾侯宝，面积只有38平方米；墓室最大的是曾侯犹，面积达132平方米，但墓口过于外倾，其实墓底并不大，只有48平方米。一般在40~60平方米，这一现象表明曾国这一时期实力并没有明显增强，这从传世文献中极少提及随国的史实可证。此时期，一些小诸侯国的墓葬规模都没有明显的扩大，如寿县春秋晚期的蔡侯申墓，墓室长宽为8米×7米[26]；桐柏月河春秋中晚期的养子墓，墓底长宽为10.1米×8米[27]。主要原因可能是春秋中期后，这些国家受到了大国的制约。曾国从"左右文武"到"左右楚王"的转变，明显是受到了楚国的压制，成为楚国的附庸国。到了战国早期，曾侯的墓葬规模突然大增，如最小的曾侯乙墓的墓室面积达到346.5平方米。这一大变化的主要原因一方面是礼制彻底崩溃，诸侯纷纷僭越天子之礼，墓葬规模大幅扩大，如战国早期的平山中山王墓的墓室长宽就达29米×29米[28]。这种小国的国君墓都如此规模，更不用说那些大国了。另一方面是春秋晚期，曾侯與在楚国遭到吴师入郢之乱时挺身而出，救楚昭王于危难之中，楚国对曾国有所报恩。正如曾侯與编钟所言"改复曾疆"[17]，连国土都恢复了，更不用说墓葬规模的扩大。但有一点，仍是受楚国所限的就是墓道的使用，缺失墓道也表明了曾国的附庸地位。战国中期，社会各阶层僭越礼制蔚然成风，士大夫墓葬出现墓道已是普遍现象，作为曾侯的曾侯丙的墓有墓道也就毫不奇怪了。但其墓葬规模又明显缩小，说明此时楚国又加强了对曾侯的限制。战国中期后，曾国终被楚国所灭。

## 二、棺椁重数

周代对于棺椁的重数有礼制的规定，以显示身份的高低贵贱。关于棺的使用，《礼记·檀弓上》云："天子之棺四重。"郑玄注："诸公三重，诸侯再重，大夫一重，士不重。"[29]依郑注，周王安葬有四棺，公卿三棺，诸侯二棺，大夫一棺，士无棺。关于椁的使用，《礼记·丧大记》云："君松椁，大夫柏椁，士杂木椁。"孔颖达疏："君，诸侯也。"[30]即诸侯用松木做的椁，大夫用柏木做的椁，士用杂木做的椁。不同级别的人，椁的材质是不一样的。结合《礼记·檀弓上》、《礼记·丧大记》及郑玄所云，周代的棺椁制度应该是：天子一椁四棺，公卿一椁三棺，诸侯一椁二棺，大夫一椁一棺，士一椁无棺。此外，《荀子·礼论篇》云："天子棺椁十重，诸侯五重，大夫三重，士再重。"[31]《庄子·杂篇·天下》："天子棺椁七重，诸侯五重，大夫三重，士再重。"[32]史为先生认为《荀子·礼论篇》中"天子棺椁十重"之"十重"当为"七重"之误[33]，荀子所论与孟子所言实相一致。从目前西周时期的考古发现看，比较符合郑玄所言；从春秋战国时期的考古发现看，荀子和庄子所言较接近。事实上，各诸侯国的国君对于棺椁制度有的遵守，有的并未严格遵守。如三门峡虢国墓地的国君虢季（M2001）、虢仲（M2009）墓为一椁二棺[34]，宝鸡茹家庄的强伯墓（M1乙）为一椁二棺[35]，羊舌墓地的晋侯墓（M1）为一椁二棺[36]，韩城梁带村芮桓公墓（M27）为一椁二棺[37]，较符合诸侯级别的棺椁制度。然而，北赵墓地的晋侯墓有的为一椁两棺（M9[38]、M64[39]、M91[40]、M93[40]），有的则为一椁一棺（M6、M8）[38]，还有晋侯夫人墓为一椁三棺的（M31）[41]，就明显违背了诸侯级别的棺椁制度。到了春秋后期，特别是战国时期，棺椁制度名存实亡，很多士大夫的墓葬棺椁就超越了他的级别，这与礼崩乐坏不无关系。这类例子太多，此不枚举。曾侯墓葬的棺椁重数又是如何演变的？表二为目前所见曾侯棺椁重数。

从表二中可以看到，西周早期的曾侯墓皆为一椁一棺，表明当时棺椁制度还未形成。西周晚期至

表二　目前所见曾侯棺椁重数

| 时期 | 墓地 | 墓号 | 墓主 | 棺椁重数 | 备注 |
| --- | --- | --- | --- | --- | --- |
| 西周早期 | 叶家山 | M28 | 曾侯谏 | 一椁一棺 | |
| | | M111 | 曾侯犹 | 一椁一棺 | |
| 西周晚期 | 郭家庙 | M21 | 曾伯陭 | 一椁二棺 | |
| 春秋早期 | 曹门湾 | M1 | 曾侯养伯（？） | 不详 | 未公布 |
| 春秋中期 | 枣树林 | M190 | 曾公畎 | 一椁二棺 | |
| | | M168 | 曾侯宝 | 一椁二棺 | 收获有误 |
| | | M129 | 曾侯得 | 一椁二棺 | |
| 春秋晚期 | 文峰塔 | M4 | 曾侯 | 不详 | 破坏 |
| | | M1 | 曾侯與 | 不详 | 破坏 |
| | | M2 | 曾侯越（？） | 不详 | 破坏 |
| 战国早期 | 蔡家包 | M14 | 曾侯 | 不详 | 未发掘 |
| | 王家包 | M1 | 曾侯 | 不详 | 未发掘 |
| | 擂鼓墩 | 土冢 | 曾侯 | 不详 | 未发掘 |
| | 团坡 | M1 | 曾侯乙 | 一椁二棺 | |
| 战国中期 | 文峰塔 | M18 | 曾侯丙 | 一椁三棺 | |

春秋时期，曾侯墓皆为一椁二棺。由此可知，曾侯还是比较遵守棺椁制度的。战国早期的曾侯乙墓仍是一椁二棺，但战国中期的曾侯丙墓则为一椁三棺。说明战国中期后，曾侯才违背了周代的棺椁制度，这与当时僭越之风盛行是相合的。

## 三、鼎簋配制

周代对于礼器的使用有严格的规定，最有代表性的是鼎簋制。鼎制最早见于《仪礼·少牢馈食礼》："少牢馈食之礼……雍人陈鼎五，三鼎在羊镬之西，二鼎在豕镬之西。"贾公彦疏："引郑玄《目录》云：'诸侯之卿大夫祭其祖祢于庙之礼。'"[42]即大夫之礼用五鼎。又《礼记·郊特牲》："鼎俎奇而笾豆偶。"[43]汉人由此推出了周代的礼器制度，《春秋公羊传·桓公二年》："宋始以不义取之，故谓之郜鼎。"何休注："礼，祭，天子九鼎，诸侯七，卿大夫五，元士三也。"[44]后人依此又提出了天子用"九鼎八簋"，诸侯用"七鼎六簋"，卿大夫用"五鼎四簋"，士用"三鼎二簋"的说法。但目前的考古发现似乎与之并不相合，如春秋早期的芮国诸侯（M27）为七鼎六簋[37]，符合所谓诸侯之制；西周晚期晋国的诸侯有的（M93）为五鼎六簋[40]，有的（M64）为五鼎四簋[39]，均低于所谓诸侯之制；西周晚期虢国的诸侯虢季（M2001）为七鼎六簋[34]，符合诸侯之制，而虢仲墓（M2009）为九鼎八簋[45]，则超越了所谓的诸侯之制；西周中期的霸国诸侯霸伯（M1017）为十三鼎（五方鼎、八圆鼎）七簋，也超越了所谓的诸侯之制[46]。这些诸侯都生活在周代礼制鼎盛期，他们都没有遵从后人所推定的鼎簋制，表明后人的认识不一定正确。但从考古的发现看，鼎簋制是存在的，只是各个诸侯国都有自己的规制。曾侯又是什么样的规制呢？

目前发现的曾侯墓大多被盗，只有西周早期的曾侯谏、曾侯犹和战国早期的曾侯乙墓未被盗。一早一晚正好涵盖了曾国鼎簋制的演化历程，因为中间的曾侯无出其外。

先来看西周时期曾侯使用鼎簋的规制。曾侯谏墓（M28）随葬铜礼器25件，计有方鼎3件、圆鼎2件、分裆鼎2件、簋4件、鬲1件、甗1件、尊2件、卣2件、盉1件、爵2件、觚1件、觯1件、罍1件、盘1件、壶1件。但在其他墓中也出有曾侯谏铭文的铜礼器，如M2、M3、M65等[1]。我们将所有墓中出土铭为曾侯谏的器物集中，计有方鼎3件、圆鼎5件、分裆鼎4件、簋2件、盉1件、盘1件。有学者研究认为这些器物无论是作器风格还是铭文形式都表明为同时所作[47]，若此，它们应该是一套礼器组合的重要组成部分，这套礼器组合更能说明问题。就鼎而言，3件方鼎无论形制、大小、纹饰还是铭文都相同，构成一套组合；4件分裆鼎也是形制、大小、纹饰及铭文相同，也构成一套组合。但它们都不成列。5件曾侯谏圆鼎则是形制、纹饰和铭文相同，大小相次构成一个等列；由此看，曾侯谏应该是三方鼎加五圆鼎加四分裆鼎的12鼎组合。曾侯谏墓中发现两件铭文为"曾侯谏作媿宝尊彝"簋（M28：153、M28：154）与M2中同铭簋（M2：8、M2：9）无论形制还是纹饰皆相同，大小相次，应该为同时所作的一组列簋。曾侯谏虽然只有两件自作簋（M28：162、M65：49），但从其为夫人作了4件列簋看，曾侯谏的列簋也应该不少于4件。其墓中也正好随葬4件簋，虽然形制、纹饰和大小各异，但仍可认为是其规制的象征。若以圆鼎为列鼎，曾侯谏正可对应五鼎四簋的鼎簋制度。曾侯犺（M111）随葬铜礼器54件，计有方鼎6件（其中1件为附耳）、圆鼎12件、分裆鼎2件、鬲1件、簋12件、甗1件、尊2件、卣3件、斝1件、盉1件、爵4件、觚1件、觯2件、罍3件、盘1件、壶2件。6件方鼎中除1件大方鼎和1件附耳方鼎外，其他4件形制和纹饰相同，大小相次，但铭文有区别，有三件（M111：72、M111：74、M111：81）铭文相同，为"曾侯作宝尊彝鼎"，形制、纹饰及铭

文同于M27（M27：23），由此形成4件一组；一件为"曾侯作宝鼎"，形制、纹饰及铭文同于M28（M28：156），由此形成2件一组。因此，M111的方鼎是多个不同鼎列构成的六鼎组合。看圆鼎，有5件圆涡纹鼎、2件圆涡四叶目纹鼎（M111：70、M111：90）形制、纹饰相同，大小相次；2件圆涡夔纹鼎（M111：77、M111：99）形制、纹饰相同，大小相次；1件圆涡龙纹鼎（M111：66）。另有2件兽面纹鼎（M111：79、M111：87）形制、纹饰相同，大小相次；其他鼎形制、纹饰有异，大小差别太大，无法与这7鼎相配。簋除一件带方座的外，其他皆为圈足簋，其中2件铭文"曾侯犺"的簋（M111：59、M111：60）形制、纹饰相同，大小相次；2件直棱纹簋（M111：51、M111：52）形制、纹饰相同，大小相次；2件大兽面纹簋（M111：53、M111：63）形制、纹饰相同，大小相次；这六件簋两两成对，可以组成一列，其他簋的形制与这几件器物差别较大，不能成列。曾侯犺墓的鼎簋组合构成较为复杂，但以成列的鼎簋计，曾侯犺至少是七鼎六簋的组合。总的来看，西周早期，鼎簋制度还不是很严格，诸侯们都比较率性。

西周晚期的曾侯墓都被盗严重，随葬礼器荡然无存，故无法从他们墓中的随葬器来考察曾侯的鼎簋规制，但我们可以从其他高级别墓葬中随葬器的情况来推测。五等爵制中，伯爵次于侯爵。目前发现的有随葬礼器的西周晚期最高级别的曾国墓葬是1970年随州均川熊家老湾的一座墓，由于建房，该墓已遭到破坏，但仍出土了簋4件、罐1件、方彝1件[48]。簋、罐上均有"曾伯文"的铭文，墓主应该是曾伯文。虽然不见鼎，但从墓中出有四簋看，至少应该有五鼎随葬，即曾伯文生前应该享有不少于五鼎四簋的规制。由此推测，西周晚期的曾侯应该享有不低于五鼎四簋的规制。若如此，西周中期曾侯享有的鼎簋制也不出其外。

再来看春秋时期曾侯使用鼎簋的规制。目

前，春秋时期的曾侯墓皆被盗，故无法从被盗的曾侯墓中直接考察，只能通过其他高级别墓葬的鼎簋制来推测。学术界多认为1966年苏家垄出土的一批铜礼器因有九鼎七簋，且多件器物上有"曾侯仲子游父"的铭文，故断定为曾侯墓，由此认为此时的曾侯享有九鼎八簋之制，并以之作为周代鼎簋规制的典范[49]。但问题是无法证明其为一墓所出，而鼎的形制、纹饰有别，制作技术差别也较大，非为同批次产品，且存在时间上的早晚。簋也存在类似的情况。这批器物更似为几套不同的组合，像是多墓所出。近年，在出土地点附近发现一车坑，坑中随葬有七车，推测与1966年出土的铜器有关[50]。周代对于车的使用有严格的规定，并设专人管理车的使用。《周礼·春官·巾车》载："巾车掌公车之政令，辨其用与其旗物而等叙之，以治其出入。"[51]对于王公及官员配备的礼车数量在周代政令中也有明文规定，《周礼·秋官·大行人》载："上公之礼……贰车九乘……诸侯之礼……贰车七乘……诸伯执躬圭，其他皆如诸侯之礼。诸子执谷璧五寸……贰车五乘，……其他皆如诸子之礼。"[52]由此看，诸侯应该享有七车之礼。不仅如此，周代还对各个等级的人使用的用品有数量的限制。《周礼·春官·典命》载："上公九命为伯，其国家、宫室、车旗、衣服、礼仪皆以九为节；侯伯七命，其国家、宫室、车旗、衣服、礼仪皆以七为节；子男五命，其国家、宫室、车旗、衣服、礼仪皆以五为节。王之三公八命，其卿六命，其大夫四命。及其出封，皆加一等。其国家、宫室、车旗、衣服、礼仪亦如之。"[53]曾国国君称侯，其使用的礼器和乘车都应该以七为限。曾侯仲子游父即曾侯的次子，名游父，铜器铭文中又称"曾仲游父"。作为宗室成员，其地位相当于公卿一级，应该以六为限。他受封到苏家垄镇守边地，属于出封，故能加一等，以七为限，七车的配置与其身份相符。既然以七为限，他就不可能享九鼎之制，车的节数为1966年出土铜器非为一墓所出提供了佐证。既然该批铜器群不能确定为同墓所出，故不能以之作为曾侯墓的范例。

春秋早期发现未被盗的高级别墓为京山苏家垄的曾伯桼墓（M79），墓中随葬鼎8件、簋4件、甗1件、鬲4件、簠4件、壶2件、盘1件、匜1件。8鼎包括形制相同、大小相次的立耳鼎五和附耳鼎三，它们都属于列鼎。其夫人芈克墓（M88）随葬鼎3件、簋4件、鬲5件、甗1件、壶2件、盘1件、匜1件及玉器等[50]。芈克为楚国人，从其墓中三附耳鼎与四簋的楚式搭配看，曾伯桼墓中的三附耳鼎也是与四簋搭配，以与夫人一致，表明其在楚国的身份等级，但五立耳鼎与四簋则是其在曾国的鼎簋之规制。由此推测，比其高一级的曾侯（公）应该享有七鼎六簋的规制，仍是符合诸侯级别的。春秋中期发现未被盗的高级别墓为枣树林芈渔墓（M191），该墓位于曾公𫊸墓（M190）北侧10.7米处，为一带斜坡墓道的"甲"字形墓，墓口长7.4、宽5.28米，墓底长7.2、宽5.08米，规模略小于曾公𫊸墓。葬具为一椁二棺，同于曾公𫊸，铜器铭文表明其为曾公𫊸夫人。该墓随葬铜礼器有鼎5件、簋4件、鬲5件、壶2件、簠4件、钘1件、罐4件、盘1件、匜1件[16]。古代有"夫荣妻贵"的说法，即夫位居何等级，其妻也同享此等级。《礼记·丧服小记》："其妻为大夫而卒，而后其夫不为大夫，而祔于其妻，则不易牲。妻卒而后夫为大夫，而祔于其妻，则以大夫牲。"[54]这段话的意思是夫为大夫时其妻死了，而后夫或黜退，若祔祭其妻，则依夫今所得用牲之礼，而不用昔时夫为大夫时用牲之礼。妻死后夫擢升为大夫，若祔祭其妻，则用夫现今得用之大夫之礼。这正说明按古代礼制，妻享有与夫同等级之礼。从考古发现看，曾公𫊸墓与其妻芈渔墓形制、大小均非常接近，葬具都是一椁重棺，且都有墓道，说明他们同享有诸侯等级。而曾公𫊸墓中尚存五列鼎，与夫人墓鼎数同。若此，依夫人五鼎四簋之制，曾公𫊸享有的鼎簋规制应该不低于其妻。另一未被盗的同期墓为曾叔孙湛墓（M81），该墓为长方形竖穴土坑墓，墓口长5.9、宽5米，墓底长5.7、宽4.85米。葬具为一椁重棺，随葬铜礼器有鼎5件、簋4件、鬲5件、壶2件、簠2件[55]。虽然该墓没有墓道，但从墓葬规模和一椁二棺的规制看，级别较高。曾叔在家中排行老三，为曾侯之宗亲，其孙当也为宗室成员。从其有独立的墓区，又有中小型陪葬墓相伴看，级别仅次于曾侯，应该相当于公卿，其所享有的五鼎四簋规制符合其身份。由此看，曾国各等级的贵族还是比较遵守周礼的。从曾公畈夫人及曾叔孙湛都享有五鼎四簋的规制可以推测，春秋中期的曾侯应该享有七鼎六簋的规制。春秋晚期目前还未发现完整的墓葬，对于曾侯的鼎簋规制无法推断，但从文峰塔曾侯與墓（M1）中随葬楚式升鼎看，曾侯已经使用楚国的鼎簋制，至于他是享用的哪个级别，目前还无法推断。鉴于春秋中晚期后，各诸侯国僭越之风盛行，曾侯可能也有越礼之嫌。但作为楚的附属国，其必受楚国礼制的约束。

最后看战国时期曾侯使用鼎簋的规制。战国时期最著名的莫过于曾侯乙墓，该墓于1978年发现后，震惊了世界。该墓出土铜礼器较多，我们只统计鼎簋，计有鼎21件，分四类：一类为无盖大鼎，又称镬鼎，有2件；一类为束腰平底鼎，又称升鼎，有9件；还有一类为有盖鼎，又称羞鼎，有9件；还有一类为提链小口鼎，有1件。簋有8件，形制、纹饰相同，大小相次[21]。从簋置于升鼎与羞鼎之间的排列看，构成了两套九鼎与八簋的配置，一套为九升鼎与簋的配置，这应该属于楚式的规制，表明其在楚国的身份；一套为九羞鼎与簋的配置，这应该为曾国的规制，表明其在曾国的身份。由此看，战国时期的曾侯已经享有九鼎八簋的规制。

从上面的分析看，礼制形成初期的西周早期，鼎簋制尚不太完备，曾侯谏作为受封南土小国的首位曾侯，仍以在周王室曾经的卿大夫身份等级而享有五鼎四簋的规制。但到了第二代曾侯犺时，则开始享有诸侯级别的七鼎六簋的规制，而方鼎的配置则是殷商遗绪。直到春秋晚期前，各代曾侯仍遵循七鼎六簋的诸侯之制，没有僭越周礼。但战国早期前段的曾侯乙享用的是九鼎八簋，已经僭越了天子之制。看来，曾侯僭礼的时间应该不晚于战国早期，很有可能在春秋末年至战国初年。曾侯與所谓"左右楚王"，表明了曾国从"左右文武"的南土之诸侯变成了楚国的一个附庸国。其用楚式升鼎作列鼎则是曾国与周王彻底决裂的标志，僭越周礼一方面是大势所趋，另一方面也是曾侯向楚国表示忠心的一种姿态，故曾侯享九鼎八簋之制很有可能开始于春秋末期的曾侯與或之后。

## 四、结语

曾侯家族墓地是周代诸侯国家族墓地的一个缩影，西周早期开始，曾侯家族墓地就体现了礼制的特点，曾侯从西周早期开始就遵循周礼的诸侯之制，享有七鼎六簋的礼用制度，一直到春秋晚期才对礼用制度有所僭越，开始享九鼎八簋的天子之制，但这已是礼崩乐坏、各诸侯国僭礼之风盛行的时期。总的来看，曾侯还是比较严格遵守周代礼制的，其家族墓地的演化过程与周礼的形成、鼎盛直至衰落的历程是同步的。

**参考文献**

[1] 湖北省博物馆,湖北省文物考古研究所,随州市博物馆.随州叶家山——西周早期曾国墓地[M].北京:文物出版社,2013.

[2] 长江文明馆,湖北省博物馆,湖北省文物考古研究所,等.穆穆曾侯——枣阳郭家庙曾国墓地[M].北京:文物出版社,2015.

[3] 湖北省文物考古研究所,北京大学考古文博学院,随州市博物馆,等.湖北随州市枣树林春秋曾国贵族墓地[J].考古,2020(7);湖北省文物考古研究所,北京大学考古文博学院,随州市博物馆,等.湖北随州枣树林墓地2019年发掘收获[J].江汉考古,2019(3);湖北省文物考古研究所,随州市博物馆.随州文峰塔M1(曾侯與墓)、M2发掘简报[J].江汉考古,2014(4);湖北省文物考古研究所,随州市博物馆.湖北随州市文峰塔东周墓地[J].考古,2014(7).

[4] 湖北省博物馆.曾侯乙墓[M].北京:文物出版社,1989;随州市博物馆.随州擂鼓墩二号墓[M].北京:文物出版社,2008;湖北省文物考古研究所,随州市文物局.湖北随州市擂鼓墩墓群的勘查与试掘[J].考古,2003(9).

[5] 北京大学考古系,山西省考古研究所.1992年春天马-曲村遗址墓葬发掘报告[J].文物,1993(3);北京大学考古学系,山西省考古研究所.天马-曲村遗址北赵晋侯墓地第二次发掘[J].文物,1994(1);山西省考古研究所,北京大学考古学系.天马-曲村遗址北赵晋侯墓地第三次发掘[J].文物,1994(8);山西省考古研究所,北京大学考古学系.天马-曲村遗址北赵晋侯墓地第四次发掘[J].文物,1994(8);北京大学考古学系,山西省考古研究所.天马-曲村遗址北赵晋侯墓地第五次发掘[J].文物,1995(7);北京大学考古文博院,山西省考古研究所.天马-曲村遗址北赵晋侯墓地第六次发掘[J].文物,2001(8).

[6] 郭宝钧.浚县辛村[M].北京:科学出版社,1964.

[7] 北京市文物研究所.琉璃河西周燕国墓地(1973—1977)[M].北京:文物出版社.1995;中国社会科学院考古研究所,北京市文物研究所琉璃河考古队.北京琉璃河1193号大墓发掘简报[J].考古,1990(1);中国社会科学院考古研究所,北京市文物工作队琉璃河考古队.1981~1983年琉璃河西周燕国墓地发掘简报[J].考古,1984(5).

[8] 山西省文物考古研究所,运城市文物工作站,绛县文化局.山西绛县西周墓地[J].考古,2006(7).

[9] 宝鸡茹家庄西周墓发掘队.陕西省宝鸡市茹家庄西周墓发掘简报[J].文物,1976(4).

[10] 戴春阳.礼县大堡子山秦公墓地及有关问题[J].文物,2000(5).

[11] 《十三经注疏》整理委员会.十三经注疏·春秋左传正义[M].北京:北京大学出版社,2000:491.

[12] 湖北省文物考古研究所,随州市博物馆.湖北随州叶家山M28发掘报告[J].江汉考古,2013(4).

[13] 湖北省文物考古研究所,随州市博物馆.湖北随州叶家山M111发掘简报[J].江汉考古,2020(2).

[14] 湖北省文物考古研究所,随州市博物馆,随州市曾都区考古队.随州汉东东路墓地2017年考古发掘收获[J].江汉考古,2018(1).

[15] 湖北省文物考古研究所,北京大学考古文博学院,随州市博物馆,等.湖北随州枣树林墓地2019年发掘收获[J].江汉考古,2019(3).

[16] 湖北省文物考古研究所,北京大学考古文博学院,随州市博物馆,等.湖北随州市枣树林春秋曾国贵族墓地[J].考古,2020(7).

[17] 湖北省文物考古研究所,随州市博物馆.随州文峰塔M1(曾侯與墓)、M2发掘简报[J].江汉考古,2014(4).

[18] 湖北省文物考古研究所,随州市博物馆.湖北随州市文峰塔东周墓地[J].考古,2014(7).

[19] 襄樊市考古队,湖北省文物考古研究所,湖北孝襄高速公路考古队.枣阳郭家庙曾国墓地[M].北京:科学出版社,2005.

[20] 方勤,胡刚.枣阳郭家庙曾国墓地曹门湾墓区考古主要收获[J].江汉考古,2015(3).

[21] 湖北省博物馆.曾侯乙墓[M].北京:文物出版社,1989.

[22] 湖北省文物考古研究所,随州市博物馆.随州文峰塔M1(曾侯與墓)、M2发掘简报[J].江汉考古,2014(4);湖北省文物考古研究所,随州市博物馆.湖北随州文峰塔墓地M4发掘简报[J].江汉考古,2015(1).

[23] 韩伟,焦南峰.秦都雍城考古发掘研究综述[J].考古与文物,1988(5-6).

[24] 河南省文物考古研究所,平顶山市文物管理局.平顶山应国墓地(Ⅰ)[M].郑州:大象出版社,2012.

[25] 《十三经注疏》整理委员会.十三经注疏·礼记正义[M].北京:北京大学出版社,1999:729.

[26] 安徽省文物管理委员会,安徽省博物馆.寿县蔡侯墓出土遗物[M].北京:科学出版社,1956.

[27] 南阳市文物研究所,桐柏县文管办.桐柏月河一号春秋墓发掘简报[J].中原文物,1997(4).

[28] 河北省文物管理处.河北省平山县战国时期中山国墓葬发掘简报[J].文物,1979(1).

[29] 《十三经注疏》整理委员会.十三经注疏·礼记正义[M].北京:北京大学出版社,1999:247.

[30] 《十三经注疏》整理委员会.十三经注疏·礼记正义[M].北京:北京大学出版社,1999:1290.

[31] (清)王先谦. 荀子集解[M]. 沈啸寰, 王星贤点校. 北京: 中华书局, 1988: 59.
[32] (清)郭庆藩. 庄子集释[M]. 王孝鱼点校. 北京: 中华书局, 1961: 1074.
[33] 史为. 长沙马王堆一号汉墓的棺椁制度[J]. 考古, 1972(6).
[34] 河南省文物考古研究所, 三门峡市文物工作队. 三门峡虢国墓[M]. 北京: 文物出版社, 1999.
[35] 卢连成, 胡智生. 宝鸡강国墓地[M]. 北京: 文物出版社, 1988.
[36] 山西省考古研究所, 曲沃县文物局. 山西曲沃羊舌晋侯墓地发掘简报[J]. 文物, 2009(1).
[37] 陕西省考古研究院, 渭南市文物保护考古研究所, 韩城市文物旅游局. 陕西韩城梁带村遗址M27发掘简报[J]. 考古与文物, 2007(6).
[38] 北京大学考古学系, 山西省考古研究所. 天马-曲村遗址北赵晋侯墓地第二次发掘[J]. 文物, 1994(1).
[39] 山西省考古研究所, 北京大学考古学系. 天马-曲村遗址北赵晋侯墓地第四次发掘[J]. 文物, 1994(8).
[40] 北京大学考古学系, 山西省考古研究所. 天马-曲村遗址北赵晋侯墓地第五次发掘[J]. 文物, 1995(7).
[41] 山西省考古研究所, 北京大学考古学系. 天马-曲村遗址北赵晋侯墓地第三次发掘[J]. 文物, 1994(8).
[42] 《十三经注疏》整理委员会. 十三经注疏·仪礼注疏[M]. 北京: 北京大学出版社, 1999: 906.
[43] 《十三经注疏》整理委员会. 十三经注疏·礼记正义[M]. 北京: 北京大学出版社, 1999: 775.
[44] 《十三经注疏》整理委员会. 十三经注疏·春秋公羊传注疏[M]. 北京: 北京大学出版社, 1999: 74.
[45] 河南省文物考古研究院, 三门峡市文物考古研究所, 三门峡市虢国博物馆. 三门峡虢国墓[M]. 北京: 文物出版社, 2023.
[46] 山西省考古研究所、临汾市文物局、翼城县文物旅游局联合考古队, 山西大学北方考古研究中心. 山西翼城大河口西周墓地1017号墓发掘[J]. 考古学报, 2018(1).
[47] 张昌平, 李雪婷. 叶家山墓地曾国铭文青铜器研究[J]. 江汉考古, 2014(1).
[48] 鄂兵. 湖北随县发现曾国铜器[J]. 文物, 1973(5).
[49] 湖北省博物馆. 湖北京山发现曾国铜器[J]. 文物, 1972(2); 俞伟超, 高明. 周代用鼎制度研究[J]. 北京大学学报(哲学社会科学版), 1978(1-2)1979(1).
[50] 方勤, 胡长春, 席奇峰, 等. 湖北京山苏家垄遗址考古收获[J]. 江汉考古, 2017(6).
[51] 《十三经注疏》整理委员会. 十三经注疏·周礼注疏[M]. 北京: 北京大学出版社, 1999: 713.
[52] 《十三经注疏》整理委员会. 十三经注疏·周礼注疏[M]. 北京: 北京大学出版社, 1999: 996-997.
[53] 《十三经注疏》整理委员会. 十三经注疏·周礼注疏[M]. 北京: 北京大学出版社, 1999: 544-545.
[54] 《十三经注疏》整理委员会. 十三经注疏·礼记正义[M]. 北京: 北京大学出版社, 1999: 991.
[55] 湖北省文物考古研究所, 随州市博物馆, 北京大学考古文博学院, 等. 湖北随州枣树林墓地81与110号墓发掘[J]. 考古学报, 2021(1).

# 西周、春秋时期曾、楚乐钟编列研究

王先福
（湖北省博物馆）

[摘　要]　曾、楚是周代"南土"几乎整个两周时期并存的唯二封国，考古发现了20余套西周早期至战国晚期的编钟，构建了周代"南土"乐钟编列的序列。其中，西周、春秋时期处于肇始、发展期，乐钟编列既呈现出与中原地区发展相同的共性，又具有南方的地域特征和自身风格，两国乐钟编列方式甚至还互相影响，为战国时期曾、楚乐钟编列一体化发展并完全独立于中原诸国之外奠定了基础。

[关键词]　乐钟编列　曾　楚　西周　春秋

西周建立后封邦建国、制礼作乐。曾、楚作为周代"南土"地位最为重要的两个封国，也是存续时间基本涵盖整个两周时期的唯二封国，二者地位呈现出西周时期曾强楚弱、东周时期曾附于楚各领"南土"数百年的变化。其中曾国作为周王朝同姓诸侯国是周文化传承的代表，而楚国则是以周文化为基础通过吸收其他文化并不断创新的代表，反映到器用方面，兼具"礼""乐"双重功能的编钟无疑具有典型意义。

历年来，曾、楚乐钟在湖北、河南、安徽等地有较多发现，基本形成了较完整的时代序列，其编列的演进为研究周代乐悬、礼乐制度的发展提供了十分重要的资料。

## 一、西周时期曾、楚乐钟的编列

西周时期是曾、楚乐钟编列的肇始期，西周早、中、晚期成编的乐钟都有发现，但数量偏少。

### 1. 西周早期

发现曾国乐钟1套，即随州叶家山M111出土编钟，该墓墓主为曾侯犺，时代约在西周早期偏晚的昭王时期[1]。

该套乐钟出土时呈一排置于二层台上，编列完整，包括1件镈钟、4件甬钟，其中4件甬钟又分为小乳钉界栏、小圆圈纹界栏两两相同的两种，显然是"拼合"而成，4件甬钟编列不仅是目前所见西周早期乐钟编列最多的一组，且首次出现镈参与编列，开西周早期"乐悬"形式的先河。

出土编列完整的相同或稍晚时期的乐钟主要集中在周王朝都城附近周原、丰镐地区的多个墓葬中，如宝鸡竹园沟康昭之际强伯七号墓[2]、茹家庄昭穆之际强伯M1乙[3]、西安普渡村穆王时期长甶墓[4]、沣西张家坡西周中期井叔采墓（M163）[5]，均为甬钟编列，3件一组。而地处山西翼城大河口的霸国墓地、西周中期偏早的霸伯尚墓（M1017）也出土了3件成编的一组甬钟[6]，只是其整体形制与前述周原、丰镐地区甬钟有别。可以推测，西周早中期乐钟编列以3件为常制。这几组编钟除井叔采墓是凸阳线界栏外，其余均为两种形制的甬钟"拼合"而成，其中竹园沟M7、茹家庄M1乙、普渡村长由编钟形制、纹饰基本相同，且为小乳钉界栏（2件）、凸阳线界栏（1件）乐钟组合；霸伯尚编钟则为小乳钉界栏（1件）、小圆圈纹界栏（2件）组合。

从甬钟形制、纹饰及"拼合"现象看，叶家山M111编钟具有较典型的周文化风格；而编列中的甬钟超出当时3件一组的常制，这应与学术界考证和考古发现证实的曾国为周王朝同姓国、在南土占据重要地位有关，正如曾公䚄编钟铭文所记："皇且（祖）建于南土，敝（蔽）蔡南门，质（誓）应京社，适于汉东。【南】方无疆。"[7]同时，编列中增加了1件镈钟，镈钟有四虎扉棱，又有典型的南方特征，与1985年湖南邵东民安出土的兽面纹四虎镈钟[8]十分相似。这当是其"建于南土"受南方文化影响所致。

### 2. 西周中期

出土楚国乐钟一套，即宜昌万福垴遗址窖藏乐钟，共12件，均为甬钟[9]。乐钟可分为三组，分别为细乳钉界格钟（2件）、圆圈点纹界格钟（6件）、宽阴线界格钟（4件）。其铸造、使用时代有所不同，其中细乳钉界格钟约在西周中期早段或至西周早期晚段；圆圈点纹界格钟之篆带卷云纹钟（4件）约在西周中期早（3件）、晚（1件）段，而此类界格钟之篆带三角云纹钟（2件）约在西周晚期早段；宽阴线界格钟约在西周中期晚段[10]。

这12件甬钟存在时代上的不同，与扶风庄白一号窖藏出土21件乐钟[11]情形类似，其编列方式较为复杂，难以厘定。如果根据时代和分组情况看，既有4件甬钟编列的可能，如圆圈点纹界格钟之篆带卷云纹钟4件编列，或宽阴线界格钟4件编列；也许还有4+4件编列的可能，即同在西周中期晚段时的前述两组各4件乐钟编列。这一方面延续了曾国乐钟4件甬钟编列的特点，另一方面或开创了楚国乐钟8件编列的先河。同时，也不排除2件或6件成编的可能，前者如细乳钉界格钟；后者为细乳钉界格钟2件加圆圈点纹界格钟之篆带卷云纹钟（4件）或独立的圆圈点纹界格钟6件编列。这需要做进一步的测音研究。

万福垴遗址出土的这批乐钟形制、纹饰与周原等地姬周文化基本相同，是楚国在周王朝统治下文化统一性的反映，而可能存在的4件乐钟编列或受当时更为强大的近邻曾国影响所致，甚至是南方文化传统的承继。

### 3. 西周晚期

晋侯墓地M64出土"楚公逆"编钟一套，共8件，均为甬钟[12]。

"楚公逆"钟曾于北宋年间在湖北嘉鱼太平湖出土1件[13]，而"楚公逆"其人一般考证为楚君熊咢（前799～前791年在位）[14]。随着山西横水M2055"楚公逆"铜短剑的出土，发掘者在分析墓葬年代后认为"楚公逆"所处的时代是西周中期偏晚，约当孝、夷时期，下限为厉王早期，则"楚公逆"或为熊渠，而原推测熊渠对应的"楚公家"或为其后熊挚[15]。其时代不晚于西周晚期。

从形制、纹饰、铭文看，这8件"楚公逆"钟明显分为两组，较大的6件形制相似，大小相次，铭文内容相同，主体的龙、凤、虎等动物纹样有南方风格，应是自身特点的反映；而较小的2件形制尽管变化不大，但铭文内容完全不同，且主体纹样为几何纹，与同时期周原等关中地区基本没有区别。两组乐钟很显然为6+2件"拼合"编列为8件一组。此单独计算的6件乐钟似乎与更早的前述万福垴遗址可能6件成编的乐钟有相同件数组合，其间或有传承关系。

如果按照前述篆带间隔纹样来分，前6件又可以分为两种，最大的2件为双阴线界格，稍小的4件为双阴线夹小乳钉界格，而最小的2件为单阴线界格，则本套乐钟为2+4+2件拼合成8件一组编列，若将前6件乐钟按2+4组合，则或有可能与万福垴遗址西周中期早段的2件细乳钉界格钟、4件圆圈点纹界格钟组合相似。由此分析，万福垴遗址12件乐钟确实存在至少到西周晚期早段以2+4+2组合为8件一组和独立的4件一组编列的可能。

西周晚期，周原地区、虢国墓地也出土几套8件甬钟编列的乐钟，如1960年陕西扶风西周窖藏出土"中义钟""柞钟"各一组8件[16]，虢国墓地M2001（虢季墓）出土甬钟8件一组[17]，单套乐钟的形制、纹饰均相似，大小相次。可以推测，西周晚期无论是周王朝还是诸侯国，乐钟流行8件甬钟一组编列。

晋侯墓地M8出土乐钟2件[18]，通过铭文比对，正与被上海博物馆购藏的14件乐钟[19]为同一人所有，即晋侯苏钟。该套乐钟为甬钟、刻铭，铸造年代存在早晚，按照形制、纹饰分析可分为早晚三组：第一组2件，约当西周初期；第二组2件，约当西周早期的康王时期；第三组12件，约当西周中晚期。而从音列分析，刚好构成6+6的两组[20]。如果按照时代来看，该套乐钟同样为4件编列，与叶家山M111甬钟编列相同，且时代更早，此种编列在当时可能并非常制。到西周中晚期，增加了12件甬钟，总数变为16件，按音列组合为2+6+2+6，拼合为8+8编列，即8件两套编列。此种编列扩大了乐钟编列的规模，也使得音列更宽。该墓还出土了10件石磬，印证了其时乐悬制度的成型。或如《周礼·春官宗伯·小胥》所记："正乐县之位，王宫县，诸侯轩县，卿大夫判县，士特县，辨其声。凡县钟磬，半为堵，全为肆。"郑玄注："钟磬者，编县之二八十六枚，而在一虡，谓之堵。钟一堵，磬一堵，谓之肆。"[21]则一堵可能就为8件，一肆为16件。而虢国墓地M2009出土了8件甬钟、8件纽钟的"8+8"编列，是纽钟参与组合的实证，同时还出土20件石磬[22]，可能构成"10+10"的编磬组合。只是西周晚期，曾、楚乐钟均未发现纽钟，且暂时不见钟磬的乐悬实例。

除晋侯墓地出土的"楚公逆"编钟外，可以确认的西周晚期编钟还有"楚公家"钟，目前发现5件，均为甬钟，其中4件传世（1件下落不明）[23]、1件出土[24]。由于其形制有较大差别，尚难以明确编列情况。若按照西周晚期乐钟8件成编的情况分析，"楚公家"钟或许存在多套。

西周时期，曾、楚乐钟编列在早期以4件一组为常制，到中晚期扩展为8件一组，或4件一组+8件一组组合，与周原或中原诸侯国基本相同，但后者还出现了除4、8件以外其他件数乐钟的编列，在曾、楚国尚未得到确认，也可能与该时期的曾、楚编钟发现较少有关。

## 二、春秋时期曾、楚乐钟的编列

春秋时期是曾、楚编钟的发展期，其数量明显增多，且编列逐步呈现出相对稳定的"二元"或"三元"化组合，乐钟编列的数量也增多。

### 1. 春秋早期

主要发现于曾国的3座墓葬。

1979年随州义地岗季氏梁墓葬出土5件纽钟[25]，作为高等级贵族墓葬的枣阳郭家庙GM30出土基本呈一排放置的10件纽钟，且后者可以确认是目前已知最早的"五正声"编钟[26]。二者的纽钟形制、纹饰均相同，大小相次。由于前者曾被盗掘，5件纽钟组合是否完整尚不得而知；后者为10件一组当无问题。

这2座墓葬均出土编纽钟"一元"组合，这也是曾国墓葬首次发现纽钟编列，大致表明曾国编纽钟不迟于春秋早期出现，从而拓展了乐钟编列的种类，10件一组也增加了乐钟编列的规模。但这种编列并非常制，很可能是创新的结果。

而从郭家庙西周末期GM21（曾伯陭墓）出土7件铜环纽铃钟[27]且郭家庙GM30与该墓相邻，其铜纽钟形制、纹饰也与之相似的情况分析，后者应是继承前者发展而来。只是郭家庙GM21因为严重被盗，7件铃钟是否构成完整组合尚难以判定。

同时，郭家庙GM30出土编纽钟也是目前所见最早的10件编列的纽钟，应该是在更早9件常规纽钟编列基础上的拓展和创新。稍早的两周之际，中原地区出土纽钟编列即为9件一组，如山西闻喜上郭村M210、M211[28]，虢太子墓（虢国墓地M1052）[29]等，其时很可能正好又处于8件向9件编列过渡的时期。其后的春秋中期，在中原地区郑国祭祀遗址11座祭祀郑伯的乐器坑出土纽钟编列均为10件一组[30]，作为同是周王朝姬姓诸侯国又相距不远的曾、郑两国文化面貌相近甚至相互影响都是可以理解的，也因此郑国编纽钟受曾国影响也不是不可能的。

此外，郭家庙CM1严重被盗，但出土了2件簨簴（乐器架），1件呈曲尺形、1件呈条形[31]，应分别为编钟架、编磬架，这也是曾国编钟乐悬制度"轩悬"的体现，正与该墓规模较大并设有墓道相吻合，象征着墓主诸侯的身份。

### 2. 春秋中期

该时期主要是曾国乐钟，基本完整或可复原者集中在随州枣树林墓地的三组曾侯墓葬，分别是曾公㗅（M190）与嬭渔（M191）、曾侯宝（M168）与嬭加（M169）、曾公得（M129）[32]。乐钟在墓葬中均为集中堆放，因墓葬均被盗扰，部分乐钟遗失。

曾公㗅墓的时代为春秋中期早段，共出土乐钟34件，为镈钟、纽钟、甬钟"三元"组合，根据形制、纹饰、铭文特征分为五组，其中镈钟一组4件，纽钟两组13件（一组4件、一组9件），甬钟17件（一组8件、一组9件）[33]。这也是目前曾国编钟最早的"三元"组合实例，每组乐钟4、8、9件编列遵循了西周早期至春秋早期乐钟编列件数的常制，但在乐钟类别上有所不同，之前的4件编列见于甬钟上，而本套乐钟运用到了镈钟、纽钟上，9件编列还运用到了甬钟上，甬钟8件、纽钟9件编列则继承了前期的传统。这或许与本套编钟的数量多、在音列上有更多的需求有一定关系，当然也很可能存在不同类别乐钟互相通用的情形。

曾侯宝墓时代稍晚于曾公㗅墓，墓中出土乐钟15件[34]，另由公安部门追缴"曾侯宝"乐钟2件[35]，共17件，其中镈钟3件、甬钟14件。3件镈钟形制相同，大小相次，铭文相同，应为一组，如按照正常编列4件镈钟一组来看，可能还缺失1件。14件甬钟也是形制相同，而根据铭文字体及内容的连续性分析，应分为三组：第一组2件，大小基本相同，内容前后相接；第二、三组各6件，每组6件大体分为三种尺寸，每种2件差别不大，但大、小各2件之间的差别相对较大，不过铭文内容前后相接。结合墓葬出土乐钟集中堆放的情况看，该套乐钟应为17件或18件组合，呈现出3（4）+2+6+6的组合形式，虽然单套编列在前述编钟中均有实证，但整体的编列方式则与前述还有较大区别，恐怕需要借助测音才能明确。

而稍晚于曾侯宝墓、为其妻子的嬭加墓出土乐钟19件，镈钟（或称镈形纽钟，本文以镈钟论）分四组。而根据铭文内容分析，至少还缺2件[36]，补缺后的四组分别为2、4、6件镈钟各一组，9件纽钟一组。这几组的乐钟编列常见于之前的多个时期，特别是9件纽钟编列是常制；镈钟的编列是否可组成6+6或4+8或2+10编列尚需要进一步确认，无论哪一种，也是在曾国乐钟的编列范围内。从该墓所出的"楚王媵随仲嬭加"铜缶[37]及被盗后流失的"楚王媵随仲嬭加"铜鼎[38]铭文可知，嬭加来自楚国王室，这两件铜器具有典型的楚式器风格，而嬭加乐钟的编列在一定程度上代表楚国高等级贵族乐钟编列当无问题。

时代更晚的曾侯得墓出土乐钟20件，其中镈钟4件、甬钟16件。甬钟形制相同、大小相次，除1件无铭外，其余每件均有相同且内容完整的铭文[39]，这给分组带来了极大困难。而根据其时或更早时甬钟以8件为常制编列的情况推测，

16件甬钟或可构成8+8的编列形式，当然也不排除7+9的编列。

另有一套非科学出土但应该比较完整的曾侯子乐钟共25件，分四组，其中镈钟两组各4件，纽钟8、9件各一组[40]，与曾公䣙乐钟编列方式相同。

春秋中期的曾国编钟均为"二元"或"三元"组合，前者镈钟加甬钟或纽钟，后者镈钟、甬钟、纽钟齐全；成编的总数均较多，一般分为三至五组；而在乐钟编列数量上，主要沿袭了春秋早期乃至西周晚期的常制，镈钟以4件为一组，甬钟或纽钟以8或9件为一组。同时，乐钟编列数量也出现了非常制的情况，这种编列相对复杂，6件成编相对多见，抑或2、3、7、10件成编（不排除组合不全的因素）。

### 3. 春秋晚期

该时期保存完整或基本完整的编钟则主要见于楚国（不含除曾国外的其他附属楚的诸侯国），多集中发现于淅川下寺、和尚岭、徐家岭三处相邻的楚墓地，部分墓葬被盗；南阳彭氏家族墓地也有出土。

下寺M2"王孙诰"编钟共26件，均为甬钟，形制相同、大小相次[41]。根据出土位置、大小和音列等情况分析，该套钟编列分三组，下层一组8件，上层两组18件，有专家根据钟铭前后次序结合音次分析其编列为9+9[42]。

下寺M1则出土纽钟一组9件[43]；下寺M10[44]、和尚岭M2[45]、徐家岭M3[46]及彭启墓[47]均出土镈钟8件、纽钟9件各一组。根据分析，这些人的身份等级差别不大，至多相当于大夫一级。后4座墓葬同出石编磬一组，从在墓中摆放的位置看，构成了"轩悬"的布局，应该是"僭越"的反映。

可见，该时期楚国编钟中，"二元"组合的乐钟编列采用了镈钟8件、纽钟9件的常制，纽钟的"一元"组合亦为9件一组，这在同时期的中原地区也常见。但26件甬钟的"一元"组合较为特殊，其整体为8+9+9的编列方式十分独特，结合其时楚国乐钟采用8件镈钟、9件纽钟的编列来看，或许只是以甬钟替代镈钟、纽钟，但每组编列数量未变，也彰显了其时不同类别乐钟可以互通的特点。这种单纯的甬钟组合流行于西周时期，曾、楚编钟也是如此，这套编钟或有回归传统之意，也有专家认为是采用全套曾国乐制而来[48]。

曾、楚乐钟编列在西周、春秋时期的发展为战国时期乐制的革新和独立发展奠定了基础。

## 参考文献

[1] 湖北省文物考古研究所,随州市博物馆.湖北随州叶家山M111发掘简报[J].江汉考古,2020(2).

[2] 卢连成,胡智生.宝鸡强国墓地[M].北京:文物出版社,1988:96-97.

[3] 宝鸡茹家庄西周墓发掘队.陕西省宝鸡市茹家庄西周墓发掘简报[J].文物,1976(4);卢连成,胡智生.宝鸡强国墓地[M].北京:文物出版社,1988:281-282.

[4] 陕西省文物管理委员会.长安普渡村西周墓的发掘[J].考古学报,1957(1).

[5] 中国社会科学院考古研究所.张家坡西周墓地[M].北京:中国大百科全书出版社,1999:164-167.

[6] 山西省考古研究所、临汾市文物局、翼城县文物旅游局联合考古队,山西大学北方考古研究中心.山西翼城大河口西周墓地1017号墓发掘[J].考古学报,2018(1).

[7] 郭长江,凡国栋,陈虎,等.曾公䣙编钟铭文初步释读[J].江汉考古,2020(1).

[8] 熊建华.湖南邵东出土一件西周四虎镈[J].考古与文物,1991(3).

[9] 湖北省文物考古研究所,武汉大学历史学院考古系,宜昌博物馆.湖北宜昌万福垴遗址发掘简报[J].江汉考古,2016(4).

[10] 黄文新,赵芳超.湖北宜昌万福垴遗址出土甬钟年代及相关问题研究[J].江汉考古,2016(4).
[11] 陕西周原考古队.陕西扶风庄白一号西周青铜器窖藏发掘简报[J].文物,1978(3).
[12] 山西省考古研究所,北京大学考古系.天马-曲村遗址北赵晋侯墓地第四次发掘[J].文物,1994(8).
[13] 中国社会科学院考古研究所.殷周金文集成释文[M].香港:香港中文大学出版社,2001:68.
[14] 李学勤.试论楚公逆编钟[J].文物,1995(2).
[15] 靳键,谢尧亭."楚公逆"的年代及相关问题新探[J].江汉考古,2022(2).
[16] 《中国音乐文物大系》总编辑部.中国音乐文物大系·陕西卷 天津卷[M].郑州:大象出版社,1996:52-55.
[17] 河南省文物考古研究所,三门峡市文物工作队.三门峡虢国墓[M].北京:文物出版社,1999.
[18] 北京大学考古学系,山西省考古研究所.天马-曲村遗址北赵晋侯墓地第二次发掘[J].文物,1994(1).
[19] 陈佩芬.夏商周青铜器研究[M].上海:上海古籍出版社,2004:566-594.
[20] 王子初.晋侯苏钟的音乐学研究[J].文物,1998(5).
[21] 《十三经注疏》整理委员会.十三经注疏·周礼注疏(卷第二十三)[M].北京:北京大学出版社,1999:605-606.
[22] 侯俊杰,王建明.三门峡虢国墓地2009号墓获重大收获[N].光明日报,1999-11-2;王斌.虢国墓地的发现与研究[M].北京:社会科学文献出版社、时代(远东)出版社,2000:24-25.
[23] 中国社会科学院考古研究所.殷周金文集成释文[M].香港:香港中文大学出版社,2001:22-24.
[24] 罗西章.陕西周原新出土的青铜器[J].考古,1999(4).
[25] 随县博物馆.湖北随县城郊发现春秋墓葬和铜器[J].文物,1980(1).
[26] 张翔.郭家庙M30出土的编钮钟[J].音乐研究,2016(5);湖北省博物馆.华章重现——曾世家文物[M].北京:文物出版社,2021:232-233.
[27] 襄樊市考古队,湖北省文物考古研究所,湖北孝襄高速公路考古队.枣阳郭家庙曾国墓地[M].北京:科学出版社,2005:10-24.
[28] 《中国音乐文物大系》总编辑部.中国音乐文物大系·山西卷[M].郑州:大象出版社,2000.
[29] 中国科学院考古研究所.上村岭虢国墓地[M].北京:科学出版社,1959:22.
[30] 河南省文物考古研究所.河南新郑市郑韩故城郑国祭祀遗址发掘简报[J].考古,2000(2);杨文胜,李晓莉,韩越.郑国青铜礼乐器祭祀坑相关问题讨论[J].华夏考古,2008(2).
[31] 湖北省博物馆.曾世家——考古揭秘的曾国[M].北京:文物出版社,2023:64.
[32] 湖北省文物考古研究所,北京大学考古文博学院,随州市博物馆,等.湖北随州市枣树林春秋曾国贵族墓地[J].考古,2020(7).
[33] 郭长江,凡国栋,陈虎,等.曾公𫊷编钟铭文初步释读[J].江汉考古,2020(1);湖北省文物考古研究院,北京大学考古文博学院,随州市博物馆.龢钟鸣凰:春秋曾国编钟(上)[M].北京:文物出版社,2023:63-234.
[34] 湖北省文物考古研究院,北京大学考古文博学院,随州市博物馆.龢钟鸣凰:春秋曾国编钟(下)[M].北京:文物出版社,2023:235-296.
[35] 杨勇伟.新见两件曾侯宝乐器[C]//浙江省博物馆.东方博物(第八十一辑).上海:上海书画出版社,2022:38-41.
[36] 郭长江,李晓杨,凡国栋,等.嬭加编钟铭文的初步释读[J].江汉考古,2019(3);湖北省文物考古研究院,北京大学考古文博学院,随州市博物馆.龢钟鸣凰:春秋曾国编钟(下)[M].北京:文物出版社,2023:297-364.
[37] 湖北省文物考古研究所,北京大学考古文博学院,随州市博物馆,等.湖北随州枣树林墓地2019年发掘收获[J].江汉考古,2019(3).
[38] 曹锦炎."曾"、"随"二国的证据——论新发现的随仲嬭加鼎[J].江汉考古,2011(4);张昌平.随仲嬭加鼎的时代特征及其他[J].江汉考古,2011(4).
[39] 湖北省文物考古研究院,北京大学考古文博学院,随州市博物馆.龢钟鸣凰:春秋曾国编钟(下)[M].北京:文物出版社,2023:365-418.
[40] 湖北省文物考古研究院,北京大学考古文博学院,随州市博物馆.龢钟鸣凰:春秋曾国编钟(下)[M].北京:文物出版社,2023:471-494.
[41] 河南省文物研究所,河南省丹江库区考古发掘队,淅川县博物馆.淅川下寺春秋楚墓[M].北京:文物出版社,1991:140-178.

[42] 赵世纲.淅川楚墓王孙诰钟的分析[J].江汉考古,1986(3).
[43] 河南省文物研究所,河南省丹江库区考古发掘队,淅川县博物馆.淅川下寺春秋楚墓[M].北京:文物出版社,1991:79-93.
[44] 河南省文物研究所,河南省丹江库区考古发掘队,淅川县博物馆.淅川下寺春秋楚墓[M].北京:文物出版社,1991:257-287.
[45] 河南省文物考古研究所,南阳市文物考古研究所,淅川县博物馆.淅川和尚岭与徐家岭楚墓[M].郑州:大象出版社,2004:46-157.
[46] 河南省文物考古研究所,南阳市文物考古研究所,淅川县博物馆.淅川和尚岭与徐家岭楚墓[M].郑州:大象出版社,2004:130-157.
[47] 河南省文物考古研究院,南阳市文物考古研究所.河南南阳春秋楚彭氏家族墓地M1、M2及陪葬坑发掘简报[J].文物,2020(10).
[48] 张闻捷.王孙诰编钟的乐制与器主[C]//中国社会科学院考古研究所夏商周考古研究室.三代考古(八).北京:科学出版社,2019:359-371.

## 附表一 西周、春秋时期曾、楚青铜乐钟编列一览表

| 时代 | 名称 | 甬钟 数量/件 | 甬钟 编列方式 | 镈钟 数量/件 | 镈钟 编列方式 | 纽钟 数量/件 | 纽钟 编列方式 |
|---|---|---|---|---|---|---|---|
| 西周早期 | 叶家山M111 | 4 | 2+2 | 1 | 1 | | |
| 西周中期 | 万福垴遗址 | 12 | 4、2、6（4+4、2+4+2） | | | | |
| 西周晚期 | 楚公逆编钟 | 8 | 6+2,2+4+2 | | | | |
| 西周晚期 | 楚公豪编钟 | 5（缺） | 不明 | | | | |
| 春秋早期 | 季氏梁墓 | | | | | 5（可能缺） | 不明 |
| 春秋早期 | 郭家庙GM30 | | | | | 10 | 10 |
| 春秋中期 | 曾公㦄编钟 | 17 | 8+9 | 4 | 4 | 13 | 4+9 |
| 春秋中期 | 曾侯宝编钟 | 14 | 2+6+6 | 3（4） | 3（4） | | |
| 春秋中期 | 嬭加编钟 | | | 12 | 2+4+6（6+6、4+8,2+10） | 9 | 9 |
| 春秋中期 | 曾侯得编钟 | 16 | 8+8（7+9） | 4 | 4 | | |
| 春秋中期 | 曾侯子编钟 | | | 8 | 4+4 | 17 | 8+9 |
| 春秋晚期 | 王孙诰编钟（下寺M2） | 26 | 8+9+9 | | | | |
| 春秋晚期 | 下寺M1 | | | | | 9 | 9 |
| 春秋晚期 | 下寺M10 | | | 8 | 8 | 9 | 9 |
| 春秋晚期 | 和尚岭M2 | | | 8 | 8 | 9 | 9 |
| 春秋晚期 | 徐家岭M3 | | | 8 | 8 | 9 | 9 |
| 春秋晚期 | 彭启编钟 | | | 8 | 8 | 9 | 9 |

# 曾侯乙墓出土玉器的几点思考*

胡 百
(湖北省博物馆)

[摘 要] 1978年,在擂鼓墩发掘出土的曾侯乙墓是20世纪湖北省最重要的考古发现,共出土文物15000余件,它以出土文物数量众多、价值重大、影响深远而闻名于世。而自20世纪70年代末曾侯乙墓发掘以来,对曾侯乙墓出土文物的研究主要集中在青铜器和乐器方面,对曾侯乙墓出土玉器的研究不多,且研究的内容还比较分散,未成系统,使得曾侯乙墓的玉器被笼统地概括为战国早期玉器,这种判断是不合适的,更是不符合历史事实的。对于先秦玉器来说,由于其被赋予的礼玉、瑞玉、葬玉、德玉等特殊性质,它的研究价值其实并不亚于青铜器。

[关键词] 曾侯乙墓 玉器 年代 定名 组合

在我国,玉是一种很特殊的器物,它既可以作为一种媒介成为沟通天地的礼玉、瑞玉,也可以作为一种装饰品佩戴并以此标榜一个人的品德,可以说,玉是最能够反映中国文化发展脉络以及中华文明连续性、创新性、统一性、包容性、和平性突出特性的器物。曾侯乙墓发掘至今已有40多年,出土玉器十分丰富,笔者结合《曾侯乙墓》考古发掘报告,通过对曾侯乙墓玉器的重新组合与分析,有了几点不成熟的想法,以供大家批评指正。

## 一、玉器的年代

曾侯乙墓年代的确定主要是基于曾侯乙墓中出土镈钟的铭文,"唯王五十又六祀,返自西阳,楚王熊章作曾侯乙宗彝,奠之于西阳,其永持用享"。宋代金石学家薛尚功在《历代钟鼎彝器款识法帖》中记录安州孝感曾出土两件曾侯钟,铭文与曾侯乙墓出土镈钟铭文相同,薛尚功引赵明诚《古器物铭》认为此钟为楚惠王所作。据此《曾侯乙墓》考古发掘报告推断曾侯乙下葬

---

* 本文写作得到国家社会科学基金项目"两周曾国玉器整理与研究"(20BKG045)的资助。

年代的上限为楚惠王五十六年，即公元前433年，通过墓主人骨架确定其死亡时是40多岁，综合判断曾侯乙墓的年代属于战国早期[1]。此外，也有学者通过战国时期玉龙佩纹饰、形制的演变分期，同样得出曾侯乙墓是战国早期墓葬的结论[2]。

但在实际考古发掘中，墓葬的年代只是其出土文物年代的下限时间，即战国早期的曾侯乙墓，其出土文物年代最晚为战国早期，不能排除其有早期如夏、商、西周、春秋时期文物的可能。因此，曾侯乙墓出土玉器的年代需要具体分析、分类判断，不能一概而论为战国早期器物，我们可以从玉器的纹饰、改制，以及玉器的文化内涵和现代科技手段等几个方面来梳理。

### 1. 玉器纹饰

在中国古代玉器发展史上，不同时期、不同社会阶段的玉器有着不同的特征表现，纹饰是鉴定古玉年代与真伪的重要依据和手段，我们可以通过墓葬中出土玉器的纹饰来判断其年代早晚。

例如北京大学孙庆伟先生就通过不同时代玉器纹饰的特点，认为曾侯乙墓出土玉器里E.C.11∶214珩饰双线虺龙纹，应该是春秋早期器物（图一），而E.C.11∶109虎形佩、E.C.11∶159双龙佩以及E.C.11∶82（图二）、E.C.11∶85、E.C.11∶86、E.C.11∶90、E.C.11∶101、E.C.11∶110等玉牌均饰宽线虺龙纹，应该是春秋晚期器物[3]。

### 2. 玉器改制

曾侯乙墓出土玉器中的改制玉器很多，其中以玉璜和玉琮最为典型。张昌平先生在研究曾侯乙墓玉器改制现象时总结了四种情况，即早期玉器在早期被改制、早期玉器在当世被改制、近世玉器在当世被改制、当世玉器在当世被改制[4]。在这四种情况里，早期玉器改制和近世玉器改制占据了主要地位，表明曾侯乙墓的改制玉器里大多是由战国以前的玉器改制而成。除了张昌平先生列举的几件明显涉及改制的玉器外，还有一类玉器因主体形制没有改变而被忽略，但是可以通过器物上不同的钻孔方式判断出不是一个时期的制作痕迹。

曾侯乙墓出土玉璜近50件，其中两孔玉璜不足10件，且均为素面，应是早期作品。另外，E.C.11∶143、E.C.11∶232、E.C.11∶238（图三）等三孔玉璜边上两孔为单面钻，中间孔为对钻，同一件器物上不同位置的钻孔方式不统一，显然为不同时期所作，这一类三孔玉璜（珩）应该是先作为玉璜使用，后来又改作玉珩。曾侯乙墓E.C.11∶214玉璜与上述三件情况一致，中间钻孔与两边的钻孔明显不是同一时期所作，根据

图一　玉珩（E.C.11∶214）

图二　玉牌（E.C.11∶82）

图三 玉璜（E.C.11:238）

图四 玉璜
1. E.C.11:220　2. E.C.11:155

其阴刻双线虺龙纹等特点，应原为春秋早期玉璜，后在中间钻一孔，改作玉珩用。由此可见，最迟在春秋早期的随枣走廊一带，玉璜依旧保持了早期形态，还未作玉珩使用。

再以曾侯乙墓E.C.11:155、E.C.11:220两件玉璜为例（图四），均是单面雕刻谷纹，边缘阴刻斜线纹，两端的侧缘各有一个小缺口，两玉璜器身分别有四个小钻孔。通过对这两件玉璜（珩）钻孔方式、方向的分析，此对谷纹玉珩可能是由一件素面玉璜改制而成，且经历了四个阶段。如图将E.C.11:220和E.C.11:155两件玉珩分别正反放置，前者穿孔从左至右分别为左一、左二、左三、左四，后者穿孔依次分别为右一、右二、右三、右四。可通过打孔的方法得知以下过程。第一阶段：左一右四孔为同向单面钻，正反形制一样，为一件玉璜两端的钻孔，是最早期所作。第二阶段：后因某种原因，此件玉璜断开，后如图左四右一孔为同向单面钻，且正反形制一样，在断开处再次钻孔，同时在断截面钻孔，目的可能是用金缕一类的细丝将断开的玉璜合在一起继续使用。第三阶段：此次应处于玉璜向玉珩发展的阶段，如图左三右二孔对钻，此两孔可能作为玉珩中间孔使用，丝线由两股合作一股，整器此阶段作玉珩使用。第四阶段：使用者彻底摒弃原先作一整器用的想法，将两件玉璜分开使用，并如图对钻左二右三孔，为各自玉珩的中间一孔。根据第二阶段单面钻孔朝向和器身饰单面谷纹，可知此时该器物应仍为素面，其浮雕云谷相杂纹应为第四阶段所作[5]。

另外，战国时期是否制作玉琮还存在争议[6]，目前仅曾侯乙墓有玉琮出土，且形制较以前变化不大，而同时期又出土了由琮改制成的镯形器等，因此，战国早期的人们已经将玉琮改作其他器物使用，曾侯乙墓出土的玉琮年代可能也早于战国早期。

### 3. 玉器文化

文化具有统一性和创新性，即每个时代的文物都具有其特定时期内的具体特点，我们一般称之为时代风格。结合各时代、各地区的文化特点，将曾侯乙墓出土玉器放入更广的时间维度、更大的空间背景来看，有利于我们分辨出曾侯乙墓出土玉器的不同时代。

曾侯乙墓出土一件虎形玉佩E.C.11:109

(图五)，其正反两面的花纹不同，一面为虎形纹饰，另一面主要为凤鸟纹饰。虎形一面饰宽线虺龙纹，以双阴刻线勾勒虎爪、虎毛，耳、眼、尾，虎背脊处有一穿孔，是一个完整的玉虎佩造型。玉佩另一面则单阴刻线凤鸟纹，圆眼，尖钩喙，曲颈挺胸，这种凤鸟纹常见于西周时期的玉器和青铜器上，但凤鸟羽翼及鸟身线条有些交代不清，似乎这部分纹饰不属于凤鸟，由此判断是旧器改制，由于器物很薄再无从下手彻底清除，故保留下来部分旧的纹饰，但整体造型还是可以推断是站立状。西周时期的这类站立长方形凤鸟纹常饰于玉柄形器上，因此这件虎形玉佩最早可能是西周时期的玉柄形器，而到了春秋晚期被改制成了虎形玉佩。

玉柄形器之定名并不见于传世典籍资料，是现代考古学者通过其形制定名，从目前的考古出土情况来看，这种器物流行于夏、商、周时期，尤以西周时期最为鼎盛，多出土于中高级贵族墓葬中，春秋之后基本不见。通过不同年代玉柄形器的出土位置以及形制、纹饰来看，其功能在不同年代有所不同，早期夏商时期的玉柄形器应该与玉圭、玉戈一样，是一种彰显权力、武力的礼仪用玉，而到了西周时期，玉柄形器的纹饰更加精美，同时还出现了组合式玉柄形器，出土位置也更多地出现在腰部，可以看出，这一时期玉柄形器的装饰功能在逐渐加强。西周晚期，玉柄形器开始衰落，最直观的表现是这一器类在这一时期大多制作比较粗糙，质地也大不如前，已很难作为象征权力、地位的礼仪用玉使用，直至春秋早期，玉柄形器的出土数量已非常稀少，之后便彻底消失不见[7]。玉柄形器的这种发展脉络，正好与曾侯乙墓虎形玉佩的改制情况相吻合，西

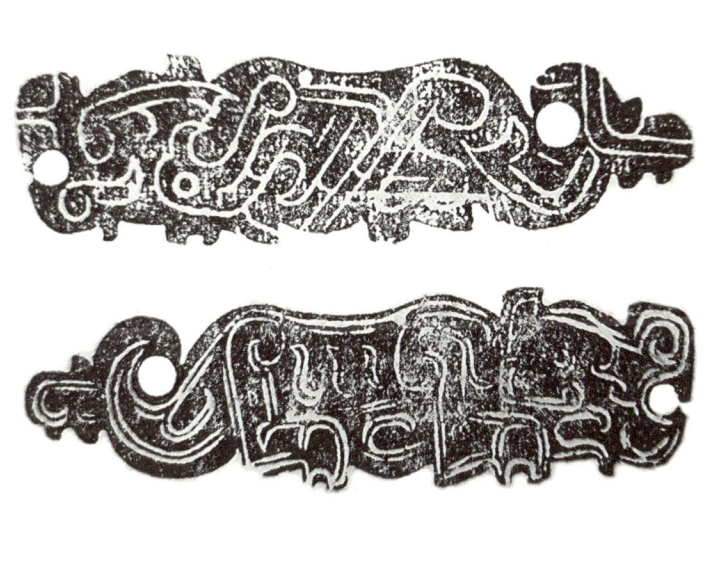

图五 虎形玉佩（E.C.11∶109）

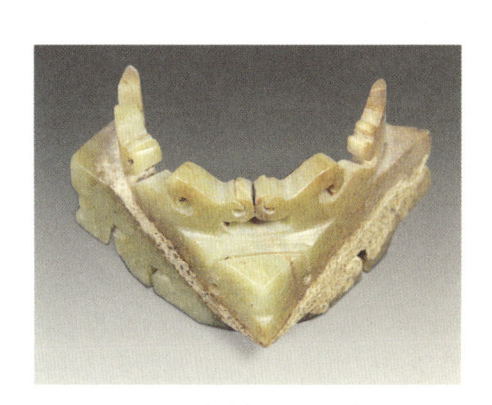

图六 半琮（E.C.11∶173）

图七 曲沃羊舌晋侯墓玉神人面像（M1∶88）

周时期的玉柄形器到了春秋早期后几近消亡，因此在春秋晚期时被当时的人们改制成了佩饰继续使用。

曾侯乙墓出土的E.C.11：173（图六）是一件经过改制的半琮[4]，整体器形较为低矮，可以看出改制前器身光素无纹，与部分出土于黄河中游的新石器时期玉琮相似。从其改制的圆形射口镂空鹰爪造型来看，这件半琮具有石家河玉器的风格特点，另外两端琮角的雕琢痕，也像是立体的未完工的石家河人面造型。这件半琮以尖凸的棱角为中轴，表示鼻梁嘴，面部两颊分置两壁不在同一平面上，耳下部有圆形孔洞，可能是刻意装点的环形耳坠，在一角根部即人面脑后有一纵向切割槽，表明这块玉料是准备切割下来单独做玉人像的。山西曲沃羊舌西周晋侯墓曾出土一件具有后石家河艺术风格的玉神人面像[8]，整体造型为神人面首，头顶处添加了鹰形组合冠饰（图七）。曾侯乙墓出土的这件半琮琮角玉人面上端左右两边弯折的镂空就像是神人头顶上的一对凤鸟或是羽冠，琮角玉人面下的镂空为鹰爪形，上中下结合起来看即神人鸟身组合，与山西出土的玉神人面像风格以及其所表达的文化内涵一致。

### 4. 玉器检测

近十几年来，科技手段在出土玉器检测、研究中的应用日益广泛，利用现代高科技检测仪器对出土玉器进行检测、鉴定、科学分析，对全面了解古代玉器的玉料来源、用玉水平具有重要的意义。长久以来，对曾侯乙墓出土器物的研究积极引入高科技手段，玉器也不例外。近年来，中国地质大学等科研院校、机构的学者利用红外光谱、X射线荧光光谱等快速无损地对出土玉器材质进行鉴定，依托宝石学分析手段探讨战国时期曾国的用玉水平，同时辅以部分特征样品的表观特征对曾侯乙墓出土透闪石质玉器的玉料来源进行初步分析[9]。

通过红外光谱及XRF测试分析，结合宝石学基本特征，曾侯乙墓出土的319件玉器有透闪石、大理岩、云母、石英岩玉、萤石、水晶六大类。曾侯乙墓出土玉器中有数十件玉器留有戈壁料表面的风化坑，形似"柚子皮"。例如，曾侯乙墓E.C.11：46璞料（图八），它证实了战国时期已经使用戈壁料。E.C.11：46璞料外表面分布的小坑应当是自然形成的风化坑，是戈壁料外表的典型特征[10]。还有部分玉器的边缘保留有风化皮，风化皮多为褐色，表面光泽差，质地粗糙（图九）。借助XRF测试，对玉料产源进行初步分析，得知曾侯乙墓部分透闪石质玉器可能来源于甘肃古玉矿，其玉料的开采年代与旱峡玉矿遗址相仿，并且部分玉料特征与马鬃山遗址发掘出的玉料相似，其年代上限可到齐家文化和四坝文化时期[9]。

图八　璞料（E.C.11：46）

图九　璞料（E.C.11：161）

## 二、玉器的定名

《曾侯乙墓》报告中记录曾侯乙墓出土玉、石等质饰物共528件，质地有玉、石、水晶、料、玻璃、紫晶、陶等七种。玉石的器类有璧、环、玦、璜、琮、方镯、佩、挂饰、剑、双面人、管、刚卯、串饰、珠等十四类。出土葬玉64件，器类有琀、口塞、握、片、半琮、残器、璞料、碎玉料等八类。另有玉梳、玉鞢、长条形端刃玉器各1件[13]。

### 1. 璜、珩

东汉许慎《说文解字》中解释："璜，半璧也。"这是形容璜的形状犹如半璧，《周礼·春官·大宗伯》记载："以玉作六器，以礼天地四方，以苍璧礼天，以黄琮礼地，以青圭礼东方，以赤璋礼南方，以白琥礼西方，以玄璜礼北方。"早在新石器时代就有玉璜出土，早期玉璜应只作为装饰品使用，但在中国古代文献里，璜以及璧、琮、圭、璋等玉器已经被赋予了一个重要功能，就是作为祭祀天地四方的祭祀玉礼器使用了。

璜与珩在组玉佩里与璧、环、珠、管等玉器一起使用，流行于两周时期，在两周服饰与礼制中都占有重要地位。关于组玉佩形制的记载，最早见于《周礼·天官》，郑玄注引《诗传》："佩玉上有葱珩，下有双璜、冲牙，嫔珠以纳其间。"说明了玉璜在组玉佩中的位置与功用。但是单纯地依靠古代文献对玉璜进行认识、研究还不够准确、翔实，随着近几十年西周、春秋战国时期墓葬的发掘出土，一大批组玉佩饰被重新认识。

结合前文所述曾侯乙墓出土"玉璜""玉珩"钻孔方式、数量等时代特征，我们可知春秋早期乃至更早时期的玉璜在战国早期大多被改作玉珩使用，且在战国早期，已难见"唯二孔"的玉璜，仅有单一孔的玉珩。这种变化看似简单，表面上看只是穿孔的变化，以及使用器物的方向发生了180°倒转，但从深层次来看，这种改变一方面是源于春秋战国时期服饰制度、服饰文化的变革，随着深衣的流行和市的衰落，组玉佩就下移至腰带[11]；另一方面还可能预示着人们观念的大转变，这种变化反映了带有传统礼制功用的"玉璜"逐渐转向世俗佩饰的"玉珩"的发展，玉在这个时期已经开始慢慢褪去它礼玉、瑞玉的外衣，更多地朝着装饰性的功能发展。在《曾侯乙墓》考古发掘报告里，璜与珩被笼统地称之为"璜"，但从考古发掘中我们可以清晰地发现，璜与珩只是形制一样，其使用年代与佩戴位置、方式都有差异，因此应该区别对待，或者将这种从形制上来讲有明显上下承接关系的璜、珩统一归纳为"璜（珩）类"。

### 2. 璧、环

《尔雅》是我国古代最早的词典，约成书于战国至两汉之间，最早著录于《汉书·艺文志》中。《尔雅·释器》中记载："肉倍好谓之璧，好倍肉谓之瑗，肉好若一谓之环。"这是根据中央孔径的大小把这种片状圆形玉器分为玉璧、玉瑗、玉环三种（图一〇）。但由于文献里并没有详细描述"肉"与"好"的具体分配形式，因此根据这一记载，后代便出现了吴大澂、那志良两种不同的解释[12]。

朱凤瀚先生在《中国青铜器综论》里谈到青铜器定名的时候认为最正确最妥当的定名是以器物被使用的年代之名称为准，即器物"自名"最为可靠[13]。由于玉器极少有自名，玉器的名称大部分来源于古代文献。考古发掘中山王䰿墓出土墨书玉环10件（图一一），可以充分说明在战国时期确实有玉环这一器类存在，而其形制更接近吴大澂对"环"的解释，这些带有墨书自名玉器的出土为我们对该类玉器的定名提供了重要依据[14]。

《曾侯乙墓》介绍其墓葬出土"环"共计8件，其中玉环6件、水晶环2件[1]。其依据应该是参照了吴大澂对璧、环、瑗形制的描述，玉环形制也与中山王䰿墓出土的墨书玉环相似，但这里依旧存在两个问题：第一是除了报告里定名的环

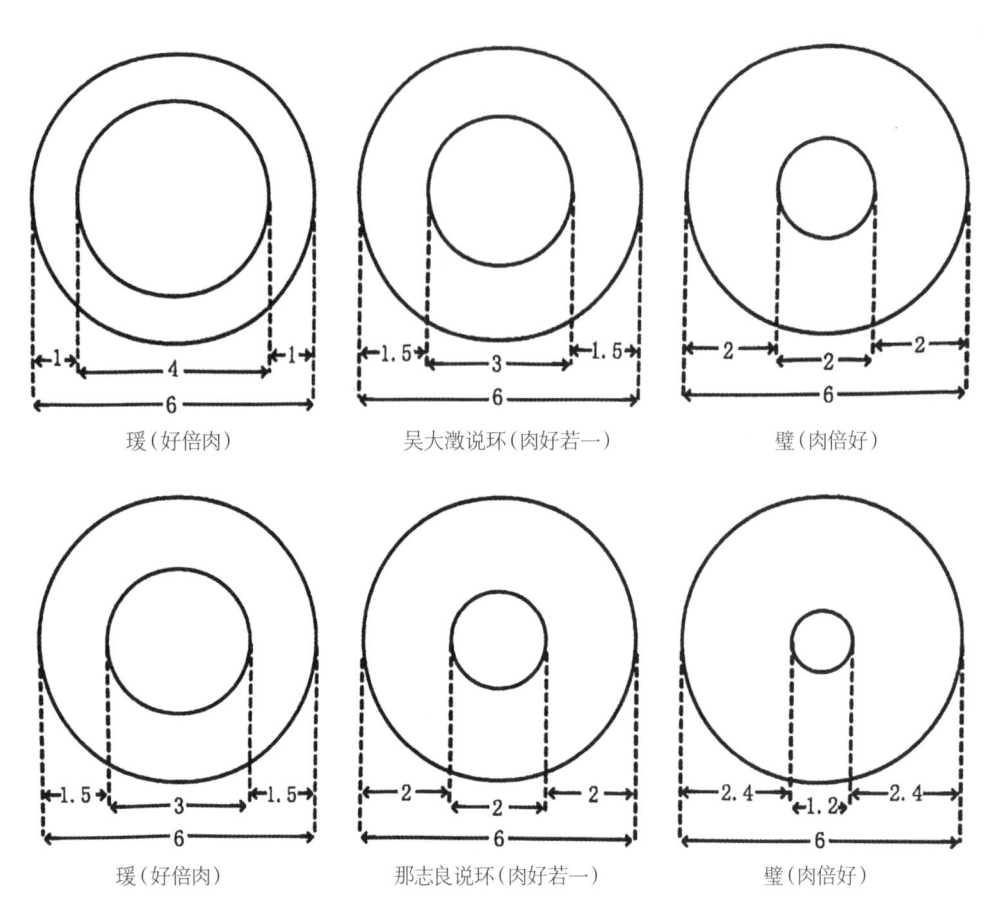

瑗（好倍肉）　　　　　　吴大澂说环（肉好若一）　　　　璧（肉倍好）

瑗（好倍肉）　　　　　　那志良说环（肉好若一）　　　　璧（肉倍好）

图一〇　《尔雅》所说的璧、环、瑗的两种不同解释

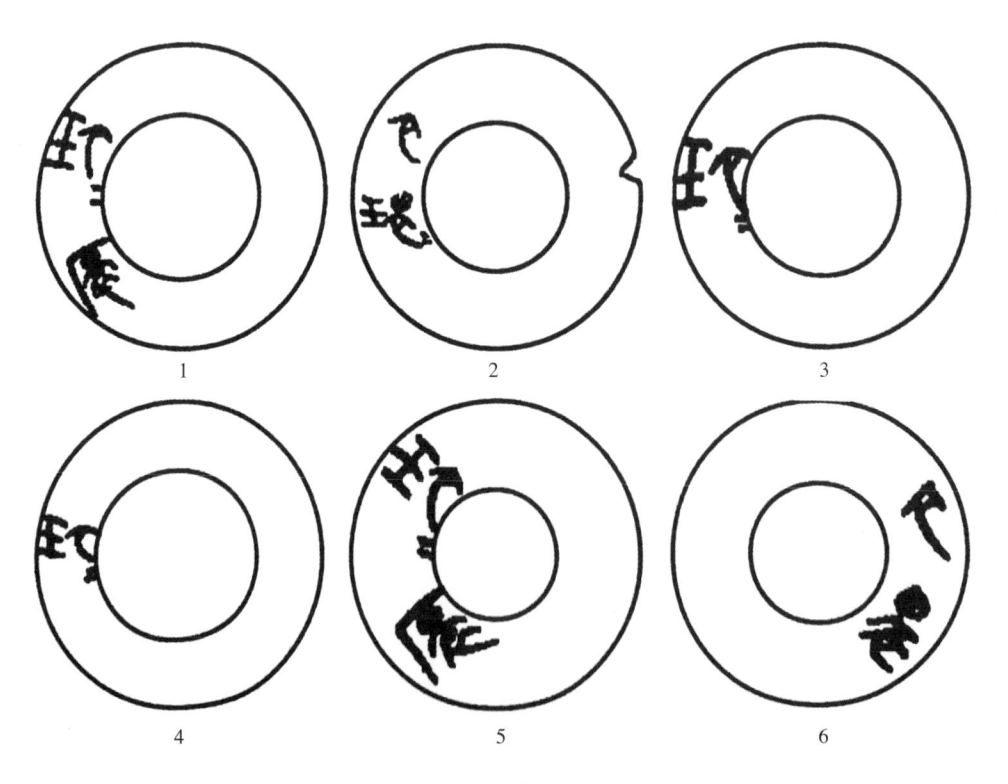

1　　　　　　　　　　　2　　　　　　　　　　　3

4　　　　　　　　　　　5　　　　　　　　　　　6

图一一　中山王𦮃墓出墨书玉环

1. XK：111　2. XK：116　3. XK：118　4. XK：119　5. XK：184　6. XK：120

图一二　谷纹玉环（E.C.11∶62）

图一三　素面玉璧（E.C.10∶15）

外，仍然有其他被定名为璧的玉器与之相仿（图一二、图一三）；第二是古代器物的定名应以其用途区分类别，即使是涉及以形制来定名器物的，也应是以用途来区分大类，然后再以形制、大小来区分小类定名。在没有自名，没有通过墓葬关系、器物出土位置分析其功能用途的情况下，将形制、纹饰类似甚至一样的器物区分开还是有待商榷的，更稳妥的方法还是将璧、环合一统称为"璧环类"玉器。

## 三、玉器的组合

战国时期的玉璜（珩）一般用作组玉佩主要构件，因此大多都是成对出现，《曾侯乙墓》编者将曾侯乙墓出土的49件玉璜分为十六对和十七个单件[1]。

据《曾侯乙墓》记录，E.C.11∶73和E.C.11∶255两件素面玉璜属于一对，青黄色，较大，作扁宽扇形。两端各有一单向小穿孔，带"糖"。笔者通过对曾侯乙墓出土玉璜的分析与重新组合，发现E.C.11∶69与上述两件玉璜形状相近、颜色相仿，并正好能重新组合成一件完整的玉璧，实应为同一件玉璧改制成的3件玉璜（图一四）。此三件玉璜器表均光素无纹，玉质偏黄，夹杂白色、褐色瑕纹，并能形成三璜联璧的特殊形制，符合齐家文

图一四　素面玉璜E.C.11∶73、E.C.11∶255和E.C.11∶69组成三璜联璧

化玉器特征，这三件玉璜出土于曾侯乙的内棺，没有后期改制的痕迹，没有像曾侯乙墓中其他玉璜一样在器物中间再钻一孔用作玉珩使用，表明这三件玉璜在曾侯乙的时代没有被当成组玉佩的构件，应该是齐家文化旧料流传下来，最后随葬在战国早期的曾侯乙墓之中。

三璜联璧是由三块璜形玉片穿孔缀合而成的环璧类玉器，主要出土于新石器时代的长江下游及黄河中上游地区。从形制来看，曾侯乙墓出土多璜联璧的璜片几乎都是相等大小的扇形，器形规整，且截面呈长条方形，符合新石器时代晚期黄河中上游地区出土多璜联璧的特点。同时，

图一五 玉璜
1. W.C.12∶8　2. E.C.2∶9

除此三璜联璧外，E.C.11∶74、E.C.11∶75、E.C.11∶76、E.C.11∶115、E.C.11∶238等玉璜均应为齐家文化旧料，而且都被改制成了玉珩，另外从颜色、沁染上看，E.C.11∶76、E.C.11∶115也应该为同一三璜联璧中的两件，只不过在后来的流传过程中被改作玉珩使用。综合这一现象，不难发现E.C.11∶73、E.C.11∶255和E.C.11∶69这三件玉璜没有被改制成玉珩不是遗漏，而是有意而为，是当时的人们有意保留了原本三璜联璧的形制、样式，或直接被当作玉璧使用，故这三件玉璜应该为一组器物。

目前对于曾侯乙墓出土文物的研究多集中在内棺文物，涉及陪葬棺的甚少，陪葬棺出土玉器虽然不多，从形制到品质都不能与内棺出土的玉器相提并论，但依旧有值得我们商榷、思考的地方。

《曾侯乙墓》编者在总结出土素面玉璜分类时，将E.C.2∶6与E.C.2∶9归为一对，W.C.12∶8与W.C.12∶11归为一对，都属于Ⅲ式素面玉璜[1]，这样分类的原因应该有两点：一是都出于同一个陪葬棺，分别为东2陪葬棺和西12陪葬棺；二是形制、大小、颜色相近，都是深绿色，器身细长、微弧、较薄。从这两点来看这种分类是正确的，当时的人们也确实是以成对玉璜的形式放置这几件玉器的。但是笔者通过重新组合以后，发现E.C.2∶9玉璜（图一五，2）和W.C.12∶8玉璜（图一五，1）能够组成一件完整的玉璜，因为这两件玉璜放在一起后，它们一端的小缺口正好能形成一个闭合的钻孔，这也就意味着放置于棺内中前部的这两件玉璜，曾经是一件完整的三孔玉璜。再来看玉璜E.C.2∶6和W.C.12∶11，也极有可能是由一件玉璜分割而成。那么一件完整的玉璜分成两部分后，与相似的玉器一起被葬于同一墓葬的不同陪葬棺，显然这是刻意为之，可能是因为陪葬棺的主人地位不高，为节约玉器，故而将原先完整的玉器一分为二来使用。曾侯乙墓陪葬玉器的这种现象值得关注，这对研究曾侯乙时代的用玉制度、厘清陪葬棺关系都有着参考价值，也对全面深入研究东周时期用玉制度具有借鉴意义。

自20世纪70年代末曾侯乙墓发掘以来，对曾侯乙出土文物的研究主要集中在青铜器和乐器等方面，对曾侯乙出土玉器的研究不多，且研究的内容比较分散、未成系统。但对于先秦玉器来说，由于其被赋予的礼玉、瑞玉、葬玉、德玉等特殊文化内涵，它的研究价值其实并不亚于青铜器、乐器，只有深刻认识它们，才能更好地还原其在中国历史上的真实面貌、厘清其在中华文明里的特殊含义，揭示其在中国传统文化里的真实地位。

参考文献

[1] 湖北省博物馆. 曾侯乙墓[M]. 北京: 文物出版社, 1989.
[2] 杨建芳. 战国玉龙佩分期研究——兼论随县曾侯乙墓年代[J]. 江汉考古, 1985(2): 5-8.
[3] 孙庆伟. 周代用玉制度研究[M]. 上海: 上海古籍出版社, 2018: 125.
[4] 张昌平. 曾侯乙墓玉器的改制[J]. 中国历史文物, 2008(1): 9-14.
[5] 胡百, 翁蓓. 从曾侯乙墓出土玉璜看社会的交流与变迁[J]. 丝绸之路, 2023(3): 151-157.
[6] 曲石. 楚玉研究[J]. 江汉考古, 1990(3): 63-77.
[7] 石荣传. 再议考古出土的玉柄形器[J]. 四川文物, 2010(3): 22-30.
[8] 山西省考古研究所, 曲沃县文物局. 山西曲沃羊舌晋侯墓地发掘简报[J]. 文物, 2009(1): 4-14.
[9] 刘继富, 杨明星, 苏越, 等. 湖北随州曾侯乙墓出土玉器材质分析与产源初探[J]. 光谱学与光谱分析, 2022(1): 215-221.
[10] 陈春, 翁蓓, 胡百. 曾侯乙墓随葬的璞料[C]//湖南省博物馆. 湖南省博物馆馆刊(第十三辑). 长沙: 岳麓书社, 2017: 250-254.
[11] 孙庆伟. 周代用玉制度研究[M]. 上海: 上海古籍出版社, 2018: 177-179.
[12] 方辉. 说"瑗"[J]. 江汉考古, 2016(6): 67-71.
[13] 朱凤瀚. 中国青铜器综论[M]. 上海: 上海古籍出版社, 2009: 84-85.
[14] 常素霞. 中山国王䰩墓及其陪葬墓出土玉器研究[J]. 文物春秋, 2010(4): 19-27.

# 致知·励志·商务：清朝外交官眼中的西方博物馆

何 广
（湖北省博物馆）

[摘 要] 清朝外交官衔命出使欧美各国，参访博物馆是公余雅趣，也是公务活动。他们寄递回国刊印的日记，保留了对西方博物馆最初的参观记录。贴近观察这种命名纷纭的新生事物，使他们打开了眼界，见识了千奇百怪的陈列品，认识到博物馆广人智识、考镜学问的教育性质，体会其激发爱国之情、鼓舞民心的教化作用，发现其富国利民的商务功能。外交官们对西方博物馆的认知，与他们的教育经历、出使任务以及时代背景密切相关，体现了他们经世致用的深意。

[关键词] 清 外交官 博物馆 功能 语境

1905年张謇建立南通博物苑之前，国人对博物馆究竟作何认识？这是很值得探究的课题。中国博物馆早期历史的研究不乏成果，有对博物馆初名的溯源[1]，有对博物馆名变的考察[2]，也有对清末欧美博物馆名称、类型、陈列、开放方式的梳理[3]，还有探讨近代博物馆信息的传播[4]和中国国人自办博物馆的历程[5]。这些成果说明了博物馆作为一个文化教育机构在我国定名和发展的过程，向我们系统呈现了博物馆应该是什么。

清朝外交官衔命出使欧美各国，参访博物馆是公余雅趣，也是公务活动。他们寄递回国刊印的日记，保留了对西方博物馆最初的参观记录。本文拟转换视角，选取清朝外交官为研讨对象，从游客（观众）的角度，探讨西方博物馆给予到访的东方客人的最初印象，说明博物馆在他们眼中是什么，并回到历史现场，折射时代在他们身上的投影，同时呈现东西方文化交流与碰撞的情状，为我们今天建设有中国特色的博物馆学提供借鉴。

## 一、物有其名：零星笔墨中的纷纭名目

我国书籍中早期涉及博物馆的，多非作者亲历所得，基本是对西方书刊的翻译，不免隔膜。比如林则徐的《四洲志》、魏源的《海国图志》、徐继畬的《瀛寰志略》等。

百闻不如一见。1866年，斌椿"奉命往欧罗巴访览政教风俗"[6]，迈出了清政府官员出洋的第一步。此后近半个世纪，清政府派出的大使、专使，加上属员，数量不下百员。荦荦大者有1867年志刚、孙家谷前往西洋，与各国办理外交，"为开辟以来之创举"[7]。1876年，清朝首

位驻外公使郭嵩焘出使欧洲。此后陆续有曾纪泽、薛福成、陈兰彬、张荫桓、崔国因、刘锡鸿、李凤苞、许景澄、王之春、徐建寅、宋育仁、黎庶昌、马建忠、黄遵宪、载振、戴鸿慈、载泽等出使欧美各国，上述均留有出使日记。值得一提的是张德彝，本为京师同文馆学生，曾担任斌椿、崇厚、郭嵩焘的翻译，洪钧、罗丰禄、那桐的参赞，后来出任驻英大使。他每次出洋均记有日记，共八部之多[①]。

游览博物馆是这些外交官日常活动之一，作为来自异域的游客，难说对西方博物馆有极深入的考察。他们颇有自知，既"夙昧洋文洋语，见闻未审"[8]，又"以尔许之短日月，游尔许之大国土，每市未尝得终一旬淹，所见几何？"[9]语言不通，泛泛游览，见闻浅略，这都是实在情形。不仅全部的出使经历，即便是他们笔下的博物馆，也只就目之所及而记录，显得简略，但因为日记的刊刻传播而成为当时对西方博物馆最真切直观的介绍。

本文中的西方博物馆，在上述外交官笔下，早期极少被称作博物馆。跨文化旅行下的博物馆到底有多少名字呢？既有佶屈聱牙的音译名，如称为"布利来斯妙西阿姆"[10]"播犁地士母席庵"[11]"卜立地石米由自亚木"[12]"百里的谬翁"[13]的大英博物馆（British Museum），称为"鲁瓦"总艺院[14]、"鲁法博物院"[15]、罗物博物院[16]、卢发博物院[17]、"鲁哇"[18]的卢浮宫（Musée du Louvre），还有通称博物馆（museum）的"妙西恩""妙舍""妙西因"[19]"缪相"[20]。

也不乏名实相符的意译，如藏各国人骨、鸟兽鱼龙骨的生灵苑[21]，储"印度等国古器，并西国油画"的古器院[22]，"专陈美属各省向所收藏之物"的公家院[23]。张德彝创制了系列以集为名的新词，如"内储男女全体筋骨以及腑脏"的集理馆[24]、"内藏各种鸟兽鱼虫之骨"的集奇楼[25]、"内存今古各国新奇之物"的集新院[26]。驻德公使李凤苞罗列的游观之地，计有"博古院、博物院、油画院、冶金院、营造学艺工院、拳勇学、水族院。其太学中有生物院、矿学院、矿质院、肢体院、大医学院，又有植物院"[27]。19世纪80年代以后，"博物院"自一众纷乱的名称中脱颖而出。20世纪初年，"博物馆"之名开始迭代流行至今。

为便于论述，举凡对公众开放，展示地质、生物以及人类生产、生活中创制的物品的公共机构，均纳入本文研讨的博物馆范围。

## 二、聚珍炫奇：开人眼界的集藏之所

多数外交官出洋为平生头一遭，身处异域，所见皆奇。数次出洋的张德彝是典型代表，他所写的八本日记，均以"述奇"为书名。他遍游海外诸国，见"城郭衣服之各异，语言文字之不同，水态云容，珍禽奇兽，杂然前陈"[28]，作为公共空间的博物馆，收藏奇珍异宝，多系他们生平所未见。

初使泰西的志刚，往观万兽园，见"珍禽奇兽，不可胜计"[29]。郭嵩焘途经新加坡，参观胡氏花园，其间"奇花异草，珍禽怪兽，及所陈设器物，多所未见"[30]。他们参观巴黎博览会，马建忠目睹"英太子之珠钻玩好，法世家之金石古皿，独辟新奇，乃前此所未曾有"[31]。张德彝见"奇珍异宝，罔不毕具"，视为"海外之旷遇"[32]。徐建寅看到博物馆中能写字的机器人，感慨"此事曾见古书，不谓今日乃目睹之尔"[33]。王之春甚至赋诗《游各种博物院》，以志所遇之奇，诗曰：

菁华日泄鬼神忌，睹物知名西人智。物生何

---

① 本文所引主要以清外交官日记为主，间有非外交人士的亲历者记述。

止亿万计，习尚风行聚珍异。雪泥直欲穷欧洲，舟车所至汗漫游。宏纤巨细异庭宇，钩心斗角能旁搜。通都大邑固应尔，穷乡僻壤经绸缪。几如温峤燃犀俯照之牛渚，东坡望海惊奇之蜃楼。飞潜动植遍九有，古今中外开双眸。目眩神摇叹观止，易地皆然比比是。何时何处何物多，英德法俄不胜指。一言蔽之曰博物，快游那得不狂喜。"[34]

并非外交官的王韬，以生花妙笔记录游览爱丁堡博物院所见："动植飞潜，搜罗毕备。凡奇珍异物、宝玉明珠、火齐木难之属，悉罗而致之。璀璨错杂，光怪陆离，无不瑰色内含，宝光外露。他若山岳之所蕴藏，渊海之所产贮，俱收并蓄，以供览观而备察核焉。"[35]王氏所言，正可作为上述记载的同义互注。

对不了解的事物，抱持好奇心态，是出自人类的天性和本能。亲历目睹者尚且惊叹博物馆收藏之奇，对于无缘出洋，只通过道听途说了解西方的国人而言，报纸上不乏视博物馆为聚宝之地的报道。单单在1872年，《申报》多篇报道了日本博物馆。有介绍"日本国近设博物院，盖集其国中之奇珍异宝"，有耳闻"日本佳阿道埠亦开设博物会，聚天下之奇珍异物，互相斗美"，还传闻"东洋国内已拟定于明岁之春，复设一博物院，其所以耀美观者，非独夸示一国之人，将以集万方之珍，竞天下之巧"[36]。

## 三、博物致知：增广见识裨益教育之举

对《诗经》淇奥篇绿竹的考据历代聚讼纷纭，徐勤对此颇为不屑，他说："置王刍、绿竹于博物院中，使邵晋涵、郝懿行见之，其言之必不如植物家，且不识其物也。"[37]为《尔雅》做疏证的邵、郝见物而不识，侧面说明博物馆有书本所不能比的直观性，说一天不如看一眼。薛福成对此感慨道，"余自香港以至伦敦，所观博物院不下二十余处。常有《诗经》所咏、《尔雅》所释、《山经》所志鸟兽草木之名，为近在中国所未见，及至外洋始见之者，颇足以资考证"[38]。他的观感得到国内的唱和，"《尔雅》《毛诗》所载之草木禽兽，今多不能尽晓，倘入西人之博物院详考之，可以尽识其物，即《山海经》所纪迂怪之说，亦可一一刊正之，无俟笺疏家之哗讼矣"[39]。

李钟珏游历新加坡，认识到"西国于大小书院外，别有博物院，所以考平日之耳闻，征诸目见，实与书院相辅而行，于学问一道，大有裨益"。然而新加坡的"叻中博物院，规制甚隘，储物无多"，"闻伦敦博物院百倍于此，殊兴望洋之叹矣"[40]。

诚然如此。伦敦的大英博物馆是出使西洋者必到之所，而且观必有感。郭嵩焘说大英博物馆"其地礼拜二、礼拜四两日禁止游人，余日纵民人入观，以资其考览。博文稽古之士，亦可于所藏各古器，考知其年代远近，与其物流传本末，以知其所出之地"[41]。

大英博物馆的作用，以郭的译员张德彝所述较为全面，他说："夫英之为此，非徒令人观看以悦目怡情也。盖人限于方域，阻于时代，足迹不能遍历五洲，见闻不能追及千古。虽读书知有是物，究未得一睹形象，故遇之于目而仍不知为何名者，往往皆然。今博采旁搜，综括万汇，悉备一庐。"目的在于"佐读书之不逮而广其识也"[42]。博物馆陈设品不仅仅是为了怡情悦目，而是要通过博览万物而致知，做书本的有益补充，进而增广个人见识。

他的观点得到较多人的认同。同游的驻英副使刘锡鸿除个别字有出入外，照录此言[43]。游历过英伦的王韬记载亦然[44]。张文十年后，《申报》刊有《拟创设博物院小引》[45]，同样采用了上文的表述。

这也与当时西方博物馆理念不谋而合。英国传教士傅兰雅来华多年，他口译的《佐治刍言》大行于清国，该书选用英国人钱伯斯兄弟所

著 Homely Words to Aid Goverance，介绍西学西法，其中讲到"国家又当设法令百姓读书，此为第一要义"，"既令众人读书，开其识见，尤必设立公用书院及博物院，或供养各国动物、植物院，或公用之园囿，任民随时游玩"。这些文化教育机构"既可陶写性情，又可增长见识。盖平日书中所见之事，皆可于此中逐物考证，寻常工艺人断不能游览别国，查验山海情形，故各处地球上所有动植之物、并各层土石内所有最古之动植物形迹，皆不得目睹，如老红砂石一层内所蕴奇异动物形迹，或为极大动物之骨，比近来最大动物之骨更大数倍，观此各物，可知上古时地面上情形，书中不能详载，必经目见，始能明析无疑"[46]。设立博物院，不但可以陶冶性情，还可以通过与书本知识相印证，增长人们的智识。

不唯如此，这类对公众开放的教育空间，"有筑楼阁，储册籍，遍揭图画者。有罗陈动植诸物状、珍异诸名色者。有聚万牲而畜之，汇众芳而莳之以为园囿者。有辇木材药料，区其名目，别其功用而灿列于厅堂者。有构馆舍，聘名师，主讲光化电气各学者。远近棋布星罗，纵男女士庶观览摹效，以为学识之助"[47]。

如此看来，博物馆并非仅收藏生物、古物，还有其他类型。驻德公使李凤苞参观过"格凡尔白缪相，译言工件博物院"[20]，仿制工件样式，作为模型，供人学习。国内舆论也说，外国人"使一切器艺缩之短之，制为小物，作为玩具，鬻之于市肆，庋之于博物院，罗之于学塾，损其值，贱其物，目有所见，耳有所闻，使心与物合，物与心化。作为童艺报，以广其识见；著为童艺书，以浚其心思；绘为童艺图，以悦其耳目；制为童艺器，以定其规。仿将其物，分之合之，颠之倒之，久而悟其法"[48]。博物馆成了儿童教育的极佳场所。技术官员徐建寅驻欧期间，参观各类工艺、矿物博物馆不下二三十处，而且与清朝留学生相偕而行。在巴黎，他参观矿务院，"见中华五学生在焉。观各矿不下万余种"。当天上午十一点，"矿学生林仲明来，同往观机器博物院"[49]。戴鸿慈出使欧洲，以大员身份，谆谆教诲留学生，"分遣刘若曾等注观军械博物院，恒晋等注观水师博物院"[50]。参赞宋育仁采风各国，对博物馆的图谱收藏颇为留意，他说，"博物院，于各国名都紧要海口，皆有范形，以资学者游人考镜"[51]。

博物馆内还有专业研究人员，李圭说，大英博物馆中"司事多文士，不仅详告游人，而尤加意博访，以广识见，以益智巧。非有所矜侉也，其广识见、益智巧，亦正欲与众共之，制甚善也"[52]。这种倾囊相授的教育，并非夸耀多识，而是知识传授、文化传播的需要，这是很好的制度设计，博物馆的公益性和教育性于焉并显。

## 四、振奋精神：睹物而生爱国之心

去国者怀乡是人之常情，西方博物馆有些陈列品触动了外交官们的思乡之念。张德彝在法国都尔城观集古楼，楼中有"中国之水旱烟具，罗盘笔筒，石章纸画等物。更有贾益谦之大字名片，暨捻匪文封"[53]。见到故国文物，倍感亲切，所以录之以存念。张荫桓在美国博物馆见所塑华人男女各像，"冠服失度，直刍灵之不若矣。又婚丧仪仗，又鸦片烟具，琐屑之极"[54]，很是不满。而在另一博物院中见"室内陈设吾华古琴一张，壁悬《朝贡图》八帧，无款识，颇类仇实父，图绘王者冕旒端坐，旁侍绛衣辅相，左右卤簿，森严华贵，阶陛之下，万国诸侯载宝以朝，气象又极肃穆，西人睹此益知中国之尊"[55]，不免为之自豪。

清宫之物在欧美博物馆所在多有，外交官笔不绝书，而情感尤为复杂。郭嵩焘在英国白金汉宫中参观，见"瓷器尤多，以中国官窑为最。明窑上品皆生平所未见"。陪同的雇员爱尔兰人马格里说，"多得之圆明园"[56]。郭嵩焘顿时无一言以对。后在博物院又见"圆明园所得黄金甲一副"，且有"高庙（乾隆帝）得之于西洋之物",又陈于展柜中,郭嵩焘忍不住评论,"见此未尝不咎当时诸臣误国之深也"[57]。后继者薛福成往观法国东方博物院,在中国室中见"圆明园玉印二方,一曰保合太和,(青玉方印,稍大);一曰圆明园印,(白玉方印,稍小)"[58]。国耻之事,不能不记,然不予置评,此中微妙可堪品味。康有为在戊戌变法失败后,游历欧美,在法国敎规味博物院(法国吉美博物馆 Musée Guimet),感慨"郜鼎入于鲁庙,大吕移于齐台;中国内府图器珍物在此无数,而玉玺甚多,则庚子之祸也"。其中尚有御宝多方,有圆明春山之印,康有为表示,"来游此乎,则伤心处矣"[59]。梁启超在美国波士顿博物院中,见"内藏吾中国宫内器物最多是也。大率得自圆明园之役者半,得自义和团之役者半"。他"观其标签,汗颜而已"[60]。国耻之事,口不忍言。戴鸿慈看到大英博物馆中国室内"有内廷玉玺两方存焉","若叩所从来,固亦凡国民所铭心刻骨、永不能忘之一纪念物也"[61]。故国之物,因为战败劫掠而流失海外,关切着家国沦亡的痛苦记忆。这在时人笔下极为常见,丘逢甲沉痛赋诗:"仪鸾殿卓诸国旗,博物院陈历朝玺。"[62]欧美列强于博物馆中陈列掠自中国的珍宝,除展示东方文明外,不乏炫耀战绩的意味。

康有为称博物馆收藏的古物"虽无用也,而令人发思古之幽情,兴不朽之大志,观感鼓动,有莫知其然而然者"[63]。博物馆所陈之物,对于振奋民族精神作用是很大的,虽然对不同观众引发的情感各不相同。

当时欧洲,普法战争是刚去不远的历史。法、德均设有普法战争油画馆,外交官们津津乐道,极有感慨,其中以薛福成所作《观巴黎油画记》最为有名。法国巴黎油画馆自绘败状,有评论油画"神情逼肖"[21]的。但大多领悟到法国绘此,"以示不忘复仇之意"[64],目的乃在"昭炯戒,激众愤,图报复也"[65],"将以激励众心,欲为三年拜赐之师也"[66]。日记笔墨一向简略的曾纪泽,对巴黎油画馆念念不忘,带着家眷两次"纵观极久",大段评论,"昔者法人为德人所败","集巨款建置圆屋画景,悉绘法人战败时狼狈流离之象,盖所以鼓励国人奋勇报仇之志也,事似游戏,而寓意甚深"。还说明这类场馆建设是国家行为,"皆出于当时当国者之谋也"[67]。不仅如此,法国塞纳河畔还留有一室,"颓垣败瓦,草树丛生"。王之春路过询之,"则昔时兵房为普所摧毁者,留此用存旧迹,俾国之人咸思复仇敌忾,亦夫差不忘檇李之遗意也"[68]。

失败固令人知耻而后勇,胜利亦能倍增国人自豪。德国的战画院也描写普法战争,"论者皆谓当年实在情状,观之令人生敌忾之心"[69],以胜利鼓舞国民。俄国将油画馆当成激励人心的手段,"绘本国历史上有名誉之战役,所以昭示子孙、焜耀远人也"[70]。博物馆以展品感发游人,虽然各国观者情感不一,但对于构建国家共同体,凝聚民族认同,目的则是一致的。

## 五、商贸交流:厚民生以奠富强之基

张德彝参观英国国家画院,见挂"油画大小百幅,皆前代及当时名人所绘,饰以金边,悬诸四壁。各间皆有男女摹仿,无不酷肖"。他发现这些画幅,"非为美观,亦可出售,价皆千百镑不等,少亦数十镑"。通过卖画可以获得收益。不仅如此,不禁民人模仿,可以"令人擅长一艺,自无束手冻馁之忧耳"[71],成为百姓谋生的一条门路。

李凤苞在德国的工件博物院,见到各种工艺品,"皆工巧绝伦"。而且这些博物院"往往有构屋置器者。择其式样,而命工仿制,宜古宜今,各从其愿。则由高曾规矩,而无穷出新。博物院诚有益于民生者矣"[72],这类博物馆,制作器物演进的模型,示范规矩,对国民进行技术培训,以促进工艺革新。郭嵩焘介绍法国矿务学院,分类记录学院的矿藏品,对各种矿物功能不惜笔墨[73]，蕴含着开矿利国利民的深意。

博物馆还具有展销功能。马格里向曾纪泽建议在使馆里"稍置中华精致之器，所费虽多，而暗中益处甚大"，因为这是对中华物品不失时机的展销，他说，"西人所以有赛珍会，有博物院，意欲使远国慕而购之，所以广贸易而厚民生也"[74]。李圭记录英国水晶宫之设，"一以广人识见，一以牟无穷利焉"[75]。

当时人区分了两类博物院。郑观应介绍："缘欧西各国大半皆有博物院，以备读书人开广见识。内排古今各物，以新耳目，真有素所未睹者。而商人亦设博物院，聚五洲各国土产，排列比较，以备购取，凡大埠皆有此院，诸商借以广见闻焉。"[76]商人博物院无乃是博览会的别名。来自《盛世危言》中的这个新名词（博物院），随着该书的多次再版，得到较广泛的认同。

此前，博览会有赛奇会、炫奇会、赛会等种种名目。以至于湖北留日学生监督钱恂之妻单士厘在参观日本大阪博览会时，意欲正本清源，她说，博览会在于"唤起国民争竞之心"，"用意全在工商"，"华人向译此种会曰'赛珍'，曰'赛奇'，皆与会意相剌谬"[77]。认为误解了办会的本意，偏离了其经济功能。

崔国因对博览会有独到的评论，他说："因查赛会一事，即《周书》所云奇技淫巧也。然商王以玩物，而泰西以利用，其用意不同焉。"西洋各国在"农桑之利，便民之方，算学、化学、气学、重学、光学，无不各出心思以求精进，富强之业基焉，甚未可以奇巧而斥之也"[78]。有些博物院具有经济功能，有益于民生，这是外交官们观察后的结论。

## 六、经世致用：职务作品的良苦用意

西方博物馆给予外交官们很大的震撼，他们发现博物馆具有聚珍藏宝、博物致知、振奋精神、有利民生的功能。这样的认知与他们的教育经历、出使任务以及时代背景密切相关。

清政府派遣出洋的官员，地位虽有差别，但无一例外都是具有功名的读书人，接受过完整的传统教育，具有深厚的中国传统文化根底，对博物馆的陈列品具有一定的欣赏能力，有些甚至有较高的鉴赏能力。比如张荫桓时常被美国收藏家邀请对东方古物进行鉴定。他在美国一富人家，见到"旧总统灵谨（林肯）谕文及诸铜器，内有宣德铜炉，疑为倭工所仿。磁瓶一种背镌大明成化年制，确为倭工伪造。以此类推，知日本赝物甚伙，美俗每得一二，诧为华产，甚于燕石"[79]。瓷瓶鉴定的结果是日本人伪造的。他们的教育背景影响了看待西方博物馆的眼光，使其不至空入宝山，无所心得；也非浏览市廛，徒见满目琳琅。博物馆能够广人耳目，增进知识，为这些读书人一致认同。

清政府派遣官员出洋是在第二次鸦片战争之后，了解西方是当时朝廷有识之士的共识。奕訢上奏："惟近来中国之虚实，外国无不洞悉；外国之情伪，中国一概茫然。其中隔阂之由，总因彼有使来，我无使往。"[80]希望出使各国的外交人员能够了解他国虚实。主管洋务的总理衙门对外交官做出制度性规定，饬令必须"将所过之山川形势、风土人情，详细记载，绘图贴说，带回中国，以资印证"[81]。外交官的日记寄托着秉国政者急于知彼的用心。因此，各出洋大臣明白宣示写作宗旨，有的是记录"关切世道人心、民生国计者"，"俾拓耳目"[82]。有的在参观博览会后，记录见闻，以便"敦交谊，广人才，冀收利国利民之效也"[83]。薛福成别有所记，"凡舟车之程途，中外之交涉，大而富强立国之要，细而器械利用之原，莫不笔之于书"[84]，探讨强国之要和技术之原。戴鸿慈著文则说明百闻不如一见的道理："信书之蔽邪？译人之误邪？传闻之失实邪？倘所谓百闻不如一见者邪？""则国各有其政教风俗，与国俱立，不可磨灭者，而非身亲而目击者不知也"[85]。博物馆实为一国一地的名片，作为西方政教的组成部分，录之于书，以期裨益于朝廷知己知彼。

晚清是大变局的时代，天朝上国屡被列强击败，热血人士无不思考振起民气之方，探求富强之术。对于新事物的博物馆，他们挖掘其求学问，通商务，振民心，致富强的功用，以强烈的经世致用之心，力图影响中枢的决策，求其大利于中国。郭嵩焘观察英国开设赛奇会，建造水晶宫，"国家获利甚厚。嗣是奥大意[利]、美利坚相踵为之"的现象[86]，对其盈利模式极感兴趣。为此，他积极推动在上海建立博物院，致函主持洋务的李鸿章，李鸿章回复他，说他拟建的上海博物院"兼论博物院、学馆、炫奇会而有之，诚为盛举。西人志在牟利，以炫奇为主。中国志在考镜，以博物院、学馆为主"，只是格于形势，而不能在中国立即着手兴建[87]。戴鸿慈看到俄国讳败言功的油画后，直言俄国"当仿法国故事，绘远东屡次失败之象，以铭国耻而励士气；顾乃朝野上下，尚讳言此役之败，而断断与人争辩何耶？"并由物及己，感慨"本朝夙重武功，于平定某地，必修方略。然欲愧励国民无忘溥沱，则甲午、庚子以来创深痛巨，又恶可以无记也"？"他日而有美术馆、博物院之设，此其尤当着意者矣。"[88]通过博物馆的展品，教育民众勿忘国耻，屡战屡败的晚清确实需要知耻而后勇的激励，博物馆恰好提供了这样的教化功能。

"归来不负西游眼，曾识人间未见花。"清朝外交官星轺驱驰，周历各国。他们的日记，保留了对西方博物馆最初的参观记录。贴近观察这种命名纷纭的新生事物，他们打开了眼界，见识了千奇百怪的陈列品，认识到博物馆广人智识、考镜学问的教育性质，体会其激发爱国之情、鼓舞民心的教化作用，发现其富国利民的商务功能。晚清外交官身处被坚船利炮打开国门的时代，他们念兹在兹的是如何经世致用，如何富国强兵，对西方博物馆功能的认识不能自外于此。筹建中国博物馆正是在这些日记被广泛传播后，成为舆论讨论的热点，在戊戌变法、晚清新政中被提上议事日程。凡此种种，共同谱写了中国博物馆史的前篇。

**参考文献**

[1] 朱丹丹.博物馆的初时样貌——《四洲志》、《瀛寰志略》、《西海纪游草》中的博物馆记述研究[J].中国博物馆，2016(4).
[2] 马西尼.现代汉语词汇的形成——十九世纪汉语外来词研究[M].黄河清，译.上海：汉语大词典出版社，1997.
[3] 程军.从走向世界之书看1860~1910年间国外博物馆状况[C]//周光召.自然科学与博物馆研究(第一卷).北京：高等教育出版社，2005.
[4] 史梦遥.晚清时期《申报》(1872~1911)与博物馆信息传播研究[D].长春：吉林大学，2014.
[5] 宋伯胤.中国博物馆的历史足迹[C]//宋伯胤.宋伯胤博物馆学论著选.西安：陕西人民出版社，2002：185-198；张娟娟.近代中国博物馆源起探析[D].南京：南京师范大学，2006.
[6] 斌椿.乘槎笔记[M].谷及世，校点.长沙：湖南人民出版社，1981：序.
[7] 志刚.初使泰西记[M].长沙：岳麓书社，1985：序.
[8] 陈兰彬，谭乾初.使美纪略·古巴杂记[M].长沙：岳麓书社，2016：60.
[9] 梁启超.新大陆游记及其他[M].长沙：岳麓书社，1985：111.
[10] 郭嵩焘.伦敦与巴黎日记[M].长沙：岳麓书社，1984：136.
[11] 刘锡鸿.英轺私记[M].长沙：岳麓书社，1986：147.
[12] 张德彝.随使英俄记[M].长沙：岳麓书社，1986：360.
[13] 王韬.漫游随录[M].长沙：岳麓书社，1985：112.
[14] 张德彝.随使法国记(三述奇)[M].长沙：湖南人民出版社，1982：203.

[15] 郭嵩焘. 伦敦与巴黎日记[M]. 长沙: 岳麓书社, 1984: 665.
[16] 徐建寅. 欧游杂录[M]. 长沙: 岳麓书社, 1985: 673.
[17] 李圭. 环游地球新录[M]. 长沙: 岳麓书社, 1985: 296.
[18] 王韬. 漫游随录[M]. 长沙: 岳麓书社, 1985: 89.
[19] 郭嵩焘. 伦敦与巴黎日记[M]. 长沙: 岳麓书社, 1984: 213, 567, 768.
[20] 李凤苞. 使德日记[M]. 长沙: 岳麓书社, 2016: 203.
[21] 斌椿. 乘槎笔记[M]. 谷及世, 校点. 长沙: 湖南人民出版社, 1981: 45.
[22] 徐建寅. 欧游杂录[M]. 长沙: 岳麓书社, 1985: 736.
[23] 李圭. 环游地球新录[M]. 长沙: 岳麓书社, 1985: 39.
[24] 张德彝. 欧美环游记(再述奇)[M]. 长沙: 湖南人民出版社, 1981: 85.
[25] 张德彝. 欧美环游记(再述奇)[M]. 长沙: 湖南人民出版社, 1981: 104.
[26] 张德彝. 欧美环游记(再述奇)[M]. 长沙: 湖南人民出版社, 1981: 122.
[27] 李凤苞. 使德日记[M]. 长沙: 岳麓书社, 2016: 182.
[28] 张德彝. 随使英俄记[M]. 长沙: 岳麓书社, 1986: 自序.
[29] 志刚. 初使泰西记[M]. 长沙: 岳麓书社, 1985: 293.
[30] 郭嵩焘. 伦敦与巴黎日记[M]. 长沙: 岳麓书社, 1984: 37.
[31] 马建忠. 适可斋纪言纪行[C]//沈云龙. 近代中国史料丛刊(第十六辑). 文海出版社: 78(在台湾出版, 无出版年).
[32] 张德彝. 随使英俄记[M]. 长沙: 岳麓书社, 1986: 551.
[33] 徐建寅. 欧游杂录[M]. 长沙: 岳麓书社, 1985: 778.
[34] 王之春. 使俄草[M]. 长沙: 岳麓书社, 2016: 184.
[35] 王韬. 漫游随录[M]. 长沙: 岳麓书社, 1985: 125.
[36] 申报[N]. 1872-5-21, 1872-12-19.
[37] 徐勤. 除不学之害[C]//邵之棠辑. 皇朝经世文统编(卷一). 清光绪辛丑年上海宝善斋石印本: 31.
[38] 薛福成. 出使英法义比四国日记[M]. 长沙: 岳麓书社, 1985: 164.
[39] 成本璞. 九经今义: 卷二十六[M]. 清末长沙刻本: 229.
[40] 李钟珏. 新嘉坡风土记[M]. 清光绪长沙书版: 15, 16.
[41] 郭嵩焘. 伦敦与巴黎日记[M]. 长沙: 岳麓书社, 1984: 140.
[42] 张德彝. 随使英俄记[M]. 长沙: 岳麓书社, 1986: 361.
[43] 刘锡鸿. 英轺私记[M]. 长沙: 岳麓书社, 1986: 113. 张在《四述奇》中言及, 副使刘锡鸿曾阅读过其日记. 上官阅读僚属的散记, 撮录上报, 是当时寻常事.
[44] 王韬. 漫游随录[M]. 长沙: 岳麓书社, 1985: 103. 王书出版于张书、刘书之后, 可能读过其日记.
[45] 申报[N]. 1888-8-19(1).
[46] 傅兰雅口译. 佐治刍言[M]. 应祖锡笔述. 清末江南制造总局刻本, 62-63.
[47] 张德彝. 随使英俄记[M]. 长沙: 岳麓书社, 1986: 610.
[48] 韩文举. 童蒙艺塾说[C]//知新报. 清光绪二十三年: 4.
[49] 徐建寅. 欧游杂录[M]. 长沙: 岳麓书社, 1985: 669.
[50] 戴鸿慈. 出使九国日记[M]. 长沙: 湖南人民出版社, 1982: 224.
[51] 宋育仁. 泰西各国采风记[M]. 长沙: 岳麓书社, 2016: 68.
[52] 李圭. 环游地球新录[M]. 长沙: 岳麓书社, 1985: 287.
[53] 张德彝. 随使法国记(三述奇)[M]. 长沙: 湖南人民出版社, 1982: 135.
[54] 张荫桓. 三洲日记(卷一)[M]. 清光绪二十二年刻本: 281.
[55] 张荫桓. 三洲日记(卷七)[M]. 清光绪二十二年刻本: 582.
[56] 郭嵩焘. 伦敦与巴黎日记[M]. 长沙: 岳麓书社, 1984: 125.
[57] 郭嵩焘. 伦敦与巴黎日记[M]. 长沙: 岳麓书社, 1984: 569.
[58] 薛福成. 出使英法义比四国日记[M]. 长沙: 岳麓书社, 1985: 103.

[59] 康有为. 欧洲十一国游记二种[M]. 长沙: 岳麓书社, 1985: 214.
[60] 梁启超. 新大陆游记及其他[M]. 长沙: 岳麓书社, 1985: 480.
[61] 戴鸿慈. 出使九国日记[M]. 长沙: 湖南人民出版社, 1982: 110.
[62] 丘逢甲. 述哀答伯瑶[C]//黄志平, 丘晨波. 丘逢甲集(增订本). 广州: 广东人民出版社, 2019: 248.
[63] 康有为. 欧洲十一国游记二种[M]. 长沙: 岳麓书社, 1985: 119.
[64] 黎庶昌. 西洋杂志[M]. 长沙: 岳麓书社, 1985: 477.
[65] 薛福成. 庸庵文外编(卷四)[M]. 清光绪十九年刻本: 41.
[66] 张荫桓. 三洲日记(卷三)[M]. 清光绪二十二年刻本: 395.
[67] 曾纪泽. 出使英法俄国日记[M]. 长沙: 岳麓书社, 1985: 164.
[68] 王之春. 使俄草[M]. 长沙: 岳麓书社, 2016: 233.
[69] 徐建寅. 欧游杂录[M]. 长沙: 岳麓书社, 1985: 760.
[70] 戴鸿慈. 出使九国日记[M]. 长沙: 湖南人民出版社, 1982: 222.
[71] 张德彝. 随使英俄记[M]. 长沙: 岳麓书社, 1986: 368.
[72] 李凤苞. 使德日记[M]. 长沙: 岳麓书社, 2016: 204.
[73] 郭嵩焘. 伦敦与巴黎日记[M]. 长沙: 岳麓书社, 1984: 654.
[74] 曾纪泽. 出使英法俄国日记[M]. 长沙: 岳麓书社, 1985: 173.
[75] 李圭. 环游地球新录[M]. 长沙: 岳麓书社, 1985: 288.
[76] 郑观应. 增订盛世危言新编(卷之十二)[M]. 清光绪二十三年成都刻本: 41-42.
[77] 单士厘. 癸卯旅行记·归潜记[M]. 长沙: 岳麓书社, 1985: 686.
[78] 崔国因. 出使美日秘国日记十六卷(卷十一)[M]. 清光绪二十年铅印本: 265.
[79] 张荫桓. 三洲日记(卷三)[M]. 清光绪二十二年刻本: 362.
[80] 志刚. 初使泰西记[M]. 长沙: 岳麓书社, 1985: 384.
[81] 斌椿. 乘槎笔记[M]. 谷及世, 校点. 长沙: 岳麓书社, 1985: 1.
[82] 志刚. 初使泰西记[M]. 长沙: 岳麓书社, 1985: 245.
[83] 李圭. 环游地球新录[M]. 长沙: 岳麓书社, 1985: 194.
[84] 薛福成. 出使英法义比四国日记[M]. 长沙: 岳麓书社, 1985: 341.
[85] 戴鸿慈. 出使九国日记[M]. 长沙: 湖南人民出版社, 1982: 24.
[86] 郭嵩焘. 伦敦与巴黎日记[M]. 长沙: 岳麓书社, 1984: 220-221.
[87] 李鸿章. 复郭星使[C]//顾廷龙, 戴逸. 李鸿章全集(32). 合肥: 安徽教育出版社, 2008: 103.
[88] 戴鸿慈. 出使九国日记[M]. 长沙: 湖南人民出版社, 1982: 222-223.

# 非国有博物馆馆址馆舍现状、问题与对策
## ——以湖北省非国有博物馆为例

龙永芳[1]　柯萍萍[2]

（1. 湖北省文物考古研究院　2. 湖北省博物馆）

[摘　要]　非国有博物馆已经成为公共文化服务体系的重要力量之一，馆址的科学选择与稳定、馆舍建筑的规范及发展维护等，是非国有博物馆发挥其功能的重要物质条件。实地调研发现，湖北省非国有博物馆虽然数量较多，但因其自发性加之资金短缺、对博物馆建立的不同理解等，导致馆址选择不科学、不稳定，馆舍建筑不规范、普遍无后续发展空间，建筑运营维护乏力等问题存在。本文试从规划设计、馆舍建设及维护、落实土地税收等优惠政策和多元筹措资金方面逐步解决上述问题。

[关键词]　非国有博物馆　湖北省　馆址馆舍

随着民间资本和收藏热的持续升温、民营化的兴起，非国有博物馆方兴未艾，截至2021年底，湖北省登记备案的非国有博物馆达65家[1]。为摸清湖北省非国有博物馆的发展现状和在运行中存在的问题，指导全省非国有博物馆规范、健康发展，湖北省文化和旅游厅组织开展了全省非国有博物馆调研，全面真实掌握了湖北省非国有博物馆的运行发展现状。在实际调研中，11家博物馆因场馆维修、拆迁等原因无法前往，仅对54家非国有博物馆进行了全面调研，下文便对这54家博物馆进行具体分析。

稳定的馆址馆舍是非国有博物馆长期运行和发展的必要物质条件[2]。调研发现，湖北省非国有博物馆无论是馆址的选择还是馆舍建筑，在满足博物馆自身发展方面都存在一些问题。本文以湖北省非国有博物馆为例，对非国有博物馆馆址馆舍的现状和存在问题进行探讨，并提出相应对策。

## 一、馆址馆舍建筑现状

博物馆地理位置的选择对博物馆功能的发挥具有重要意义，馆舍建筑是"博物馆进行各项工作，开展各项活动，实现自己社会功能的重要物质条件"[3]。对非国有博物馆而言，其地理位置与馆址稳定、馆舍建筑与后续发展空间、馆舍设计与建筑维护方面在很大程度上决定了博物馆功能的发挥。

## 1. 地理位置与馆址稳定

### （1）地理位置

博物馆地理位置的选择除了要遵照城市和乡村的总体规划要求外，还要符合博物馆性质、职能的要求。既要与周围环境融洽协调又要便于群众集散往来、交通便利[3]。

54家非国有博物馆中39家位于武汉市、15家位于其他地市州。其中27家位于中心城区、12家位于风景区内或紧邻风景区、9家位于郊区、6家散落于村镇。从城市和乡村的总体规划来看，非国有博物馆的选址多是博物馆举办者自发的选择，一般未纳入城市和乡村规划之中。从地理位置分布来看，除位于武昌区红巷非国有博物馆群的几家博物馆外，其余博物馆一般相距较远、位置分散；其中武汉市的非国有博物馆更倾向交通便利、人流量较多的中心城区。其他地市州的非国有博物馆在选址上更倾向风景优美、游客较多的风景区。从博物馆性质、职能要求来看，有的位于写字楼、居民楼、宾馆等建筑内，有的位于郊区、村镇，交通不便，有的位于地势低洼地段易遭受水害、霉菌侵蚀，不利于博物馆职能的发挥。从与周边环境融合来看，位于风景区的博物馆一般作为景区的一部分，与周边环境融洽协调，位于市区的博物馆也较注意周边环境并避免喧闹，也存在部分博物馆忽视周边环境的现象。

### （2）馆址稳定

非国有博物馆馆舍建筑的形成方式在很大程度上决定了其馆址的稳定性。非国有博物馆的馆舍建筑一般有政府免费提供、租赁、购买、租买结合四种。

54家非国有博物馆的馆舍建筑中由政府免费提供的有6家、租赁的25家、购买的21家、租买结合的2家。政府免费提供的博物馆中5家由政府利用现有建筑直接提供馆舍，1家由政府划拨集体土地建立馆舍；租赁的25家博物馆中未规定租赁期限的6家，租期2~5年的9家，6~10年的3家，10年以上长期租赁的6家，永久租赁的1家；购买的21家博物馆中2家为直接使用，2家为购买后改造而成，其余17家均为购地自建的博物馆。其中政府免费提供、租赁的多对场馆直接进行利用，购买的有的对场馆改造后加以利用。相对来说，政府免费提供和购买的博物馆馆址较稳定，而依靠租赁建筑物设立的博物馆尤其是短期租赁的博物馆一般馆址不太稳定。

## 2. 馆舍建筑与后续发展空间

### （1）建筑面积

建筑面积决定了博物馆的规模，在一定程度上直接影响了观众的参观兴趣。《博物馆建筑设计规范》（以下简称《规范》）中，根据建筑面积将不同博物馆划分为特大型馆、大型馆、大中型馆、中型馆和小型馆五类[4]。

实际调研的54家博物馆中47家提供了建筑面积，按照《规范》的划分标准，无特大型馆，大型馆1家、大中型馆1家、中型馆3家、小型馆42家，小型馆中有37家博物馆的建筑面积在3000平方米及以下，其中17家博物馆的建筑面积在1000平方米以下。

### （2）建筑分区

在博物馆的建筑分区中陈列展览区、藏品库区是最重要的功能分区，另有行政管理区等其他附属建筑，如业务与研究用房、附属用房等。《规范》对各类博物馆中陈列展览区、藏品库区等占建筑面积的比例有明确规定。此外，一般附属建筑的面积应以约占整个博物馆建筑面积的1/3为宜[5]。

54家博物馆中同时提供了建筑面积和陈列展览区面积的博物馆共46家，对照《规范》中陈列展览区面积占建筑面积的比例要求来看，符合《规范》的有20家、比例高于《规范》的17家、比例低于《规范》的9家。其中在41家同时提供建筑面积和陈列展览区面积的小型馆中，7家陈列展览区面积占建筑面积的比例在90%以上，有的甚至高达99%。

54家博物馆中同时提供了建筑面积和藏品库区面积的博物馆共46家，对照《规范》中藏品库区面积占建筑面积的比例要求来看，符合《规范》的有10家，比例高于《规范》的14家，比例低于《规范》的22家。低于《规范》的博物馆藏品库区面积一般较小，其中14家整个藏品库区的面积小于或等于50平方米。

调研发现，54家非国有博物馆中有些无附属建筑，如有些博物馆仅在展览区设置1个办公室和1个监控室。有附属建筑的博物馆的行政管理用房、业务研究用房、附属用房配备不齐全，且分区并不明显，普遍存在一室多用的现象。从提供附属建筑面积和整个博物馆建筑面积的实际情况来看，仅2家博物馆的附属建筑面积占建筑总面积的1/3左右。

（3）后续发展空间

后续发展空间是博物馆稳定持续发展的重要条件。从54家非国有博物馆的现有建筑面积和占地面积来看，40家同时提供建筑面积和占地面积的博物馆中，2家博物馆的建筑面积占占地面积的比例在10%以下、6家在10%～50%、6家在51%～70%、6家在71%～90%、20家在90%以上。其中建筑面积占占地面积的比例在70%以下的博物馆，多数将景区等其他用地包含在占地面积中，加之多数小型馆本身占地面积很小，建筑面积虽占70%，余下的空间也很小，多数无预留空间。从周边环境来看，位于中心城区的博物馆，周边建筑繁多且拥挤，后续空间扩展也很难实现。

3. 馆舍设计与建筑维护

（1）馆舍设计

54家博物馆中少量由政府提供的如宜昌市裕孝家庭博物馆和购地自建或购买馆舍后加以改造的博物馆如武汉市蜂之巢蜜蜂博物馆等进行了馆舍设计，有的建筑外观还契合本馆主题，但多数租赁和购买后直接使用的博物馆并未预先进行馆舍设计。

（2）建筑维护

实地调研中，54家博物馆中有52家对馆舍建筑进行过日常维护并经常检修，其中16家博物馆有维护、检修记录。每周、每月、每半年维护、检修一次的博物馆数量较多，还有部分博物馆进行不定时维护检修、发现问题随即检修。湖北省非国有博物馆的建筑维护、检修多定期进行，维护和检修周期一般较短，次数也较频繁，一般建筑状态良好，但也有个别博物馆建筑年久失修、处于风险之中。

## 二、问题与不足

在国家文物局发布的全国博物馆名录中，湖北省非国有博物馆的数量位列全国第九[6]。虽然湖北省非国有博物馆的数量较多，但其馆址馆舍在"确保安全、发挥功能、留有余地"[7]等方面还面临一些现实困难。选址不科学、馆址不稳定、馆舍建筑不规范等问题一方面威胁着博物馆的安全，另一方面也限制了博物馆功能的发挥。后续发展空间的不足也制约了博物馆的发展。馆舍建筑运营维护乏力，影响着博物馆的日常运转，严重的甚至陷入"长期闭馆"的困境。

1. 选址不科学

非国有博物馆的馆址选择一般由举办者根据自身能力和水平自行选定，并未统一选址标准，导致有些博物馆选址不科学，有的长期面临水害、霉菌侵蚀，有的偏居一隅，交通不便，影响其展示、教育等职能的发挥。此外，多数非国有博物馆的馆舍建筑为租赁和购买而来，在选址前并未向当地政府或文物行政部门报备，有的购地自建的博物馆其用地需求也未报国土规划行政管理部门审查，因此其选址也就无统一规划，一方面导致多数博物馆分布分散，有的甚至与城市、乡村规划相脱节；另一方面因未划定博物馆用地性质影响其土地、税收等优惠政策的落实，进而影响博物馆的日常运转。

#### 2. 馆址不稳定

湖北省非国有博物馆的馆舍建筑多数为租赁而来，租期又以5年以下的短期租赁为主，一些博物馆的租赁期限到期后不得不面临搬迁的难题。一些博物馆的馆舍建筑在很大程度上依赖于地方政府的重视程度，尤其是有的租赁而来的博物馆在选址时会根据不同地区政府的扶持力度和租金的高低进行搬迁，也影响了其馆址的稳定性。即使是政府免费提供的馆舍建筑，有的也约定了期限，同样面临到期后馆舍建筑无以为继的难题。

#### 3. 馆舍建筑不规范

非国有博物馆中除少量政府提供和购地自建的博物馆外，多数博物馆的馆舍建筑普遍不符合博物馆建筑规范，甚至不具备博物馆功能。首先，建筑分区不合理。陈列展览区所占比例过高但面积普遍较小，有的甚至一个基本陈列即为一个博物馆，加之陈列展览区面积较小导致陈列拥挤、临时展览无处举行等问题明显限制其展示、教育职能的发挥。藏品库区所占比例较低且较多藏品库房不符合每间库房不宜小于50平方米的规范[4]，有的博物馆无专用库房，有的还在馆舍建筑之外设有藏品库房，藏品安全问题日益凸显。附属用房所占比例较低且多数并不齐全，普遍存在一室多用的现象，有的博物馆甚至无建筑分区，整个博物馆仅有一个基本陈列和一套桌椅办公。另外，馆舍建筑缺少设计，除少量政府提供和自建的博物馆外，多数馆舍建筑直接对原有建筑进行利用，还有一些馆舍建筑位于居民楼、写字楼、宾馆中，展厅、库房空间尺度，建筑材料等均未达到一般博物馆的建筑标准。

#### 4. 后续发展空间不足

湖北省非国有博物馆以小型馆占绝大多数，普遍面临后续发展空间不足的问题。一是建筑面积占占地面积的比例多数过高，后续无发展空间。二是博物馆位置及土地供应紧张等因素制约其后续发展。多数博物馆为租赁、购买而来，并未预留发展空间，有些还位于居民楼、写字楼、宾馆中，很难进行后续扩展。购地自建和政府提供的博物馆也在缺少规划、土地供应收紧、用地成本增加的现实背景下，后续发展空间缺乏保障，已经无法满足其在馆舍扩建、新增藏品、展览提升等方面对馆舍空间的需求。

#### 5. 馆舍建筑运营维护乏力

虽然绝大多数博物馆表示对馆舍建筑进行了定期维护和检修，但由于多数博物馆的运营资金筹措困难、常年入不敷出等原因，一些博物馆的运营维护并未落到实处，甚至形同虚设，即使意识到馆舍建筑需要日常维护或发现了馆舍建筑出现的问题也无力解决，导致有的馆舍建筑年久失修、状态不稳定，已不具备作为博物馆建筑的要求，处于"长期闭馆"状态。且多数博物馆的建馆时间较短，一般未超过10年，馆舍建筑的诸多问题尚未凸显，运营维护乏力将导致更多博物馆建筑面临安全等系列隐患。

### 三、对策与思考

非国有博物馆作为公益性民办非企业单位，与政府没有行政隶属关系，与财政部门也无资金缴拨关系，因此一般非国有博物馆的馆址选择和馆舍建设均为其自发行为。加之非国有博物馆的兴起历程较短，其准入制度也在不断摸索和调整之中，文物行政部门只能根据现行的准入制度进行备案审查，馆址馆舍方面出现上述问题也在所难免。究其原因，馆址选择和馆舍建设缺乏规范、引导和资金筹措困难等是主要原因。要破解这些难题，规范和激励需并行[8]，其中规划设计先行、加强馆舍能力建设、落实土地税收等优惠政策、多元资金筹措是应对关键。

#### 1. 规划设计先行

上述导致非国有博物馆馆址选择不科学、馆

舍建筑不规范、后续发展空间不足的问题，在很大程度上是由于馆址选择和场馆建设由博物馆设立者根据自身的资金和藏品状况，临时选择馆址和相关建筑作为博物馆使用所导致。因此，现行馆址选择不科学、无发展空间等需要重新选址，以及新设立的非国有博物馆等在选址建设之前应当向当地主管部门申请报备，由主管部门根据本行政区域的国民经济和社会发展规划、城市总体规划以及土地利用总体规划、博物馆选址规范、藏品资源、文化特色和公共精神文化需求等，将其纳入本行政区域的博物馆发展规划，指导确定非国有博物馆的发展方向、位置、规模和布局等。其中博物馆选址和建设涉及的空间布局和用地需求，需经本行政区域国土规划行政管理部门审查，报当地人民政府批准后纳入当地城乡规划。在纳入当地博物馆规划和城乡规划后，参照《规范》及有关博物馆建筑标准进行选址设计，将近期建设与长远发展相结合、预留空间，室外场地与建筑布局统筹安排等，从博物馆建设之初便引导和规范馆址选择。

### 2. 加强馆舍能力建设

从湖北省非国有博物馆的馆舍建筑现状来看，无论是由政府提供的还是自行临时或长期租赁的建筑物，均为后期被改造成博物馆建筑使用，不符合博物馆建筑规范与要求。即使是以办博物馆为目的而兴建的博物馆建筑，因缺乏规范性指导等原因，也基本达不到博物馆作为公共文化服务机构的要求。因此，需要政府扶持指导、鼓励非国有博物馆自身及社会力量参与等共同寻求稳定规范的馆舍建筑、加强场馆改造和运营维护。

提供馆舍方面，各地政府正在进行诸多有益探索，湖北省在探索"民办国助"建馆模式上做了有益尝试。主要是政府在资金、土地使用、提供馆舍等方面给予支持。如武汉市武昌区打造红巷博物馆群仅收取低廉租金、为武汉三汉雕塑博物馆提供馆舍、竹山县无偿划拨土地给竹山县秦巴民俗博物馆等。各地人民政府、文物保护单位、文化馆等公共文化单位等也在不影响文物安全及有关功能发挥的前提下，对国有闲置房产、工农业遗址、市政公园配套公共空间、文物建筑、历史建筑和城市更新与旧城改造项目配套公共文化空间等进行改造，为非国有博物馆提供馆舍等。此外，在博物馆集群化发展过程中，政府通过奖励和补贴、政策优惠等方式引导社会机构和组织在本行政区域内注册非国有博物馆集群化运营机构，由运营机构主导非国有博物馆集群的规划建设、招商引资、日常管理与维护、提供配套服务等，也为稳定博物馆馆址、规范馆舍建设、维护和促进博物馆聚合发展等起到推动作用。

场馆改造、运营维护方面，有的文物行政部门组织对本区域内馆舍建筑及运营维护情况进行综合评估，根据评估结果划分不同等级对应不同的奖励扶持资金，激励相关非国有博物馆进行改造升级、加强日常维护等。对迫切需要改造升级的博物馆，一是在政府现有的相关专项经费中，启动和适当增加非国有博物馆馆舍维修改造等申报项目，并指导非国有博物馆进行申报[9]。二是鼓励支持社会力量及专业团队等依法参与非国有博物馆场馆的维修改造与运营维护等。

### 3. 落实土地税收等优惠政策

现行《博物馆条例》中明确提出国家在财税扶持政策等方面，公平对待国有和非国有博物馆。实际情况是，《博物馆条例》只是属于行政法规，导致其与其他更高位阶立法进行法律协调时无法优先适用。加之博物馆法规与财政、土地规划等相关制度衔接不上，导致非国有博物馆在税收优惠、门票补贴和土地政策倾斜等方面并未真正落实[8]，进而造成馆舍建筑不规范和运营维护困难等问题。

因此，一方面要在现有法规制度下，借鉴成功经验。土地使用方面，可依照相关程序申请按照《划拨用地目录》规定确定土地性质，经批准，按非营利性公共文化设施用地进行划拨。在公共文化设施用地上已经建成的非国有博物馆，其用地符合国土空间规划的，依法申请改变土地性质。税收方面，非国有博物馆可向其批准设立的登记管理机关对应的税务主管机关提出免税资格申请，按规定程序进行免税资格认定，依法免除非国有博物馆接受捐赠、门票收入、非营利性收入等方面的税收。水、电、燃气费用等方面，对非国有博物馆进行公共文化单位性质认定，按相关程序申请落实按照公共文化单位标准缴纳水、电、燃气等费用。

另一方面，一是要加强博物馆法规与相关制度衔接的研究。博物馆法规与相关制度衔接是系统性问题，范围广泛、涉及主体众多，加之各个非国有博物馆的实际情况不一，相关财税扶持政策的堵点、痛点也不一致，因此在博物馆法规与相关制度衔接方面多下功夫，寻找症结、对症下药，方能让各项优惠政策落到实处。二是要完善博物馆法律法规建设。近年来，国家文物局联合多部门发布了系列扶持政策促进非国有博物馆的发展。尤其是各项扶持政策的完善落实，对非国有博物馆起到很明显的刺激作用，但现行政策法规尚不足以保障各项政策落到实处，且非国有博物馆法律保护体系尚不成熟，仍需在相关制度衔接和法律问题研究的基础上建立和完善。

#### 4. 多元资金筹措

博物馆场馆建设、运营维护等是实现公共文化服务体系的重要保障，因为投入大、周期长、收效慢等因素制约，非国有博物馆一般仅能依靠举办者的投入，其资金来源具有不确定因素，加之运营经费需求巨大、举办者投入后继乏力等，使得大部分非国有博物馆在建立之后就因资金短缺陷入难以为继的困境。

湖北省非国有博物馆在建设资金筹措方面做出了很多有益探索，如出台地方扶持办法，对非国有博物馆采取以奖代补等方式进行资金补助；积极支持符合条件的非国有博物馆纳入财政免费开放经费补助范畴等。政府支持在一定程度上为非国有博物馆纾困解难，但并不能解决非国有博物馆资金短缺的根本问题。博物馆可充分利用其非国有的性质和资源进行多元筹措，破解资金困境。一是建立社会资助机制，向民政部门申请登记为慈善组织，依法取得公开募捐资格或发起设立基金会，依法开展社会募捐活动。二是通过博物馆无形资产向金融机构贷款，由金融机构引导非国有博物馆对自身无形资产进行专业评估，并为符合条件的非国有博物馆提供贷款。三是社会力量参与非国有博物馆运转，在不以营利为目的的前提下，允许符合条件的社会力量参与非国有博物馆运营，结合博物馆自身特色和市场需求等积极发挥公共文化服务职能、发展文化创意产业等，将公共文化服务转变为博物馆的无形资产进而带来有形资产。

### 四、结语

非国有博物馆是在我国经济社会持续稳定发展的大背景下，社会民众对文化需求日益增长的必然结果，是全社会广泛参与、共同构建公共文化服务体系的一支重要力量。博物馆的馆址馆舍是博物馆开展各项业务的物质载体，馆址选择科学与否、馆址稳定与否、馆舍建筑是否规范、运营维护是否顺畅等在很大程度上影响着博物馆功能的发挥。不同于国有博物馆的馆址馆舍建筑多由政府提供或有财政资金保障，非国有博物馆往往要根据自身条件进行馆址选择和馆舍建设，由于资金短缺和对建立博物馆的不同理解，容易出现馆址不稳定、选址不科学，馆舍建筑不符合博物馆建筑规范、后续发展空间不足及运营维护乏力等问题。针对这些问题，一方面需要政府的规范引导，另一方面也需要多主体的共同参与和激励，从准入时的规划设计先行到馆舍建筑改造升级的逐步规范，再加之相关政策优惠的落实和多元资金筹措的实现，非国有博物馆的馆址馆舍问题就能在不断发展的过程中逐步解决。进而为非国有博物馆发挥社会效能，优化博物馆体系，构建和完善现代文化服务体系，保护和传承中华优秀传统文化积蓄更大力量。

**参考文献**

[1] 湖北省文物事业发展中心. 湖北文物年鉴(2022)[M]. 武汉: 武汉大学出版社, 2023, 3: 217-233.
[2] "民办博物馆规范化建设评估"课题组(中国文物报社). 民办博物馆规范化建设评估报告[J]. 中国博物馆, 2014(1): 18-23.
[3] 王宏钧. 中国博物馆学基础[M]. 修订本. 上海: 上海古籍出版社, 2001: 415.
[4] 中华人民共和国住房和城乡建设部. 博物馆建筑设计规范: JGJ66—2015[S]. 北京: 中国建筑工业出版社, 2016.
[5] 王宏钧. 中国博物馆学基础[M]. 修订本. 上海: 上海古籍出版社, 2001: 427.
[6] 国家文物局. 国家文物局关于公布2019年度全国博物馆名录的通知: 文物博发〔2020〕9号[A/OL]. (2020-5-13)[2024-1-30]. http://www.gov.cn/zhengce/zhengceku/2020-05/22/content_5513734.htm.
[7] 张晓云. 县级博物馆馆舍选址刍议[N]. 中国文物报, 2021-7-27(6).
[8] 刘勇. 非国有博物馆的法律保护: 现状、困境与出路[J]. 中国博物馆, 2019(3): 122.
[9] 周淑英. 县级博物馆建设与发展的几点思考[J]. 赤子(上中旬), 2016(21): 41.

# 39℃博物馆
## ——观众行为效应对博物馆建设的影响

黄翀宇
（湖北省博物馆）

[摘　要] 博物馆逐渐成为观众达成学习目的、身份建立和文化认同的休闲场所，越来越多的观众将空闲时间用在博物馆当中，来博物馆参观成为必不可少的休闲活动之一。博物馆持续升温，促使观众行为、群体需求均发生改变，这无疑对博物馆的功能性和社会职能发挥产生了直接影响。本文以博物馆中的观众群体为研究对象，分析博物馆所肩负的重要职责，来思考观众行为效应对博物馆高质量发展产生的重要影响。

[关键词] 博物馆升温　观众行为　观众需求

2023年10月，国家文物局根据大数据动态监测以及全国各地综合汇总数据获悉，从2023年9月29日至10月6日，全国博物馆接待观众总量约为6600万人次。其中国家一级博物馆接待观众量约1000万人次[1]。2023年中秋国庆双节八天全国博物馆接待观众总量约是2022年全年全国博物馆接待观众总量的10%，全国各地博物馆观众量出现极速井喷现象，博物馆真正成为观众活动集聚地。

社会文化经济迅速回暖和升温，给予博物馆发挥自身社会功能更大的空间与机遇。观众对博物馆热情高涨，通过在博物馆观展、参与社会教育和社会服务，来实现自我价值与身份的认同。博物馆不再仅仅只是一座文化机构，逐渐成为一种传播历史的媒介，是历史的缩影，更是公众二次教育的学校。博物馆的持续升温，说明观众逐渐重视自身教育的培养，博物馆资源已成为社会公共资源被大众接受并利用。

博物馆面对突如其来的升温现象，是任其稍纵即逝地消退，还是应迎头赶上着力发展，成为博物馆高质量、持续发展亟待解决的重要议题。博物馆升温现象关键到底是源于自身还是观众诉求？博物馆本质、功能性、社会职能在持续升温中如何体现和利用？观众诉求与博物馆功能、职能间如何建立联系？等等问题均亟待我们更深入地思考与探究。因此，本文基于博物馆语境下，着重关注观众行为效应对博物馆功能性与社会职能的影响，能否有利于博物馆实现高质量发展与持续发展。

## 一、博物馆中的观众群体

观众是21世纪博物馆存在的核心[2]。了解并分析博物馆观众群体在博物馆高质量可持续发展过程中显得尤为重要。观众的参观体验直接促成参观博物馆的动机，多数观众认为来博物馆参观是一种个人属性展现的行为，希望博物馆能够支持与个人身份相符的需求和期望，使自我个性化得到彰显。每位观众都希望个人身份被博物馆认同，急需与博物馆产生某种联系，希望自身的需求能够在博物馆中得到满足。身份认同是个体对其与特定社会关系的感知之间的因果和层级关系，这种关系称为承诺、自我认知、身份认同和角色表现，它们共同构成个体行为所需的社会情境[3]。身份认同成为个人行动的驱动力，观众将个人需求、动机与博物馆功能性和职能性相匹配，通过对自我感知的梳理，使自身相关需求具体化，从而能够在博物馆中找到与自身身份相符的有利条件，进而促成其参观动机。但伴随观众行为模式和观展目的的改变，博物馆中的观众群体身份认同和参观动机的研究显得更为复杂与困难。

### 1. 行为模式改变，促使信息膨胀

随着信息时代的到来，观众观展的行为发生改变，手机、Pad、相机、手持云台Vlog摄像机等数码产品，逐渐融入人们的生活，给人们带来便利，人们对数码产品的依赖与日俱增。人们的观看习惯发生了改变，无论观看的对象是什么，出于什么目的，都是通过数码产品小小的视窗来观察与观赏身边的事物，并逐渐演变成为一种行为习惯，人们的观看方式和视角发生了巨大的改变，亲眼所见得到的体验并不能算是亲身体验所得到的经验。

这种观看行为习惯被延续到博物馆参观行为之中，观众来到博物馆无论出于何种目的，用数码产品进行记录成为观众进入博物馆的第一步。所以不难发现无论是在博物馆大门前、展厅门前，还是展览展标前、文物展柜前等重要地标性站点，大量手持数码产品的观众聚集在一起，对博物馆各个角落进行扫视与记录。这种观看行为习惯无疑使观赏角度也随之发生变化，使自我感知产生的体感信息通过网络迅速扩大并蔓延，社会影响幅面呈倍数不可逆的增长，这对博物馆来说，无疑面临巨大的挑战。

### 2. 空间维度改变，参观动机简洁化

根据某自媒体平台发布的《2023博物馆数据报告》显示，目前99.13%的国家三级及以上博物馆内容能在短视频中找到相关信息。过去一年，自媒体平台上博物馆相关内容累计开播11.6万场，相关视频累计时长达24万小时，同比增长60%，观看8.2亿人次，总时长达2319小时。将近2013万自媒体平台用户发布过与博物馆相关视频，博物馆相关视频播放总量为513.4亿次，相当于全国博物馆一年接待观众人次的66倍[4]。

观众观看行为习惯与观赏方式发生巨大改变，在可描述的物质客观存在的空间基础上，增加了电子信息跨时空维度的虚拟空间。多维一体的展陈空间逐渐成为博物馆展陈新视角，这不仅能够凝聚、放大展示藏品视觉震惊的效果，还能将藏品转换成图像被更多人共享，这不同于个体观看，而是造就共同的观展环境。观众能够足不出户跨越地域空间限制，平行时空位移来观赏距离自己千里之外的博物馆。现场观众能够与平行时空跨地域的观众不受地域空间限制，在虚拟空间中依靠博物馆所搭建的展览陈列空间，实现观展感受一致化，使观众来博物馆的参观动机变得简洁，不再因路途遥远、参观成本巨大等因素阻碍其参观行为的产生和实施。

## 二、博物馆肩负重要职责

2023年7月，中华人民共和国文化和旅游部公布了《中华人民共和国文化和旅游部2022年文化和旅游发展统计公报》，数据中显示截至

2022年末，全国共有各类文物机构11340个，比上年末增加795个，其中，文物系统管理的国有博物馆3782个，占33.4%[5]。依据统计公报的数据来看，全国博物馆新馆建设呈现快速发展新趋势。

随着博物馆建设的快速发展，博物馆的社会职能也在不停地发生变革，已不再是简单的"藏品"罗列的场所。博物馆反映着城市的文化形象，表达着城市的文化精髓。并且在广大民众中扮演着不可或缺的角色[6]。它成为一个复合型的空间，存在于社会群体之中。

博物馆的社会职能与其他文化机构相比较有明显的不同，虽然在一般的社会功能中表现的是藏品收集、保护与研究等基本功能作用，但是我们不能不意识到它同样具备服务功能与教育功能，而且服务与教育功能日益凸显。博物馆社会功能的变化，使博物馆与观众之间的关系发生了改变，变得更为亲密。不再是"一厢情愿"地认为观众会在博物馆中学到知识、得到启发、感到愉快，而是真正地站在观众的角度上认真研究观众的体验是否真实[7]。观众的反馈与评价成为博物馆建设的考量标准，观众不仅是"参观者"，其使用体验和观感体验都能映射出在博物馆建设过程中，是否站在"使用者"的角度，真正在博物馆建设中得到自身价值的肯定。身份价值的认同能够满足观众的期望与诉求，也成为博物馆社会功能的具体表现。

### 1. 博物馆能够成为本土文化脉络的传承者

博物馆是国家与地域的标志性建筑，同时承继着时间（历史）与空间（环境）及不同种族的文化特质，在不同诠释与应用的机制下，其目的性仍然有物质（典藏保存、资源）与精神（哲学、美学、价值）的意义存在，并以增加知识，作为人生智慧开发的要素而存在[8]。博物馆之所以存在，固然有其基本的特质，因所处社会文化体系的特殊，常表现出形式与功能上的独特性[9]。博物馆具有教育、欣赏、深思和知识共享给观众提供多种体验的社会性能，促使博物馆肩负将藏品研究成果通过恰当的展示语言与观众进行沟通的责任，同时也肩负着传播科学文化知识，提高公民科学素养的社会职能。藏品作为博物馆管理和运营的基础，其包含的物质属性体现出鲜明的地域文化特色，能够体现出博物馆的社会地位，揭示出"人"在历史时间轴中的持续性，是地域历史文化佐证的证物，遗留着人类生存的痕迹，同时也保存了人类重要的记忆，具有其他"物"所不能替代的独特性。藏品是社会文化的物质体现，是人工制品以及经过社会文化中的非物质的"精神文化"加以变形的自然物，其隐含的历史记忆、族群意识、文化认同、人与文化、社会形式之间的关系成为诠释的核心。

### 2. 博物馆能够成为公众的第二课堂

博物馆不仅是文化机构也是一种传播历史的媒介，更是历史的缩影。近年来，博物馆日益成为公众接受二次教育的学校，观众愿意用更多的时间走出家门来到博物馆，享受历史文化的熏陶，在愉悦的心情中增长自我文化知识，体验品质空间，感受更为优质的服务，提升自我眼界与认识。

早在1991年美国博物馆协会发表的《卓越与公平——教育与博物馆的公共层面》报告中就强调教育是博物馆公共服务的核心，而博物馆的教育任务，已逐渐获得博物馆界的认同[10]。博物馆相较于一般教育场所而言具有明显优势，它是以"物"为首要依据，强调实物体验过程，所进行的各种展示并组织教育活动。博物馆教育的长处在于能够透过实物，呈现出更为生动活泼的教育内容，以具体的形象如文物、标本、模型、场景复原等恰当的展览语言来展示，并设计展览相关的手册、讲解语音导览、VR眼镜设备在开放自由的环境中，通过观看展览、社会教育、社会服务等方式有意识或无意识学习到文物信息及蕴含的内容，帮助观众快速认识与理解某种现象的本质。博物馆教育为观众提供各种展示与学习资源，引发观众学习欲望，提供可思考且直观的学习条件，以启发引导为目的，给予观众愉悦的学习体验，促使观众主动构建自己的认知构架，帮助观众学习。博物馆教育活动丰富，教育方式多样化，包括固定陈列展览、临时展览、展览配套讲座、座谈会与学术研讨会、导览服务、咨询服务、研学活动、教育推广活动、文创衍生品开发、博物馆出版物等。囊括了各群体在不同时间及空间学习方式的需求，构建成为能够促进个体自我导向学习，富有丰富资源的学习新环境。博物馆教育拓宽了学校教育的覆盖面，所传播的教育内容与观众日常生活产生了关联，并与以往的学习经验产生共鸣，激发其对博物馆产生持续性的学习欲望。

## 三、观众群体需求对博物馆提出更高要求

博物馆是以"物"为基础，来展示"人"并且服务于人的文化场所。博物馆学者认为博物馆与观众之间的互动是双向的运作，所包含的活动和专业上的体现，能让大众接近研究之文物与成果[11]。那观众在博物馆中到底需要什么呢？除了以"学习目的"来博物馆的特定观众外，绝大多数观众都只是将参观博物馆当作一种"打卡"的休闲活动行为，并不会有明确的"学习目标"。目的性的不同促使观众对博物馆的期望也有很大的区别，但是无论抱有何种目的，简单的参观活动已远远不能满足观众的文化诉求。更多的观众愿意参观和他们态度、价值观相符的展览，以及能够引起观众反馈，并且具有个体相关性和接触便利性的展览[12]。

虽然观众群体结构多样化，但无法阻止观众期待参与到博物馆建设过程之中，这不仅是对博物馆学习研究的需求，更多的是想得到博物馆文化认同及对其身份的肯定。观众在博物馆的"学习目的"和身份的认同，会直接影响其文化认同的诉求是否得到满足，也直接影响观众对博物馆建设是否满意的反馈与评估。

观众的反馈与评估是博物馆建设过程中最好的驱动力。博物馆应当满足观众群体对于自我知识的构建与文化认同的诉求。好的博物馆应该让观众有机会理解他们发生的变化，还应该帮助观众来询问或回答如下问题：对于我来说，博物馆能够为我带来哪些可能的变化[13]？博物馆应当对观众负起责任，以提高观众满意度为己任，通过教育传播的方式，充分考虑观众诉求来提高满意度。观众满意度不仅限于展品内容、形式，以及配套服务与活动，也要关注博物馆设置的配套服务与展览匹配程度是否能帮助观众更为直观地了解展品信息，达到观众参观目的。所以博物馆需要认清自我定位与服务对象，逐渐从主导者转变为服务者，提供的服务、呈现的对象、服务的方式和行动的时间都应该由博物馆新近的主导者——公众来决定[14]。

### 1. 观众期待博物馆展览多元化

观众是艺术性教育的消费者，而博物馆则成为将藏品进行整理、归纳、再次加工，研究其内在文化资源，给予学术理论支持的专业机构[15]。博物馆展览应在陈列设计过程中重视展品与历史时间内涵的构建，尤其是具有地域文化特色的展览，如中国闽台缘博物馆闽台缘主题展览的第六部分诸神同祀中，为展现出故乡的神祇在先民心中，是往返波涛汹涌海峡的护佑、胼手胝足开发宝岛的支持、在新家园战胜艰难凶险的慰藉之情，对展出的清代铜观音立像的展览设计进行了巧思，现场直接将展柜设计成佛龛，佛像既是展品也是供奉对象，并且在展柜前加设了功德箱，对场景高度复原的同时，也实现了观众的心理需求（图一）。从而达到将展览内容和设计形式相互匹配，来帮助观众构建与展品之间的记忆锁链，从而满足观众对博物馆展览多元化的期待。

图一　闽台缘主题展览中清代铜观音立像展示效果

图二　中国国家博物馆"100件文物中的世界史：大英博物馆馆藏展"第101件展品

图三　上海博物馆"大英博物馆百物展：浓缩的世界史"第101件展品

### 2. 观众群体地域性造就了展览灵活性

一个好的博物馆展览，不仅要有思想知识内涵、文化学术概念，还要符合现代人的审美需求，博物馆是非正式教育机构，参观展览是一种寓教于乐式的学习形式，虽然展览传播的观点和思想、知识和信息是理性的，但作为一种视觉和感性艺术，其表现的形式应该是感性的[16]。固定就是向僵化迈出的第一步，当展览陈列内容或展览形式被程式化和固定模式所限制时，展览迈向了僵化。展览僵化即代表观众同展品，展品与展览，观众与展览之间联系减弱，展品失去了生机，展览失去了特色。博物馆展览应根据展品性质或所处观众群体区域性差异，来改变展览陈列方式，从而适应新的展览环境，真正做到同展不同面。例如，100件大英博物馆馆藏展，在不同的博物馆展出时，均会对展品进行细致的研究后将展览名称进行更改："100件文物中的世界史：大英博物馆馆藏展"（中国国家博物馆）、"大英博物馆展：百件文物中的世界史"（东京都美术馆）、"百物看世界：大英博物馆藏品展"（香港文化博物馆）、"另眼看世界——大英博物馆百品展"（台北故宫博物院）、"大英博物馆百物展：浓缩的世界史"（上海博物馆）等。作为"大英展"的特色项目，展览最后增加一件文物，由展出地博物馆自行设计，如中国国家博物馆增添的第101件与主题相关的展品是2001年宣布中国加入世贸组织（WTO）的木槌和中国加入世贸组织的签字笔，一组三件（套）（图二）。而上海博物馆选择用100件展览中的展品图像组合成二维码作为展览的第101件展品。使同一个展览展品都能够根据展览性质来改变，融入自身展览特点与优势，适应全新的展览环境，提高展览灵活性（图三）。

### 3. 观众对博物馆运营配套设施提出更高要求

随着来博物馆参观的人越来越多，对博物馆

的考量与评判不再局限于陈列展览，更多的是对博物馆的整体进行考量。就整体考量而言，虽然展品与展览是最为重要的考量内容，但是博物馆运营配套设施及服务的好坏也在考量的范畴之中。

观众来到博物馆，最直接的感受就是公共空间的使用体验。使用体验的考量往往早于观展体验，而且对于公共空间的确切感受，能够很直观地延伸到观展体验之中，影响在展览空间中的观展情绪。博物馆公共区域配套服务的设施设备都需要进行精细的思量，大到供电供水、中央空调、电梯、疏散通道；小到洗手间、饮水机、垃圾桶、休息椅等基础设施的大小、数量、位置等都是一门大的学问。

就仅仅饮水机、垃圾桶、休息椅而言，体积的大小和数量的多少关系到在公共空间所占比例关系，直接影响观众进入场馆的使用体验，体积过大使用方便但会过于醒目，影响整体美观；体积太小使用性能有限制，担心观众使用是否便利。数量的多少关系到观众使用是否方便，也影响整个公共空间其他设施的合理布局，数量少不够用，数量多占地方。位置的设置也非常难考量，放在参观动线上，容易形成拥堵，人员扎堆，影响参观路线与参观效果；放在隐蔽处，路程远观众不愿意去，往往形同虚设无法起到作用等，都是博物馆日常运行中遇到的最为直接、不可避免的问题，同时也是观众评判博物馆是否发挥社会职能的重要标准之一。

### 4. 观众需要博物馆人才专业性的引导

观众参观博物馆除对藏品、展览、配套设施等直观需求外，在参观过程中最根本的是对博物馆人才专业性的需求。藏品保护、展览设计实施、展览讲解、配套设施维护、场馆设备的运行、藏品安全等都需要大量的博物馆专业人员、后勤人员、内部管理人员、保卫人员、讲解员的通力合作才能实现博物馆正常运营。源源不断的观众群体、层出不穷的观众诉求，使得博物馆人才短缺的问题更为突出。

博物馆赋有教育、研究、欣赏、有目的征集、保护、研究、传播的作用[17]。从各项职能界定来看，博物馆就是为观众提供艺术性教育的公益性场所。专业性人才的短缺会直接影响博物馆社会功能的有效发挥，服务质量的下降，观众体验感受削弱。以博物馆讲解员为例，讲解是以陈列为基础，运用科学的语言和其他辅助表达方式，将知识传递给观众的一种社会活动。讲解员是沟通博物馆、纪念馆与社会的桥梁和纽带，是博物馆的名片，讲解服务的质量和水平直接影响观众的受教育和参观质量，影响博物馆的窗口形象，甚至影响一个地区和国家的形象。所以讲解员在博物馆中是一个非常特殊的岗位，讲解员区别于一般的导游，是具有专业性、艺术性、知识性的综合岗位，除专业素养要求高之外，个人素养要求也非常高。

培养一个优秀的讲解员是非常难的，一个优秀的讲解员必须具备良好的综合素质，在个人的知识储备方面也需要其具有较高的学历背景，年龄在18～22岁，并且在接受新事物的能力和工作积极性方面要求都非常严格，其中还包括自身具备的先天条件如嗓音、形象等。这使得优秀讲解员的培养成本与时间成本大幅度增加。面对蜂拥而至的观众，对讲解员的需求猛增，但培养优秀讲解员的速度无法与之相匹配，造成人员缺口。观众需求无法满足，热情大幅度下降，无法保证观众群体长期稳定地来馆参观的热情，造成对博物馆反馈与评估偏低的现象。观众急需博物馆人才专业性的引导与服务，帮助其积累正确的观展经验，规范其观展行为，而这些直接转化成制约博物馆发展的重要因素。

博物馆的持续升温，使地域文化和旅游行业迎来了春天，促进更多专题性、行业性博物馆犹如雨后春笋般建设起来，博物馆行业无疑迎来了最佳发展时机。但备受鼓舞的博物馆同时也应思考和直面博物馆持续升温背后所隐含的种种问题。博物馆热是一项以微知著的社会现象，事虽小但影响深远，这里仅对观众群体需求、博物馆社会职责和功能等问题进行初步的分析与探讨，旨在引起学术界的高度重视，以利于共同开展研究。对这一问题的探讨不仅是对博物馆日常运营工作中出现的现象研究，更是呼吁在秉持"以人为本"的办馆理念的同时，就如何充分发挥博物馆的社会职能来引导观众，使其真正成为博物馆的主人进行思考。

**参考文献**

[1] 田云华. 中秋国庆双节期间全国博物馆接待观众总量达6600万人次[EB/OL]. (2023-10-7)[2023-10-20]. https://news.cctv.com/2023/10/07/ARTInZxDY26nmJHmF6r7qE49231007.shtml.

[2] 约翰·H. 福克. 博物馆观众[M]. 郑霞, 林如诗, 译. 杭州: 浙江大学出版社, 2022: 3.

[3] Stryker S. The vitalization of symbolic interactionism[J]. Social Psychology Quarterly, 1987, 50(1): 83-94.

[4] 《2023年博物馆数据报告》出炉! [EB/OL]. (2023-5-22)[2023-10-20]. https://www.163.com/dy/article/I5C5HHHU05119VOS.html.

[5] 中华人民共和国文化和旅游部. 中华人民共和国文化和旅游部2022年文化和旅游发展统计公报[EB/OL]. (2023-7-13)[2023-10-20]. https: //zwgk. mct. gov. cn/zfxxgkml/tjxx/202307/t20230713_945922.html.

[6] 单霁翔. 关于新时期博物馆功能与职能的思考[J]. 中国博物馆, 2010(4): 6.

[7] Hein G E. Learning in the Museum[M]. London: Routledge, 1998: 5.

[8] 黄光男. 博物馆企业[M]. 北京: 文化艺术出版社, 2011: 77.

[9] 王嵩山. 文化传译: 博物馆与人类学想象[M]. 台北: 稻乡出版社, 1992: 89.

[10] 美国博物馆协会. 博物馆教育与学习[M]. 湖南省博物馆, 译. 北京: 外文出版社, 2014.

[11] Hooper-Greenhill E. Museum and Their Visitors[M]. London: Routledge, 1994: 140-169.

[12] 严建强. 在博物馆学习: 博物馆展览中的认知与传播[M]. 杭州: 浙江大学出版社, 2020.

[13] Carr D. A museum is an open word[C]//Paper presented at the meeting of the American Society for Cybernetics, Philadelphia, PA, November 17, 1993.

[14] Weil S E. The museum and the public[J]. Museum Management and Curatorship, 1997, 16(3): 257.

[15] 阿诺德·豪泽尔. 艺术社会学[M]. 居延安, 译. 上海: 学林出版社, 1987: 168.

[16] 《博物馆学概论》编写组. 博物馆学概论[M]. 北京: 高等教育出版社, 2019: 147-148.

[17] 国家文物局. 国际博物馆协会章程[EB/OL]. (2015-5-12)[2022-4-12]. http://www.ncha.gov.cn/art/2015/5/12/art_2303_42828.html.

# 博物馆展览改陈如何推陈出新
## ——以"梁庄王珍藏——郑和时代的瑰宝"展览为例

魏 冕
（湖北省博物馆）

[摘 要] 博物馆展览改陈的目的是为观众提供认知展览的全新视角和审美体验。要实现这一目标，博物馆应扎实推进学术研究、制定符合展览定位和内容的形式设计方案、恰当运用多媒体技术之传播优势、充分利用各种宣传途径扩大展览的社会影响力。本文以湖北省博物馆改陈"梁庄王墓"展览为例，说明了策展方如何从前述四个方面入手，打造兼具学术、审美、教育价值的陈列展览。

[关键词] 博物馆 展览 改陈

陈列展览改陈是博物馆每隔数年必须面对，又极富挑战的业务工作。与策划全新的原创展览不同，展览改陈所面临的最大问题，是如何通过改变器物的组合方式、形式设计语言和多媒体呈现方式，讲述全新的展览故事，带给观众耳目一新之感。

要做到令观众耳目一新，就要为观众提供全新的观展视角和审美体验，通过改换展览的叙事线索、形式风格、互动方式，揭示文物在前一展览中未曾被展示的向度，反映以前的器物组合未曾映射出的社会制度和时代背景。然而如何在文物已经被深入研究的基础上推出全新的展览框架，打造观众看得懂、喜欢看的"升级版"展览，是博物馆策展人在改陈现有展览时面对的主要问题。回应这一问题的策略，也将成为新展览的创新亮点。下面以湖北省博物馆"梁庄王珍藏——郑和时代的瑰宝"展览改陈为例，总结和反思策展方在此次展览实践中所面临的机遇和挑战。

## 一、扎实的学术研究是展览推陈出新的关键动力

"梁庄王墓"展览一直是湖北省博物馆备受追捧的"明星展览"之一，展览所展示的金、玉、宝石类器物具有极高的观赏性，观众常常在仅300多平方米的展厅里流连不去。改陈之前，"梁庄王墓"展览从展览标题到内容架构，皆以突出考古信息为主。展览内容分为"郑和的时代与梁庄王墓""金银器""冠带服饰""头面佩

饰""玉器""瓷器""密教法器""祭祀用器和杂器"八个部分。该策展思路的优点在于，能使观众在有限的展览空间内欣赏到出土于梁庄王墓的丰富器类；有待改进之处在于，由于文物组合按照考古报告中的器物分类确定，展览叙事性欠缺，导致观展节奏过于单调、平缓，相关信息难以依托既有线索有层次地展开，观众的观展视角很大程度上被局限于眼前的精美文物，难以"由物及人""由物及时代"，产生更深层次的认识。

为了改进从单一的考古视角解读"梁庄王墓"展览的问题，策展方认为应从有效回应观众诉求、追踪和运用学术前沿成果这两处着手，使观众通过欣赏展览"见物、见人、见时代"。新的展览主题、定位和叙事框架的确立，必须建立在对文物深入且充分的学术研究的前提下进行。梁庄王墓的出土文物，多为日常生活实用器，精美者体量虽不大，但材质多为金、玉和宝石，可观赏性极强。为了突出这一特点，策展方在选件时剔除了艺术价值不高的文物，对艺术价值高的文物进行重点展示。展品虽然"小而美"，但它所反映的社会生活和时代图景却是宏大而影响深远的。如何组织展览内容来传达展览的主题和立意？这需要策展方结合观众的观展诉求和相关史学理论，通过合理的文物组合完成展览叙事来实现。

在展览改陈之前，我们就观众感兴趣的展览内容进行了调查。该项工作通过在原"梁庄王墓"展厅中，随机对观众进行问卷调查的方式进行。35%的受访观众对明代贵族的社会生活表现出兴趣，40%的受访观众尤其关注明代贵族的衣冠服饰制度，25%的观众对梁庄王及其夫人的生平表示好奇，还有16%的观众对郑和下西洋与墓主人之间的关系格外关注。概言之，观众期望在展览中看到的，是梁庄王的人生经历、日常生活细节及其与时代的互动。

有鉴于此，策展方认为日常生活史研究视角可以成为指导该展览的主要史学理论思想。20世纪七八十年代，以英、美、法、意、德等几个主要国家为代表，整个西方史学共同经历了一次历史学主要趋势由社会史向文化史的转向[1]。"新文化史"取代了20世纪60年代兴起的"新史学"中的社会、经济、人口史，成为学术界的宠儿[2]。彼得·伯克曾经在谈到新文化史（彼时彼得·伯克仍称"新文化史"为"历史人类学"）和社会史的不同之处时提到，社会史描述的是大多数人的生活，历史人类学研究则更注重微观视野下的分析，重点对小型社会群体展开更深入、更具日常生活细节的研究；日常生活中的象征主义往往被文化史家和社会史家所忽视，而历史人类学家则将其视为研究的中心议题，并试图揭示日常生活中的琐碎活动与仪式在维系和加强某种世界观时的重要作用[3]。彼得·伯克认为，新文化史正是为解决与日常经验失去联系的社会史这个问题而创造的[4]。伊格尔斯在1997年出版的《二十世纪的历史学》一书中，谈到了20世纪史学思想中出现的"两种十分不同的取向"。其中，在述及20世纪70年代后出现的第二种史学思想取向时，伊格尔斯写道："如果说社会科学取向的历史学曾经力图以对社会的研究取代政治的研究的话，那么新的历史学就转向研究被人理解为是日常生活与日常经验的条件的文化。"[5]新文化史的研究视角，为以展示物质文化为主要内容的博物馆历史专题类展览，提供了重要的借鉴思路。策展方可以从物质遗存的角度出发，梳理出墓主人日常生活的各个侧面，通过展示日常生活中各类活动、仪式的开展过程及其象征意义，揭示历史主体的物质生活、精神世界及历史事件发生的制度背景、社会经济状况、社会思潮等时代背景。具体到梁庄王展览的改陈，我们希望新展览能从墓主人的日常活动、仪式等细节出发，揭示渗透于其中的制度、经济、文化等背景因素。从观众接受信息的角度而言，展示墓主人的日常生活侧面，容易触动观众探寻古代贵族生活细节的好奇心，使观众能够更好地参与、代入展览情境，有利于展览叙事线索的铺陈与展开。

在新文化史理论的指导下，将展览打造成从日常生活视角出发的艺术展，成为展览设计的基本思路。展览拟以贵族生活的几个侧面为切入点，反映当时的政治和社会制度对日常生活的影响和渗透。具体来说，即通过展示梁庄王的日常生活用物表现其生活细节，再现其生活场景，说明明初的政治制度、贸易网络和社会状况。确定了这个基本思路，接下来策展方需要解决的是如何编织展览的叙事单元。梁庄王墓为夫妻合葬墓，大部分精美文物出自梁庄王和梁庄王妃的棺床之上。这一考古信息启发了策展方运用性别史的研究视角，通过分单元展示制度规范下的男性墓主人和女性墓主人的礼仪用具、饰品（主要包含性别象征意味图像和类别的文物），为观众描画出在传统权力结构支配下的男性和女性形象。这样一来，即将展览的叙述重心落在了两位墓主人和他们的关系之上，通过关注"人"，来反映文物背后的制度与文化。

我们综合观众的观展诉求和出土文物的具体情况，从礼仪和日常生活场景、精神信仰等角度，以性别和郑和时代的朝贡贸易作为单元划分的主要依据，对展览进行了内容层级划分。第一单元"天潢贵胄"，分为"亲王衣冠""王府器用""密教信仰""百器饰终"四部分，重点聚焦梁庄王这一人物的生平、礼仪与日常生活、精神信仰以及丧葬仪式，以这几个方面为切入点，反映明初分封制度的背景、宫廷礼仪制度的传承与发展，以及政治版图的维系。例如，通过展厅中首先出现的两件武器类型展品（铁盔和铁刀），引出对明初藩王分封制度的介绍，交代梁庄王被分封至安陆州的制度背景；通过展示梁庄王的冠带服饰，向观众说明明代亲王的衣冠制度；通过出土密教文物的展示，说明明初宫廷的密教信仰及其背后的政治考量。第二单元"珠围翠绕"，分为"王妃礼服""金玉玲珑""闺阁雅趣"三个部分，重点展现梁庄王妃的生平、礼仪和日常生活场景，反映了在明初亲王的特殊婚配制度下，平民女子嫁入王室后的社会角色和心理转变。最后，展览以"丝路撷珍"作为尾声，运用多学科的研究视角，通过展示錾刻有"西洋"铭文的金锭、镶嵌宝石的文物、宝石学研究的相关成果等来说明明初朝贡贸易网络的维系与发展，旨在突出梁庄王墓出土文物与郑和下西洋这一航海壮举之间的关联。如此设置，将展览视角由"人"拓展至他们所处的时代，利用不同学科理论和方法指导下对文物多角度认识的成果，来观照和回应社会现实。以明初海上贸易网络的构建与维系，呼应"21世纪海上丝绸之路"之于当今中国的时代意义，提升和丰富展览的立意和内容。

虽然新展览的定位是以突出展品审美价值为主的艺术展，但为了增加展览的叙事性，策展方通过设置器物组合和展览动线，力图为展览勾勒出故事线索，增强展览的可读性。举例来说，整个展览顺展线方向出现的头两件展品，是曾经属于梁庄王的铁盔和铁刀。之所以选择两件武器，一方面是为了在展览伊始制造一定的戏剧效果、烘托紧张的情绪氛围，使观众快速进入本展览的叙事文本、适应新的观展节奏；另一方面是为引出明初藩王分封的军事背景，以及梁庄王生活时期藩王军权已经式微的历史事实。紧随两件展品之后的，是两方梁庄王墓志，该展品的设置旨在将本展览的历史人物主体迅速推至台前，以便随后围绕人物展开的叙事线索的铺陈。再比如整体展览叙事线索的设计，第一单元旨在通过梳理梁庄王日常生活的各个侧面介绍明初的制度背景，烘托出展览的第一个高潮；第二单元则类似交响乐中的第二乐章"Adagio"，在艺术氛围和展览节奏上相对舒缓、优美；第三单元则高潮再起，将视野切换至时代的广角镜头，通过将"西洋"铭文金锭、墓中出土的嵌宝石文物与郑和下西洋的航海壮举相关联，展现明初的对外贸易图景，再次引领观众走向展览最后的情绪高峰。展览的整体叙事线索同时统摄视觉语言的组织形式，以期展览呈现出统一的氛围和节奏感。

## 二、依照内容设计及展览定位确定符合展览主题的形式设计方案

2007年版"梁庄王墓"展览的定位是考古成果展，展览的内容框架以考古报告的内容结构为基础，按照文物的材质和功能对其进行分组展示。展览形式设计亦以内容设计大纲为蓝本，以展示文物的材质和功能特征。当时的展陈方案在突出文物艺术价值方面进行了有益的尝试，但其缺陷也是显而易见的。因为内容文本的叙事性欠缺，导致形式设计难以提炼鲜明的设计主题、各单元形式设计特色不突出；同时，因受限于展厅面积，展览呈现出展线过紧、文物的艺术价值难以凸显、观展节奏欠佳等问题。

湖北省博物馆新馆三期"梁庄王珍藏——郑和时代的瑰宝"展览的展厅面积由330平方米增至1000余平方米，新展厅为梁庄王墓出土的珍宝提供了充足的展示空间，考虑到展览的展示对象是观众喜闻乐见，且工艺十分精湛的金、玉及宝石器，因此该展览被定位为艺术展。同时，新版展览的叙事线索相对鲜明，前两个单元按照人物划分，旨在通过文物引出其背后人物的故事，再由人物出发，折射其生活的时代图景。如此便为展览空间设计、各单元设计元素的提炼提供了充足的依据。

考虑到新版"梁庄王珍藏——郑和时代的瑰宝"展的内容设计带有较明确的叙事线索，本展览未采用开放式展线，策展方设计了与展览大纲内容逻辑基本对应的展览动线及空间布局。展览采用传统的左手展线，依据内容重点和文物分布情况划分展览空间。其中，第一单元"天潢贵胄"的展示面积最大，第二单元"珠围翠绕"次之，尾声"丝路撷珍"的展示面积最小，这与内容大纲的设计完全相符。各单元二级标题下文物的空间分布基本上与内容大纲中的次序——对应，仅有一处例外，即在空间上对调了第一单元的第三个二级标题"密教信仰"与第四个二级标题"百器饰终"的展示顺序。这不仅是为了给墓中出土的密教文物留出一个相对独立的展示空间，且二者的空间次序在调整之后，随葬铅锡器正好被排布在与金银器相对的位置上，形成了一种鲜明的视觉对比，这对墓主人违背明太祖开国之初设立的以铅锡器简葬的祖制传统之事实给予了视觉上的强调，一定程度上也暗示了梁庄王的个人生命境遇与永宣时期国家力量的变化。展览尾声部分的面积最小，展示文物的数量也相对最少。对此，我们采用了精品文物展示策略，为每一组文物都设计了独立柜，以期在凸显其美学和历史价值的同时，强调其与明初郑和下西洋航海行为之间的联系。此外，在尾声部分展示空间的视觉中心位置，策展方设置了"宝物历险记"四幅LED触摸联屏，为观众理解文物的历史价值提供了一个交互学习的机会，将展览推向最后的高潮。

新版展览大纲的前两个部分，分别以梁庄王及王妃的随葬品作为主要展示对象，因此以性别特征作为展览设计的切入点，依据性别色彩的差异进行设计，成为指导展览第一、第二单元形式设计的主要依据；尾声将人物的日常生活和随葬珍宝与明初郑和下西洋的时代背景相联系，郑和的远航成为重要的内容主题，因此该部分的形式设计即以"航海贸易"作为设计亮点。

根据展示空间的情况及所确立的各设计要点，我们对展览的展示方案进行了如下优化调整：①以赭罗、苏方、柔蓝作为各单元的主题色，以中性的灰色作为背景色，达到凸显各单元主题的目的。该展览是以展示展品之精美为重点的艺术展，因此颜色种类不宜过多、饱和度不宜过高，大面积使用灰色，局部辅以低饱和度的各单元主题色作为装饰，旨在通过色彩向观众提示各单元主题，同时有效烘托展厅氛围。展览第一单元以赭罗来彰显梁庄王身份之高贵与庄严，第二单元选用苏方这一色彩来提示王妃的女性特质，展览尾声部分则以柔蓝来关联郑和的航海壮举。②以木质明式家具式样作为展托形式的主要参考，与展厅整体简洁、大气的设计风格保持

一致。新版"梁庄王珍藏——郑和时代的瑰宝"展，以墓主人的日常生活作为展览展示的切入点，选用天然木材这一今天仍在使用的重要生产生活材料，有助于为观众营造和创设日常生活场景，使其迅速融入展览情境，领会叙事线索。但该展具形式的设计应在吸收传统元素的基础上尽可能抽象简洁，以符合当代人的审美需求。③展线由紧变松，为每一组文物量身定制形式和灯光设计方案，充分展示文物细节，烘托展厅的叙事节奏。新展厅的面积是以往的三倍多，这为充分展示每一件文物的艺术、历史和科技价值提供了空间基础。每一组文物的视觉呈现方案都在保证文物安全的前提下，依据其在整体展览中的功能和位置确定，达到既展示器物本身的功用和美感，又在展线上起到承上启下作用的目的。由于新版展览增加了叙事性线索，故展览灯光设计不仅需要凸显每组文物的重点信息，更要起到有效推进展览叙事、服务各板块视觉氛围营造的目的。

## 三、运用多媒体技术充实展览内容、增强展览互动、烘托展厅艺术氛围

展厅中多媒体展项的设置，是使展览和文物"活起来"的关键因素。2007年版"梁庄王墓"展览中一共设置两个多媒体展项：其一是置于展厅第一单元、用来播放影片的42寸液晶屏，其二则是置于展厅进出口处、用以展示文物细节和相关信息的多媒体互动触摸屏。前者的主要内容是介绍明初的制度背景及郑和下西洋的历史事实，为观众提供与文物相关的历史背景信息；后者则是通过多媒体向观众展示文物细节，弥补观众在展厅内不能近距离观察文物的遗憾。这两处多媒体的设置，在当时是非常有益的展览实践，它充分利用了多媒体信息承载量大的物理特性，对展厅中的考古信息进行了有效补充。随着多媒体技术的发展及新版展览大纲的调整，多媒体将在新版"梁庄王珍藏——郑和时代的瑰宝"展中承担更多的诠释任务。

"梁庄王珍藏——郑和时代的瑰宝"展是以精美文物为展示中心的艺术展，策展人期望通过适度弱化数字展项，使观众的观赏重点聚焦于文物本体之上。因此在展览总体设计阶段，我们仅在展厅内为数字多媒体预留了4个点位，4个展项的内容、形式与叙述框架、各空间的艺术基调严格对应，使多媒体在各自的展线位置均能起到推进展览叙事、补充相关信息、烘托展览艺术氛围的作用。下面逐一说明各多媒体展项的设置情况。

新版展览的定位由考古类型展转为艺术展，故策展方在内容设计过程中，有意削弱了考古信息在总体内容中的权重。但考古信息对于观众理解随葬品的归属和功能至关重要，且适当补充考古信息有利于调动观众的观展兴趣。有鉴于此，策展方考虑通过多媒体展项作为补充考古背景信息的媒介手段。我们在第一和第二单元的开端，分别设置了"墓室寻宝"互动触摸屏和"梁庄王墓"考古发掘纪录片的播放设备。"墓室寻宝"展项意在使观众在互动过程中，学习阅读考古发掘平面图，并在平面图中找到文物的具体出土位置，以使观众明确明初的葬俗、文物的归属及分组关系。考古发掘纪录片则向观众展示了墓葬所处的地理环境、建筑结构及发掘概况，通过考古发掘者的亲身讲述，为观众营造考古现场感，进而从考古发掘的视角理解文物在不同生活、仪式场景下的社会属性。

有别于前两个展项，被置于第二单元青花瑶台赏月瓷锺一侧展墙之上的"瑶台瓷锺动画"展项，旨在通过艺术动画来加强艺术展的情境营造。第二单元本就承担着全面呈现艺术展美学理念的任务，青花瑶台瓷锺作为本单元的展示亮点，以其灵动雅致的画面强化了展示空间的艺术氛围。策展方将"瑶台瓷锺动画"置于该文物之侧，使器物图案所展示的"掬水月在手，弄花香满衣"之情境得以被二次演绎，其意在借助器物图案之生意，开启观众与文物之间的对话，为观

者创造一个与古人精神共鸣的机会，从而为作为艺术展的"梁庄王珍藏——郑和时代的瑰宝"展制造又一个戏剧小高潮。

本展览最后一个多媒体展项"宝物历险记"，是展览尾声部分的中心和重点展示项目。策展方希望通过展示郑和船队的易货方式、贸易各国的物产及相关背景信息，使观众身临其境地体会明初海外贸易的盛况。考虑到该展项中拟展示的信息较为庞杂，策展方选择以航海游历的展示形式将动画和背景信息进行整合。观众可以在交互型多点触摸屏上选择船队的贸易路线和航行目的地，通过"游历"的形式参与到明初郑和船队与朝贡贸易国家以货易货的虚拟情境中，借助动画了解贸易参与国的风土人情和贸易情况，从而突出尾声部分海上丝绸之路贸易路线维系的主题。

## 四、利用社交媒体、网络平台扩大展览的社会影响力

展览宣传是展览项目的重要组成部分，同时也是扩大展览社会影响力的重要手段。传统的展览宣传，包括传统媒体对展览的报道、在博物馆场馆内进行的社教活动，如湖北省博物馆社教部组织的《金锭带你下西洋》情景剧，现已成为本馆颇受青少年追捧的品牌社教活动。然而传统宣传手段所针对的目标人群有限，难以覆盖目前作为博物馆观展主力的年轻知识群体。根据最新发布的《湖北省博物馆2023年中秋国庆假期参观预测报告》，湖北省博物馆"80后"游客订单占比15.89%，"90后"占比23.31%，"00后"占比46.68%，"80后""90后""00后"预约人数合计占到总预约量的85.88%。从性别角度考察，女性游客占比达到60.82%[6]。根据统计数据，青年观众群体是湖北省博物馆的主要观众群体，而这一群体的活跃场域，是具有传播迅速、传播链长、形式生动等特征的社交媒体。

2021年12月湖北省博物馆新馆正式对社会公众开放以来，吸引了大量观众前来观展。据笔者观察，"梁庄王珍藏——郑和时代的瑰宝"展的观众，以青年群体为主，其中，女性观众又占据了相当比例。2022年暑假至今，各大短视频和社交媒体平台争相宣传"梁庄王珍藏——郑和时代的瑰宝"展览，在互联网上引起了一阵风潮。笔者尝试对"梁庄王珍藏——郑和时代的瑰宝"展在网络宣传上引起巨大反响的事实进行归因。首先，新版展览将"人"作为展览的重要线索，展览叙事性增强，观众更容易代入展览的叙事情节，对梁庄王及王妃的关系产生好奇，从而对展览产生了更深的情感连接。其次，新版展览的形式设计以突出展品的精巧细腻之美为主要目标，以艺术展作为设计基调，细节处较为考究，这不仅为观众正确理解展览内容提供了有效的视觉线索，展览空间本身亦令观众流连忘返。青年观众选择通过拍照和制作短视频，并将其上传至社交平台来表达和分享他们对展览的主观感受，客观上对展览进行了真实生动的线上宣传，引起了良好的社会反响。

没有一场展览是十全十美的，唯有积极反思展览中的不足，才能促进展览水平不断提升。新版"梁庄王珍藏——郑和时代的瑰宝"展虽然成功将叙述主体切换至"人"的视角，但展览的叙述框架略显平淡，叙述技法仍有待提升。如何编织高潮迭起的叙事文本，持续引导观众的观展情绪高峰，也许是下次改陈时需要着重关注的问题。此外，展览虽然在互联网媒体上获得了较高的关注度，但是观众自发制作的短视频等，却传播了一些与史实不符的错误信息和价值观，如将精美的出土文物与"金钱"挂钩，联系梁庄王夫妇的情感生活，得出了"金钱可以衡量爱情"的结论；将明初王妃殉葬的制度性行为与"追求爱情"关联，认为魏妃是"为爱殉情"。这一现象说明，博物馆作为社会教育机构，应该主动传播正确的史实和价值导向，正确发挥文物的教育、传播价值。

博物馆展览改陈要实现真正意义上的推陈出

新，必须扎实推进学术研究、密切关注观众诉求、准确运用展览形式语言、恰当运用多媒体技术、充分利用各种宣传途径。唯有找准基于全面深入藏品研究的、符合观众观展诉求的叙事框架和线索，并通过恰当的视觉语言对展览主题进行完整诠释，策展方才有可能真正地完成展览的"更新迭代"。展览改陈工作凝聚着博物馆人对博物馆社会意义和价值的思考。如何在当代语境下诠释和传播传统文化的深刻内涵？如何释放传统文化在推动社会进步过程中应当发挥的巨大能量？都将是博物馆人在展览中应正面回应的"元命题"。

## 参考文献

[1] 彼得·伯克. 西方新社会文化史[J]. 刘华, 译, 李宏图, 校. 历史教学问题, 2000(4): 25.
[2] 蒋竹山. "文化转向"的转向或超越？——介绍四本论欧美新文化史的著作[C]//陈恒, 耿相新. 新史学(第四辑). 郑州: 大象出版社, 2005: 241.
[3] Burke P. The Historical Anthropology of Early Modern Italy: Essays on Perception and Communication[M]. Cambridge: Cambridge University Press, 1987: 3-4.
[4] 杨豫, 李霞, 舒小昀. 新文化史学的兴起——与剑桥大学彼得·伯克教授座谈侧记[J]. 史学理论研究, 2000(1): 144.
[5] 伊格尔斯. 二十世纪的历史学: 从科学的客观性到后现代的挑战[M]. 何兆武, 译. 沈阳: 辽宁教育出版社, 2003: 9.
[6] 张晓云, 何广, 杨理胜. 湖北省博物馆2023年中秋国庆假期参观预测报告[EB/OL]. (2023-9-28)[2024-1-5]. https://wap.peopleapp.com/article/rmh38013571/rmh38013571.

# 浅议考古遗址博物馆展示传播的特点与问题

赵 娜
（复旦大学文物与博物馆学系　成都金沙遗址博物馆）

[摘　要]　进入21世纪第二个十年，中国现代考古学迎来了新的百年征程。100多年来，中国考古事业取得了举世瞩目的成就，重大考古发现层出不穷，依托重大考古发现建设的考古遗址博物馆也成为我国博物馆体系中的一个重要类型。考古遗址博物馆因其在地性、现场性、专题性、完整性与进行时等特点，在展示传播方面有着特殊的要求。目前我国考古遗址博物馆的展示中普遍存在缺乏整体规划、遗址信息阐释不足和观众体验效果不佳等问题。本文拟在探讨考古遗址博物馆展示传播特点的基础上，分析产生以上问题的原因，并进一步提出改善现状的努力方向。

[关键词]　考古遗址博物馆　遗址展示　考古学阐释　阐释系统

## 一、考古遗址博物馆的定义及其展示特点

1982年，国际博物馆协会编辑出版了《考古遗址博物馆》一书，对考古遗址博物馆的定义、分类、特性等进行了总结分析，书中将"遗址博物馆"定义为"为了就地保存可移动和不可移动的自然或文化遗产而建立的博物馆，即博物馆建在该遗址被创造或发现的原地"[1]，同时将遗址博物馆分为四种类型，即生态遗址博物馆、民族遗址博物馆、历史遗址博物馆和考古遗址博物馆。在中国，系统的遗址展示历经探索——发展——转型的过程，从最初的遗址现场展览会到遗址本体与出土文物结合展示，再到考古遗址公园模式，考古遗址博物馆的内涵与外延得以拓展。一些学者也发表了自己对遗址博物馆（考古遗址博物馆）定义的认识，吴永琪认为："在古文化遗址上建立针对该遗址文化进行发掘、保护、研究、陈列的专门性博物馆就叫遗址博物馆。"[2]陈俏蕾认为："遗址博物馆是（在）因自然或人为活动的原因形成的遗存的原址上建立起来的。"[3]李莹认为，考古遗址博物馆属于遗址类博物馆的一种，即"依托考古遗址，以发掘、保护、研究、展示为主要功能的专题博物馆"，具体可以分为"建立在古人生活居住遗址、生产遗址、帝王陵墓遗址、古代都城遗址之上的博物馆等等"[4]。王刃馀则从"考古资源管理"的角度对考古遗址博物馆进行了界定："考古遗址博物馆，是专业考古博物馆的重要分支。它是设立在一定考古遗址分布范围内（或周边），借助室内可控环境、室内外文保与展示技

术条件，围绕该考古遗址（及其环境与出土物）开展发掘、研究、保护、收藏、陈列、阐释、展示、体验等活动的一类考古资源管理系统。"[5]

结合上述研究，本文拟从信息阐释的角度对考古遗址博物馆进行如下界定：考古遗址博物馆是在一定的考古遗址分布范围内，通过室内可控空间与室外环境，对该遗址进行发掘、保护、收藏、研究、展示的专门性博物馆。博物馆在进行遗址发掘、保护、研究的基础上，旨在向公众阐释和传播该遗址的考古成果，使观众理解遗址的重要价值，培养遗产保护的意识，进而形成全社会参与保护的良性循环。

综上可以看出，考古遗址博物馆展示具有以下特点。

### 1. 展示空间

与传统博物馆单一的展示空间不同，遗址在考古过程中被分解为可移动的文物与不可移动的环境[6]。其展示主体不仅包括遗址本体（场馆内与室外）、可移动文物的场馆展示（以博物馆展示为主），还包括依托公园空间以遗址自然与人文环境为主体的遗址景观展示，三者呈现出高度一体化的状态，并且具有互证互信的作用[6]，共同构成了遗址公园的展示体系。随着考古遗址公园的建立，考古遗址博物馆的展示空间一般由综合展馆、专题展馆、遗迹馆（或室外遗迹复原展示空间）和公园园区景观展示共同构成。

### 2. 展示内容

（1）专题性

鉴于考古发掘的特殊性，考古遗址博物馆的展示内容均为专题的、相对单一的。博物馆反映的往往是一个时代、一个地区人类历史上的社会状况或自然风貌。

（2）丰富性

随着近些年考古工作的长足进步，尤其是科技考古的发展，动物考古、植物考古、微生物考古等技术的引入，一个考古遗址的发现往往伴随着丰硕的成果资料，为博物馆的展示提供了有力的支撑。考古遗址博物馆的展示内容不仅包括古代遗迹及遗物，还包括与古代人类活动有关的自然遗物和环境遗产。此外，考古学方法的研究和普及也成为此类博物馆的一个重要展示内容。

（3）进行时

一项遗址的考古发掘工作往往历时数年，即使遗址博物馆建设开馆，而该遗址的考古工作仍在进行。考古工作不断推陈出新，基于考古发现成果与研究工作不断补充完善着遗址属性、特征、社会含义与价值，遗址博物馆在展示内容时需要考虑"留白"，实时更新，这也正是遗址博物馆的魅力所在。

### 3. 展品

考古遗址博物馆的展品大多为本遗址出土，具有排他性和不可替代性，这是其他博物馆所无法比拟的。同时考古遗址出土的文物大多类型或质地单一，尤其是手工业区（作坊）、居住区、城址等遗址，存在着文物类型单一、观赏性差等问题，给博物馆展览带来一定挑战。

### 4. 展示形式

基于丰硕的考古成果与室内外广阔的展示空间与环境，考古遗址博物馆的展示形式较之传统博物馆更加灵活多样。跨学科参与、多元媒介与园区环境为考古遗址博物馆的展示提供了广阔的天地。

## 二、考古遗址博物馆展示传播过程中的问题

从以上分析可以看出，考古遗址博物馆的展示具有现场性、阐释角度多元、展示空间与环境丰富、展品排他性、展示形式多元等优势。就展示空间而言，目前的55处国家考古遗址公园中，包括大明宫遗址、金沙遗址、三星堆遗址、汉阳陵、盘龙城遗址、良渚遗址、安阳殷墟等都建立了遗址本体、室内陈列与室外

景观的展示体系。此外，随着VR、AR技术的不断深化，虚拟现实、增强现实的技术也逐渐应用于考古遗址现场展示中。但从笔者实地考察的几处考古遗址博物馆中，发现目前这类博物馆在"从物（考古成果）到人（观众）"的展示传播环节中普遍存在以下几点问题。

### 1. 博物馆展示缺乏整体性规划

考古遗址博物馆中，遗址本体展示、场馆展示和遗址景观展示三者共同构成遗址展示体系，但在实际规划中，遗址本体展示和场馆展示往往分属不同机构负责，展示规划并未在统一明确的主题下进行，导致不同展示主体"各自为政"，内容零散，造成不同功能区信息关联度低，加之遗址博物馆面积较大，展线模糊，增加了观众参观游览负荷。

### 2. 遗址信息阐释不足，观众体验效果不佳

考古遗址本身的观赏性与可读性对观众有着天然的挑战，如何通过博物馆展示将考古发现信息传递给观众成为至关重要的一环。而现阶段多数展览存在信息阐释不足的问题，具体表现在以下方面。

1）展示逻辑单一，内容类同，阐释主题特色不足。以聚落类遗址为例，博物馆展示内容大多从遗址的考古发现出发，进而通过自然环境、衣食住行、手工艺发展和精神信仰等方面进行故事编排，导致内容逻辑类同，缺乏遗址特色。

2）展示信息晦涩难懂，造成观众理解障碍，难以引起观众兴趣。目前遗址博物馆展示信息点大多按照考古学研究的逻辑进行编排，而非向观众进行科普的叙事性逻辑。在现实的策展环节广泛存在着直接照搬考古报告、科研论文等直接研究成果的现象，缺乏针对普通公众的科普化、形象化的二次阐释与多元展示视角，使考古发现成果难以转化为观众可消化、理解且喜闻乐见的内容。

3）展览阐释手段单一，观众参与度低、体验感不强。与其他类型博物馆的展示相比，考古遗址博物馆的阐释手段仍停留在较低水平，整体上阐释手段较单一，以静态的、视觉体验为主。近年来虽开始注重展览的参与性与互动性，但仍停留在形式上的表层，未能从观众体验的深层角度思考，难以使观众体验感真正增强。

## 三、原因剖析

### 1. 建馆仓促，考古遗址博物馆展示规划尚不完善

目前，我国考古事业如火如荼，掀起了考古遗址博物馆兴建的浪潮。据不完全统计，目前我国考古遗址博物馆有100余家[7]，多为文物行政部门管理的国有博物馆，分布较广，以北京市、陕西省、河南省、江苏省居多。近几年以来其增加的速度已经高过其他类型博物馆，并远高于其他专门性博物馆。而这类考古遗址博物馆往往在考古发掘结束不久就开始兴建，以致许多考古学术问题与博物馆建设规划问题尚未研究和思考清楚。博物馆工作人员对考古遗址博物馆这一特殊类型的博物馆缺乏经验，加之建馆时间紧迫，只能在实践中不断摸索，导致博物馆前期规划不完善，造成后期经营的成本损耗。

### 2. 相关学术研究支撑不足

一方面以考证、描述为主的传统考古学研究方法导致展示内容仅局限于考古文物、资料的本体信息，无法对其内涵、价值以及背后的文化、思想等多元角度进行深入解读，难以达到"透物见人"的展示高度。我国考古学阐释理论总体上还处于"文化历史考古学"的范式之中，对考古资料背后所反映的生存背景、经济形态、社会结构、意识形态与人类行为缺乏科学的研究方法论指导，距离"透物见人"的考古学阐释还有一定距离；另一方面，在考古实践中，地层学和类型学等基本方法为主要研究路径，这种聚焦于考古遗存年代和文化关系的研究，对于展览策划中解读物质遗存中的社会信息帮助较少，进而影响了"透物见人"的意图实现。

### 3. 遗址展示信息阐释技巧不足

对于考古遗址博物馆而言，遗址本体展示与博物馆中的文物展示因其信息载体与语境的变化，对信息阐释的要求不同，对应的阐释技巧也不同，不可一概而论。而遗址景观展示更是融合了景观学、传播学和设计学等多学科要点，与前两种展示类型的信息阐释方式相差较大。而在遗址展示实践中，由于对三种类型信息的阐释理念与方法的掌握不足，无法从专业角度进行展示与传播，使展示效果大打折扣。

### 4. 观众意识缺乏，尚未建立展示评估与观众研究机制

长期以来，展示并非遗址保护工作的应有之义。虽然近年来，遗址展示利用问题得到不断关注，但未能从根本上重新调试以适应保护与展示并重的理念变革。传统的保护主导理念仍深刻影响着遗址展示的逻辑内核，导致遗址展示多以权威或专家视角切入，专注遗址价值与学术信息的输出。与遗址保护规划不同，考古遗址的展示规划旨在向公众传播遗址的价值与信息，它连接着信源（遗址信息及其载体）与信宿（观众）两大主体，且观众基于信息传播的实际收益应是展示规划的聚焦点与落脚点。我们应从理念上将公众传播作为展示策划的核心导向，不仅要从"管理者"的逻辑出发，更要从公众作为"使用者"的逻辑出发思考如何构建展示。

## 四、努力方向

### 1. 规划先行：以展示传播为目的，加强考古遗址博物馆的建设规划

考古遗址博物馆应以展示传播为目的，规划博物馆建设。一方面要加强考古遗址博物馆展示体系规划。遵循整体规划原则，将综合展馆、专题陈列馆与室外遗迹展示和公园园区景观作为考古遗址博物馆的展示整体进行规划。另一方面要加强考古学学术支撑体系的建立。加强遗址的历史文化内涵研究、遗址本体及其出土物的还原研究、信息数据采集等工作，为博物馆展示传播奠定扎实的学术研究基础。

### 2. 更新考古研究原则，启迪多元的阐释视角

在展示传播导向下，考古遗址的信息采集与研究需要遵循以下几点原则：①关联性原则。在考古发掘采集与研究过程中，需要对相关背景信息予以足够的重视，即西方考古学的关键概念——语境（context）。狭义的考古资料语境包括基质（matrix）、出处（provenance）和共生关系（association）[8]。其中，基质是指物质周边的环境包裹物（如砾石、沙、泥土等），出处是指出土的相关位置关系，而共生关系则指与其他共存对象的组合关系。在大遗址考古背景下，考古资料的语境还应包括遗址自然地理环境与人文背景等。基于语境的信息采集使考古遗址成为具有时空特征和组合关系的可阅读的"文本"，也为揭示遗址背后的人类行为、历史文化与社会演变等"意义"保留了一手信息。②整体性原则。对于考古遗址的研究需要在整体论的视野下进行把握。遗址的研究应尽可能体现遗址本体及周边环境的完整性，结合广泛的文脉背景，包括自然环境、社会、文化、历史等发展脉络，提炼隐藏在遗址背后的功能意义、历史意义与象征意义。同时，要把握考古遗址的物质文化信息与非物质文化的整体性。不仅要聚焦于遗址的物质性信息的挖掘与阐释，同时还要对过去人类社会和精神实践、习俗、传统的认知或活动、创造并形成的周边环境空间中的其他形式的非物质文化遗产进行保护和发掘。③过程性原则。考古遗址在被掩埋之前曾拥有鲜活的生命历程，考古学的研究就是要进行遗址生命动态研究，将其历经的生产、交换、使用、储存、废弃的整个过程系统还原。同时，考古工作并非过程性研究的终点，考古发掘后，在与社会、专家和民众的互动中，继续塑造着其当代价值。

### 3. 加快建设考古遗址展示的博物馆学阐释体系

阐释理念最初由文化遗产引入博物馆领域，最早由弗里曼·蒂尔登（Freeman Tilden）在《阐释我们的遗产》（Interpreting Our Heritage）一书中提到"通过阐释，我们才能理解；通过理解，我们才能欣赏；通过欣赏，我们才能保护"[9]，而后阐释理念在博物馆教育项目、博物馆展览中得以实践。与传统的权威传播相比，阐释理念具备以下特点：①在"物（遗产资源）"与"人"的沟通中，阐释突出了人的主体性；②阐释的目的是促进"物（遗产资源）"与"人"的相互理解，蕴含着双重意义的构建；③阐释的关键在于相关性的连接，即建立起观众兴趣与资源内涵意义之间的联系；④阐释的结果不仅关注认知层面，更鼓励情感、行为等全面的意义。至此，观众不再是被动的接收者，而成为主动的意义建构者。考古遗址博物馆应积极吸纳学科研究成果，结合自身特点与实践，如对遗址、遗迹、文物的阐释以及园区景观的展示等，探索出一条适用于考古遗址类博物馆的阐释体系，形成规范加以推广应用。

### 4. 深化观众参与，建立科学的观众研究与展示评估机制

一方面，将科学的观众研究方法引入博物馆建设的方方面面。以博物馆展览策划为例，在展览策划前期、中期与开展后均应对目标观众进行科学调查（问卷、访谈等），了解观众的参观动机、喜好，适时调整展示重点与形式。同时，观众调查也可作为一种先期宣传，在博物馆筹建之初便实时向观众公布展览进度，征求观众意见，为博物馆走进观众视野做好预热。另一方面，让观众参与博物馆展示与传播的方方面面。如德国杜佩遗址公园的展示与运营独具特色，公众参与了展示和运营的全过程。其售票、解说、展示等运营人员主要依赖公众志愿者，公众同时参与了遗址的复原实验，遗址公园成为联系遗址和周围公众的一座桥梁[10]。公众志愿者参与实验考古，活态展示遗址过去生活的各个方面，加深了公众对遗址本身的理解。通过观众参与，将考古学由枯燥的专家之学，变为公众参与的科学体验，建立了一个良性互动循环。

## 参考文献

[1] Musées de site archéologique[M]. ICOM, 1982: 3.
[2] 吴永琪. 遗址博物馆学概论[M]. 西安：陕西人民出版社，1999.
[3] 陈俏蕾. 论遗址博物馆的发展[C]//西安半坡博物馆，桂林甑皮岩遗址博物馆. 史前研究2010: 2010中国桂林·史前文化遗产国际高峰论坛暨中国博物馆协会史前遗址博物馆专业委员会第八届学术研讨会论文集. 南宁：广西科学技术出版社，2011: 361.
[4] 李莹. 考古遗址博物馆的保护与利用[C]//中国博物馆协会博物馆学专业委员会. 中国博物馆协会博物馆学专业委员会2014年"未来的博物馆"学术研讨会论文集. 北京：中国书店，2016.
[5] 王刃馀. 考古遗址公园发展语境中的考古遗址博物馆[J]. 博物院，2020(3).
[6] 严建强，孙红芳. 考古遗址博物馆与遗址公园在遗产核心价值阐释中的作用——以良渚博物院与良渚遗址公园为例[J]. 东南文化，2023(1).
[7] 国家文物局. 国家文物局关于公布2019年度全国博物馆名录的通知：文物博发〔2020〕9号[A/OL]. (2020-5-13)[2024-1-30]. http://www.gov.cn/zhengce/zhengceku/2020-05/22/content_5513734.htm.
[8] 科林·伦福儒，保罗·巴恩. 考古学：理论、方法与实践[M]. 第六版. 陈淳，译. 上海：上海古籍出版社，2015: 32.
[9] Tilden F. Interpreting Our Heritage[M]. Chapel Hill: The University of North Carolina Press, 2007: 42.
[10] 黄可佳，韩建业. 考古遗址的活态展示与公众参与——以德国杜佩遗址公园的展示和运营为例[J]. 东南文化，2014(3).

# 基于UbD理论的博物馆教育课程设计研究

汪静文

（湖北省博物馆）

[摘　要] UbD理论是美国学者格兰特·威金斯和杰伊·麦克泰提出的以"理解"为核心的逆向教学设计理论。对传统教学设计"讲、学、评"的顺序进行重组调整，更加突出对大单元、大概念的理解。这为博物馆教育提供了借鉴参考的道路。博物馆作为学校教育的"第二课堂"，拥有丰富的课程资源。博物馆在开发课程时应立足本馆特色，充分发挥自身优势，构建完整的博物馆教育课程体系，实现知识性与娱乐性兼顾，才能达到博物馆的教育目的。

[关键词] UbD　博物馆教育　教学设计

## 一、UbD理论与博物馆教育

### 1. UbD理论的概念

早在1948年，拉尔夫·泰勒已经倡导将由结果导向课程规划的方法作为聚焦教学的有效设计过程。明确意义的UbD思想出现于2000年前后。在《为未知而教，为未来而学》一书中，美国心理学家、哈佛大学教授戴维·博金斯提出"为理解而教"，其中的理解被解释为"全局性理解"，这与我国近年来流行的"大单元教学"理念不谋而合。美国课程专家格兰特·威金斯和杰伊·麦克泰经过长期实践与观察提出一种新型课程设计框架：understanding by design（即理解为先单元设计理论）。二者在1998年出版的 *Understanding by Design* 中第一次完整地介绍了UbD的理论基础、实践方法和评价标准。随后两人出版了一系列著作，系统阐释UbD理论指导下的教学设计模板，全面论述UbD是如何促进和评价学生实现理解的。

国内最早翻译介绍UbD理论的是西南大学的一位学者。2003年，浙江大学教育学院的盛群力教授带团队开展对UbD的研究。2018年翻译并出版了《理解为先模式——单元教学设计指南（一）》一书。书中提出"理解为先理论"（understand by design，UbD），即是一种大单元理念下的具体课程计划框架的探索。"理解"和"设计"是UbD理论两大基本思想。这里的"理解"不同于简单的"知道"，与简单地传授

表一　基于六个维度的任务思路举例

| 科目＼维度 | 解释 | 释义 | 应用 | 洞察 | 移情 | 自知 |
|---|---|---|---|---|---|---|
| 历史 | 阐述基本定义或概念<br>例如：厘金的含义 | 运用现有资源开发一个显著描述第一次工业革命时期的口头历史 | 设计一个揭示"秦朝是古代中国第一个封建统一王朝"的展览 | 比较你对华盛顿的认知与课本中对华盛顿的描述 | 角色扮演心目中的重要事件<br>例如：罗斯福实行新政 | 自我评估你参与课堂讨论与表现的程度并解释你的参与方式 |

和测验知识[①]技能相比，理解的目标涉及更复杂的教学和评估，而教学是达到最终理解的一种手段。"理解"被详细分为六个方面，即解释、释义、应用、洞察、移情及自知[①]，这六个方面并不是递进的关系，可以同时发生（表一）。在理解的基础上，进行三个阶段的"逆向设计"单元教学，即从确定学习结果开始，再依次确立评估方式、教学方式，这为教师设计单元教学提供了理论和策略参考（图一）。"逆向设计"时要警惕陷入两个误区：一个是"活动导向型教学"，即教学过程热闹但各个环节没有必然联系和实际意义；一个是"覆盖教材内容"，即教学面面俱到，没有重点。

与传统教学设计相比，"UbD理论"是以单元为单位，从学习结果出发，进行逆向教学设计，即高度重视学生的理解与迁移，教学目的性更强。

### 2. 我国博物馆教育现状

2015年国务院颁发《博物馆条例》，在这部博物馆行业的全国法规文件中，明确将博物馆的三大目的由过去的研究、教育、欣赏，调整为教育、研究和欣赏[1]。这为新时代下博物馆的发展指明了方向。2020年10月，教育部、国家文物局发布了《关于利用博物馆资源开展中小学教育教学的意见》，旨在"推动中小学生利用博物馆资源开展学习，促进博物馆与学校教学、综合实践有机结合"[2]，推动博物馆成为青少年接受日常教育的第二课堂。这些文件的相继出台足以证明国家对博物馆教育的重视。

根据国家文物局发布的最新数据显示，截至2022年我国拥有6565家博物馆，并且90%以上博物馆实现了免费开放。基本上每一个县级市都拥有一家及以上博物馆或陈列馆。与专门进行知识学习的学校相比，博物馆作为一个社会教育机构，有很多突出的优点——不同于课本的实体馆藏资源，可提供直观真实的学习；与教室设计不同的场馆空间，可以开展更加自由有趣的教育活动；和教师可以互补的专业人才，可以与学校的教育形成互补、衔接，让素质教育在博物馆得到真正的落地。博物馆教育是知识性与休闲娱乐性兼顾的，既能让学生在奇妙之旅中获得感官上的新奇与满足，又能让学生从中收获更多新鲜的知识。作为学校之外的"第二课堂"，博物馆公共教育成为影响很多人精神世界的重要课程。如何将"一次偶然的参观"延续成"隔三岔五的打卡玩耍"，如何引导游客在有限的参观学习中深入思考探究某件文物、某段历史，这对博物馆课程的设计提出了更高的要求。

综上可知，第一，在理论层面，既有研究已经对UbD理论的概念、核心思想、具体操作方法等方面做出了比较清晰的梳理，从而给本研究的开

---

① "UbD"理论认为这六个维度可以为确定学生理解深度与广度的各类评估提供一个实用框架，并不是揭示人是如何达到理解程度的权威理论。

博物馆学研究　135

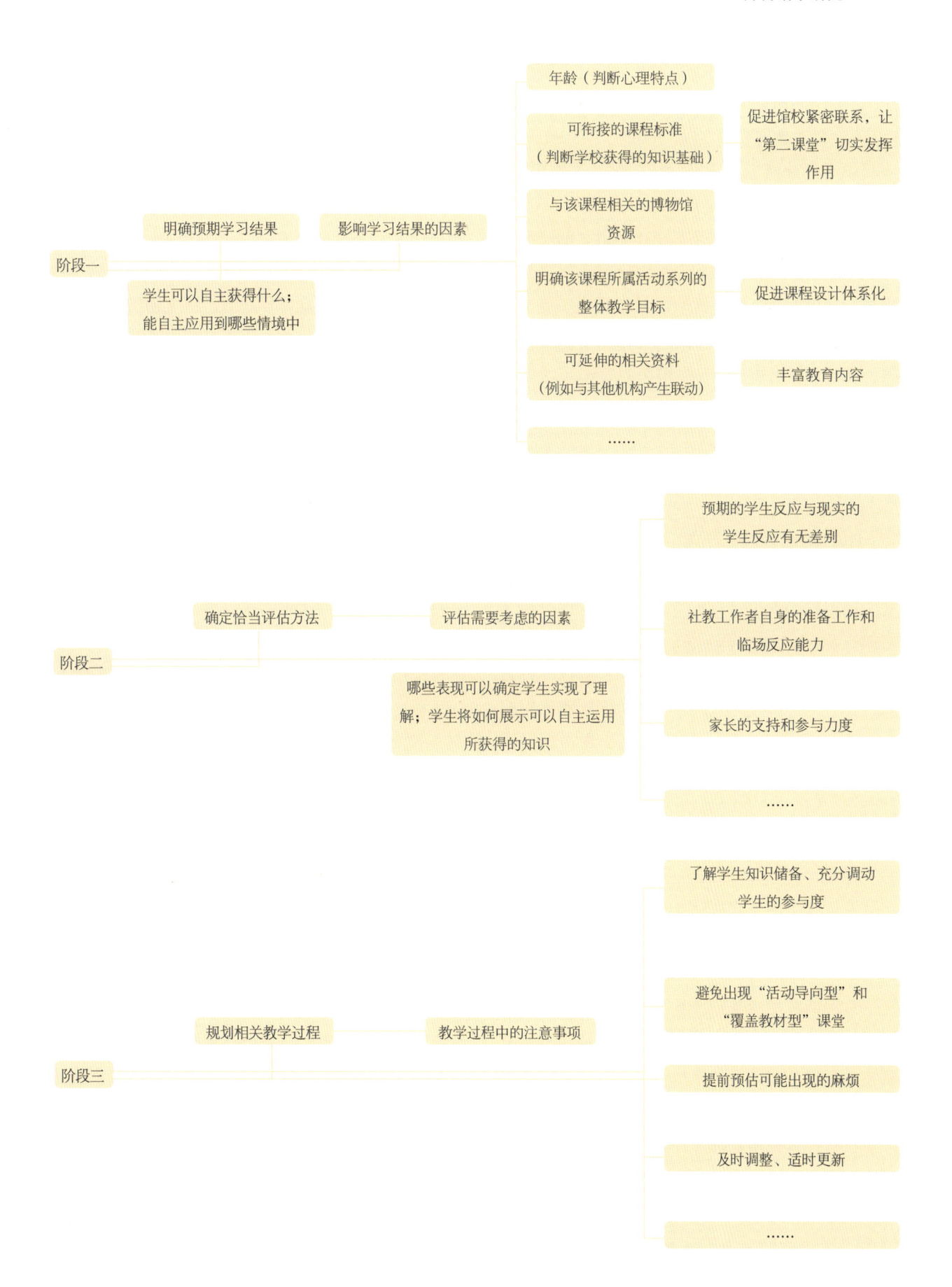

阶段一
- 明确预期学习结果
  - 学生可以自主获得什么；能自主应用到哪些情境中
- 影响学习结果的因素
  - 年龄（判断心理特点）
  - 可衔接的课程标准（判断学校获得的知识基础） — 促进馆校紧密联系，让"第二课堂"切实发挥作用
  - 与该课程相关的博物馆资源
  - 明确该课程所属活动系列的整体教学目标 — 促进课程设计体系化
  - 可延伸的相关资料（例如与其他机构产生联动） — 丰富教育内容
  - ……

阶段二
- 确定恰当评估方法
- 评估需要考虑的因素
  - 预期的学生反应与现实的学生反应有无差别
  - 社教工作者自身的准备工作和临场反应能力
  - 家长的支持和参与力度
  - ……
- 哪些表现可以确定学生实现了理解；学生将如何展示可以自主运用所获得的知识

阶段三
- 规划相关教学过程
- 教学过程中的注意事项
  - 了解学生知识储备、充分调动学生的参与度
  - 避免出现"活动导向型"和"覆盖教材型"课堂
  - 提前预估可能出现的麻烦
  - 及时调整、适时更新
  - ……

图一　"逆向设计"单元教学三个阶段

展提供了丰富的理论基础和帮助。第二，在实践层面，虽然国内研究者尝试将UbD理论应用于各学段、各学科的教育教学实践，并收获了不少心得，但其中大部分研究集中在学校的学科教学中，将UbD理论应用于博物馆教育的研究较少，UbD模式在博物馆教育的操作与实施还有很大的研究空间。目前的官方教育政策、现实社会需求以及博物馆自身的发展，都对博物馆教育提出了更高的期许和要求。鉴于此，本文以大单元教学概念为引领，从UbD理论出发，为博物馆教育更上一层楼提出相应的改进策略。

## 二、UbD理论与博物馆教育结合的意义

UbD理论可以从学习、评价和教学三个角度回应当下社会对于课堂变革和人才培养的需求。运用UbD理论进行教学设计，教师始终将学生放在教学设计的第一位，需要对学生的学习状态有一个充分的预判，根据这个预判进行教学设计。在实际教学过程中，引导鼓励学生在自主探索与社会互动中解决问题，建构自己的理解。博物馆可结合自身特点，利用UbD理论设计教学活动，从"以知识为本"的教学转变为"以核心素养为本"的教学，从"以教授为中心"的课堂转变为"以学习为中心"的课堂，充分发挥学生的主观能动性，实现深度学习。

### 1. 课程设计体系化

博物馆教育和学校教育不同，没有统一也无法统一教学大纲。目前，众多博物馆依托本馆馆藏特色开发各种课程，但很多停留在抽象的知识传播、简单的手工、看护式的游戏娱乐等层面上，没有让博物馆资源发挥真正的作用，同时也没有形成切实可行的教育体系和教育目标。

博物馆在利用UbD理论设计教学课程时，会结合不同年龄段学生的认知水平、心理水平，满足不同课程的综合需求，从预期的教学效果，即学生对大概念的理解程度出发，规划课程，形成比较完整的课程体系。让学生充分利用博物馆资源开展学习的同时，获得的不是碎片化、临时性的小知识点，而是逐渐建立专家型的大概念思维。以湖北省博物馆社教活动"铜草花的秘密"为例，这个课程属于沉浸式互动讲解和"小小考古学家"系列，受众群体是6~14岁的学生，提出的大的课程目标是对考古相关知识有初步认识，并了解自然地理环境对地区文明的影响，同时针对不同年龄阶段的学生有细化的学习目标。

### 2. 发挥博物馆作为"第二课堂"的实际作用

宋娴在《博物馆与学校的合作机制研究》一书中提到："博物馆的教育活动要深挖内容，实现内涵式发展，而不能形式大于内容……着重培养学生对研究方法的学习，培养他们的想象力……让他们像历史学家、考古学家、古生物学家一样地工作。来博物馆不能只是为了像学校教育那样听一堂课。"[3]由此可知，博物馆的教育活动一定要有内容、有特点、有品牌。

UbD理论强调教学中要有对整体大概念的重视，同时又需要避免出现两个问题。一是"活动型教学"，教师规划和组织各种各样的活动，表面让课堂很热闹，参与者很开心，但内里缺乏长久性的实质内容，一系列活动没有产生连贯性、有重点的生成性学习，即"为了活动而活动"。二是"覆盖教材内容"，教材的每个地方都点到了，但是缺乏重点和体系的建构，每一部分都缺乏内在联系和扩展补充[4]。因此，利用UbD理论设计博物馆课程，一方面会深挖馆藏资源的文化内涵，开发多种多样的教育活动，促进特色教育品牌的打造；另一方面基于"结果导向"进行教学设计，因为教学目标明确，会在最大程度上避免教学活动出现空洞化、泛娱乐化等情况。

### 3. 奠定馆校合作的基础

在我国，馆校合作处于起步阶段，博物馆与学校的互动并不是非常活跃，而且博物馆更多的

是被动应对需求，主导的馆校合作较少。从博物馆角度找原因，可能是博物馆提供的课程体系不完整，定位不明确，无法与学校教育形成有效互补和衔接。

利用UbD理论开发博物馆教学课程，前提必定是以学生的理解为中心，一个是学习前原有的理解，另一个是学习后获得的理解。因此博物馆需要主动加强与学校沟通联系，了解不同阶段学生在学校所学的内容，获得第一个"理解"，才能从提升学生认知水平、激发学生学习热情、增强学生实践能力、提高学生社交能力、促进学生未来发展等目标出发，紧密结合课程标准，进行系列规划，提供选择多样的主题活动。同时，根据学生后期的在校反馈及时补充完善博物馆课程体系。在UbD理论推动下的馆校合作是一种可以促进双方主动沟通，发挥各自优势的强合作。

## 三、基于UbD理论开发的博物馆课程设计——以教育课程"铸客大鼎的秘密"为例

UbD理论认为，教学要从思考学生"学会什么"，再到"怎么证明学会了"，最后探究"如何才能学会"，是"目标—评价—设计"高度一致的教学。接下来以教育课程"铸客大鼎的秘密"为例，将引入UbD理论前后的课程设计做对比，对UbD理论与博物馆教育课程实践相结合做一个初步的探讨。

**未引入UbD的教育活动**

一系列活动都没有明确的关联、目标或指导思想。

| 主题 |
|---|
| 主题：铸客大鼎的秘密 |
| 7~12岁　约30人不分组 |
| 教育活动 |
| 1. 社教工作人员引导观看、讲解基本的地层知识 |
| 2. 社教工作人员引导观看、讲解模拟考古现场 |
| 3. 观看影片，了解铸客大鼎的发掘过程 |
| 4. 社教工作人员通过展示教学模具引导青少年思考古人是如何发现此地有铜矿，铜矿又是如何变成精美的青铜礼器的 |
| 5. 组织青少年在教学区坐好，每人分发一个帆布袋，给帆布袋上的铸客大鼎涂上自己喜爱的颜色 |
| 6. 自由活动 |
| 评估办法 |
| 1. 小朋友展示自己涂的帆布袋 |
| 2. 父母在与小朋友短暂交流后，共同在意见簿上写下活动的感想、感受和寄语（相当于没有活动结果评估） |

**引入UbD的教育活动**

| 阶段一：明确预期学习结果 ||
|---|---|
| 课程标准： | 学习迁移 |
| 学生能够针对他们在生活中看到的植物提出相关的问题。能够从自然联系到人文，从自然的角度解释文明起源，并产生文化自豪感 | 学生能自主将所学运用到：<br>1. 记忆并灵活运用"植物找矿"的方法<br>2. 不同地区拥有不同的文明成果，是该地区地理环境的反映<br>（可以根据年龄的不同，提出更加细化的要求） |

续表

| 课程标准：学生能够针对他们在生活中看到的植物提出相关的问题。能够从自然联系到人文，从自然的角度解释文明起源，并产生文化自豪感 | 理解意义 ||
|---|---|---|
| | 深入持久理解<br>青少年将会理解：<br>1. 古代科技不发达，古人是如何找到丰富的铜矿的<br>2. 什么植物附近会有铜矿<br>3. 大家熟悉的金矿、银矿，会不会也可以通过相关植物而找到<br>4. 发现铜矿之后，古人是如何开采的，开采后是通过什么方法铸造成精美青铜器的 | 核心问题<br>青少年将不断思考：<br>1. 对植物找矿的方法进行类推是否可行<br>2. 自然地理环境对地区文明形成具有很大影响，可以用最近很火的三星堆举例子<br>3. 思考长江中下游文明的特色，为什么会形成这样的特色 |
| | 掌握知能 ||
| | 青少年应掌握的知识：<br>1. 植物找矿的方法<br>2. 青铜铸造的几种方法 | 青少年应形成的技能：<br>1. 在生活中形成"植物找矿"的思考意识<br>2. 用自己的语言大致描述铸客大鼎等代表性青铜器的制作方法<br>3. 用模具亲自动手制作一个青铜器<br>4. 为灿烂的长江中下游文明感到自豪，并可以用自己的语言说出长江中下游文明有别于其他文明的特点（不同年龄表达的深浅不同，低龄儿童可以说出某某博物馆具体的镇馆之宝名称即可，大龄儿童要有概括性和观点性，甚至相互辩论） |

| 阶段二：确定恰当评估方法 ||
|---|---|
| 评估标准：符合史实解释清晰逻辑可靠 | 真实情境任务：<br>将用哪些表现说明青少年实现了理解<br>检测青少年是否能够从采矿者、铸造者的经历中总结如下经验：<br>1. 假设你是一名小小老师，请向你的学生讲述古人如何在大自然中发现铜矿<br>2. 开展快问快答的抢答游戏，并给予相应的奖励<br>3. 给场外的父母写一封信，向他们描述自己穿越到古代，成为一名地质勘探者，将会如何发现、开采以及冶炼各种铜矿（发散思维，写其他的矿产也可以） |
| | 其他评估：<br>4. 运用考古勘探、青铜制造等专有词汇，结合教育场地提供的模拟工具，演示结合口述回答一个核心问题<br>5. 独立制作一个青铜器 |

| 阶段三：规划相关教学过程 |
|---|
| 核心学习和教学活动总结 |

实现迁移和理解意义目标的关键是学生需要体验铜矿发掘的过程与核心问题相关的读物和事件：
1. 前测：问答法检测对"植物找矿"的知识了解多少
2. 邀请植物园的专业技术人员进行线上联动，让学生对植物的奥秘有所了解，引起兴趣，同时"颠覆"一下学生的认知
3. 社教工作者带领学生参观活动中心的模拟考古区域，介绍基本的地层知识、挖掘工具，学生可以充分触摸地层、考古工具，形成直观了解
4. 阅读、讲述少儿系列图书中的相关内容

续表

5. 为学生的学习迁移做准备，让其思考如果我们是古人，我们可能会用什么方法发现铜矿，并发散思维思考其他的矿产是不是可以用同样的方法去发现，给学生提供自由发挥、各抒己见的机会，对其中表达条理清晰的学生给予及时肯定和适当奖励
6. 社教工作者带领学生到铸客大鼎模具前，讲述"青铜器的秘密——植物找矿"
7. 社教工作者带领学生来到矿井模拟区域，"实地"感受采矿的过程，对第6环节中的猜想进行对比思考
8. 在授课区域坐好，邀请学生上台作"小小老师"，通过讲述或者画画的方式，向大家展示"植物找矿"的秘密
9. 快问快答刚才的学习过程中讲述到的其他"植物找矿"的例子，答对者给予及时奖励。思考自然地理环境对区域文明的形成有哪些影响
10. 请说一说，某某博物馆的镇馆之宝有哪些？其中有哪些是由铜制造的？你觉得哪一件最特别并说明原因
11. 最后，活动结束时给父母发一个问卷，这份问卷需要回家后父母与孩子共同完成（二选一）
　　——找一找你家附近或者你生活中遇到的"可疑"植物，描述它的模样并拍照，发到我们的指定邮箱，我们会在参与者中随机抽取，发布在我们的微信公众号上，并会有意外惊喜哦！
　　——请你画一幅你最中意的某某博物馆藏青铜器，讲出中意的原因，并说明它的时代、名称、读音、用途、出土地。发到我们的指定邮箱，我们会在参与者中随机抽取，发布在我们的微信公众号上，并会有意外惊喜哦！

　　可以看出，未引入UbD理论设计的课程，以社教工作者的讲解为主，目标不明、活动过程简单，各个环节之间没有必然联系，即出现了UbD理论警惕的"为了活动而活动"。

　　对应三阶段的设计顺序对"铸客大鼎的秘密"这一教育课程完成逆向教学设计。具体设计过程如下。

　　首先，确定预期结果。基于所属课程系列的主题、教学核心内容、学生年龄等因素将此次教育活动的大概念确定为"作为一名小小地质考古学家探索长江中下游的青铜文明"。思考通过本次教育活动想让学生理解什么内容？因此，本次活动的学习核心在于了解青铜器的秘密，因为课程时间有限，这个概念还是太大。我们可以做一个系列，分为青铜器上文字的秘密、如何找到丰富的铜矿、青铜礼器背后的意义、精美的青铜器是如何制造的等等"小"秘密。接下来，将以"青铜器的秘密——植物找矿"为学习核心进行探讨，并学会将植物找矿的方法运用到生活中。在教育活动中，希望学生能够解释"铸客大鼎的秘密有哪些"，能阐明"如何通过植物找到铜矿、铜矿是如何开采和冶炼、最后铸造成精美的青铜礼器的"，能应用"在生活中通过奇花异草找到宝藏的知识"，能洞察"不同自然地理环境下会形成不同的灿烂文明"，能了解"自己与同伴们对植物找矿的理解有何差异"，能自知"自己对大自然的知识盲区和认知的局限"。

　　其次，确定合适的评估方法。这一阶段需要社教工作者设计一些表现性任务，学生通过做游戏、独立回答问题、做手工、小测验和自我评价等方式来加深对知识的理解。同时，社教工作者通过学生完成这些任务的表现情况，了解学生对知识的掌握程度，对教育活动进行及时调整，确保对阶段一所提出的目标进行有效评估。

　　最后，进行教学活动设计，对阶段一中提出的目标和阶段二中的评估任务进行编排，糅合进教学活动中，使其逐步得到实践。

## 四、博物馆教育课程设计中UbD模式的实施建议

　　一是建立多元化、动态化的评价机制。博物馆教育与学校教育有很大的不同，它具有灵活性、多样性等特点，因此与学校教育主要通过考试的方式进行检测评价学习结果不同，博物馆教育的评价可以从活动本身和活动参与者两个角度入手。对于UbD模式下设计的教育活动，分为三个阶段，对于每个阶段的评价是不一样的。为确

保三个阶段教育目的的一致性与连贯性，博物馆一线社教工作者在实施阶段三的过程中，可以通过"问答法"，了解学生的实际学习情况，不断调整教育活动内容，或者与学生互换角色，做反向"你问我答"的游戏。家长也是影响学生参与博物馆教育活动的重要隐形因素之一，在条件允许的情况下，可以把家长的参与也纳入评价机制中。这样既增加了家长对博物馆教育活动的了解，又吸引家长带领青少年多次规律性参加博物馆教育活动，扩大博物馆教育的影响。

二是"理解"应该是自主的，"教学应不断减少引导、线索或其他形式的脚手架和提示"。UbD理论提倡的"理解"是指学生经过学习，可以独立自主地解决问题。自主虽说不能与批判性思维完全画等号，但可以理解为在不断质疑中寻找到答案，这也是苏格拉底提出的寻求普遍知识的方法——"产婆术"。博物馆教育活动应该确立明确的教育目标，避免仅仅为了娱乐而开展活动。结合本馆特色馆藏资源，针对不同团体、学情的学生，以大概念为引领，设计有针对性的教育课程，一线社教工作者应该对本馆的优势资源和教育课程有清晰了解，在教育活动中，把学生放在主角的位置，帮助学生实现理解的六个维度。

三是UbD理论认为优质的设计是逆向设计，但同时也认为逆向设计是一种思维方式，而不是固定填写的模板。在真正的逆向设计中，选取的教育活动一定是适合进行逆向设计教学的，三个阶段之间具体内容的设定需要有内在逻辑关联，不能只是为了套用逆向模板，进行机械填充。同时，逆向思维提醒博物馆一线社教工作者，教育活动需要时刻"回头看"，在教学活动前、活动中以及活动后，进行及时反思。阶段二设定的评价标准是否对阶段三设定的学习结果有真正的检验作用，阶段三设计的教学过程是否与阶段二的评价标准存在关联，整个活动是否符合所属课程体系的总体目标，是否突出了馆藏特色和地域文化特色，这些都需要及时反思与改进。

UbD作为新型的教学设计理论，具有很大的改造潜力。一些观点如大概念、表现性评价、理解六方面等目前已成为学校学科教育的研究热点，发展潜力巨大。本研究在现实需求的驱动下，对UbD理论应用于博物馆教育进行了实践的探究。期待用UbD理论推动博物馆教育的发展，促进博物馆更好地发挥公共文化服务机构的作用。

**参考文献**

[1] 《博物馆条例》[EB/OL]. (2015-2-9)[2023-12-20]. https://www.gov.cn/gongbao/content/2015/content_2827188.htm.
[2] 教育部 国家文物局关于利用博物馆资源开展中小学教育教学的意见[EB/OL]. (2020-10-10)[2024-1-5]. http://www.moe.gov.cn/srcsite/A06/s7053/202010/t20201020_495781.html.
[3] 宋娴. 博物馆与学校的合作机制研究[M]. 上海: 复旦大学出版社, 2019: 190.
[4] 格兰特·威金斯, 杰伊·麦克泰. 理解为先模式——单元教学设计指南(一)[M]. 盛群力, 沈祖芸, 柳丰, 等, 译. 福州: 福建教育出版社, 2018: 11.

# 浅谈新时代博物馆人才队伍建设与管理

黄 娟 鲁 黎
(湖北省博物馆)

[摘 要] 作为推动社会发展的重要因素，人力资源被视为第一资源，其重要性和价值不容忽视。对于博物馆而言，如何加强人才队伍建设与管理已成为引领其发展的关键问题。本文探讨在新时代背景下博物馆人才队伍建设的必要性，针对博物馆人才队伍建设存在的问题展开分析，提出相应的策略，以推动博物馆人才队伍建设与管理的优化。

[关键词] 新时代 博物馆 人才队伍建设

近年来，我国博物馆事业发展迅速，博物馆数量和质量均得到了不断提升。在新时代背景下，人们对公共文化服务的需求不断增加，并且对服务内容和形式的要求也不断提高，博物馆事业的发展将得到极大的推动。为了实现高质量发展，提升服务水平和竞争实力，博物馆必须重视人才队伍建设这一核心要素，加强人力资源管理，积极推进人才培养，科学评价人才价值，完善人才激励机制，充分凸显和发挥人才的价值。

## 一、新时代背景下加强博物馆人才队伍建设的必要性

随着中国特色社会主义新时代的到来，我们面临的文化事业使命和挑战也随之更新。作为文化传承与弘扬的重要机构，博物馆在新时代中扮演着不可或缺的角色。为了确保博物馆的长期稳定发展，我们必须着重关注专业人才队伍的建设。只有建立健全一支高素质的人才队伍，才能让博物馆充分发挥作用，并推动文化事业繁荣发展。

### 1.加强博物馆人才队伍建设是落实文化强国战略的客观要求

随着我国经济的快速发展和人民生活水平的不断提高，人们对文化需求的追求也日益增长。博物馆作为传承和展示国家文化的重要场所，不仅承载着对传统文化的保护与传承，更是推动文化创新和发展的重要力量。2019年，由人力资源社会保障部、国家文物局联合发布的《关于进一步加强文博事业单位人事管理工作的指导意见》（人社部发〔2019〕120号）明确指出："以习近平新时代中国特色社会主义思想为指导，全面贯彻党的十九大和十九届二中、三中、四中全会精神，加强党对文博事业单位的全面领导，坚持简政放权、放管结合、优化服务，强化文博事业单位公益属性，建设高素质专业化文博事业

单位工作人员队伍，为文物事业发展提供强有力的人事人才支撑保障。"这一指导意见充分体现了党中央对文博事业单位人才管理工作的高度重视，为进一步加强文博事业单位人才队伍建设提供了明确的方向和指导。博物馆作为文博事业单位重要机构之一，承载着传统文化的保护与传承以及推动文化创新和发展的重要使命，只有不断加强人才管理和文化创新，才能更好地服务于社会和文化事业发展。

### 2. 加强博物馆人才队伍建设是满足人们文化需求的现实挑战

当前，博物馆在人们的文化生活中扮演着越来越重要的角色。博物馆作为传承和展示人类文明的重要场所，其专业水平直接影响观众的文化体验。要想提高博物馆的专业水平，必须拥有一支具备专业知识、技能和素养的人才队伍。这支人才队伍应当具备博物馆学、历史学、艺术学、教育学、心理学、社会学、管理学等相关学科背景，还需要具备良好的沟通、表达、组织、协调和研究能力，以及对社会、对公众的责任感和服务意识。同时，博物馆也是对外文化交流的重要窗口，博物馆人才队伍的素质和能力直接影响博物馆在国际文化交流中的形象和地位。加强博物馆人才队伍建设，有助于提高博物馆人的服务质量和水平，满足人们日益增长的精神文化需求；有助于促进博物馆与社会的互动和交流，使博物馆更好地服务于公众；有助于推动博物馆文化创新，以适应全球化背景下博物馆发展的需求。

### 3. 加强博物馆人才队伍建设是推动博物馆创新发展的坚实基础

博物馆事业是文化事业的重要组成部分，具有服务性、公益性和知识密集性等特点，其藏品的发掘、修复与展示都需要高端人才做技术和服务支持。博物馆人才队伍建设，有助于提高博物馆的管理水平与服务质量，提升文化传播力和影响力，从而增强博物馆的核心竞争力和社会影响力，推动博物馆事业创造性转化和创新性发展。

### 4. 加强博物馆人才队伍建设是适应数字化时代发展的必然趋势

随着数字化时代的到来，博物馆面临着更多的挑战和机遇。数字化技术为博物馆提供了更多的可能性，如虚拟展馆、数字化藏品、智能化管理等方面，同时也对博物馆人才队伍提出了更高的要求。博物馆人才队伍需要具备数字化技术的应用能力和创新思维，以适应数字化时代的发展需求。只有通过不断加强博物馆人才队伍的数字化建设和培养，才能更好地应对数字化时代的挑战和机遇，推动博物馆事业的创新发展。

总之，加强博物馆人才队伍建设是新时代背景下文化事业发展的必然趋势和客观需要，同时也是博物馆自身可持续发展的必然选择。只有不断加强博物馆人才队伍的构建和管理，才能更好地把握数字化机遇、应对数字化挑战。

## 二、现阶段博物馆人才队伍建设存在的问题

### 1. 缺乏现代人力资源管理的理念和制度

因为多数国有博物馆属于事业单位，在一定程度上受体制机制的严格约束，在人员管理方面还停留在人事管理阶段，与现代人力资源管理理念还存在一定差距。具体来说，博物馆往往过于强调"事"的管理，在岗位设置、人员编制、用工形式等方面多被制度、规范和老旧观念限制，而忽视了"人"的因素。从个人角度看，缺乏对人才的个性化需求和对职业发展的关注，导致人才的工作积极性和创造性受到抑制；从组织角度看，由于博物馆未能在人力资源管理方面进行有效的战略规划，对内部资源无法有效挖掘与利用，对外部资源缺乏敏感性以及储备不足，导致人才队伍建设缺少长期性战略规划，人才储备和人才建设无法满足发展需要[1]。

### 2. 缺乏多维度的人才测评体系

缺乏多维度人才测评体系是指在招聘、选拔和评估人才时，没有充分考虑和利用多个维度的指标来评估候选人的能力和潜力。这种情况可能会导致博物馆对人才的使用只关注表面的、单一的指标，如学历、工作经验、技能等显性特质，而忽略了其他同样重要的因素，如人格特质、团队协作能力、创新能力、领导才能等隐性特质。从人员招录来看，国有博物馆通常按照规定的笔试、面试、考察等规范流程进行，注重应聘者的专业技能和知识水平，而无法测评到同等重要的其他方面，如团队协作能力、沟通技巧、创新思维等。这样的选拔方式有可能会导致博物馆招收到虽有专业技能但缺乏全面能力和潜力的人才，应试者"考公即躺平"的心理也无法完全避免。从职称评审方面来看，人才测评的限制性更为突出。现行的职称评审条件往往过于注重科研成果和学术论文的数量和质量，而忽视了申报者在实践操作、项目管理、团队建设等方面的能力。这种评审方式可能会导致一些申报者为了追求职称评审的通过，过于关注学术成果的积累，而忽略了博物馆实践工作的其他重要方面。在薪资待遇方面，岗位等级和工龄是影响工资高低的两个重要因素，而岗位等级的聘用又与职称相挂钩，归根结底又绕回到"职称"这一指标，可能会忽略人才在工作业绩、工作贡献度等其他方面的表现，也可能引发博物馆内部人员的不公平感和不满情绪。

### 3. 缺乏完整的人才培养体系

博物馆在人才培养方面存在着明显的不足，这主要体现在缺乏系统性的人才培养体系上。一方面，博物馆在内部培养方面主要采用传统传帮带方式以及学术讲座、业务培训和学历提升等手段，方法较为局限，缺乏一套自成体系的培训系统，使得人才的发展和提升缺乏必要的指导和支持；而培训的效果也无从考量，多数仅能依靠受训者个人对培训内容的接纳与吸收程度，可能无法完全继承演变。另一方面，博物馆对人才的培养缺乏将人才个人发展同博物馆整体发展相结合的长远规划，培训往往关注眼前的工作需求，而忽略了人才的长期成长和博物馆的持续发展。还有一方面原因是对人才的培养投入相对较少，人才的专业知识和技能往往无法得到及时更新和提升。

### 4. 缺乏合理的绩效考核机制

由于博物馆属于事业单位，绩效考核往往受制于既定的考核标准和流程，难以充分发挥人的主观能动性。一方面，绩效考核机制往往过于强调量化指标，如工作完成数量、参加培训次数等，而忽视了人在工作中所表现出的积极性、创新性和工作质量等方面。这种单一的考核方式可能会导致部分人只关注短期成果，而忽略了长期发展。另一方面，绩效考核机制缺乏与人才的有效沟通，人才往往不清楚自己的工作表现和绩效评价之间的关系，无法对自己的工作进行有针对性的改进。此外，部分博物馆的绩效考核结果缺乏透明度和公正性，人才对评价结果存在质疑和不满，这可能引发人才的不满情绪和产生消极怠工现象。

### 5. 缺乏有效的人才激励机制

鉴于文博行业的特殊性，该领域对专业人才的需求和竞争非常激烈。在此背景下，很多博物馆由于岗位编制、进入渠道、福利待遇等体制机制因素的限制，难以吸引和留住人才，尤其是高层次专业技术人才。很多有才华、有抱负的人因为科研条件、学术资源、晋升空间、福利待遇等方面的原因，不得不离开博物馆，去寻找更好的发展机会。这对博物馆的科研水平和人才储备产生了深远的影响。

### 6. 缺乏开放的对外交流平台

博物馆作为文化传承的重要载体，需要不断拓展对外合作与交流的渠道，吸收国内外先进的理念和技术，提升自身的综合实力。然而，一些博物馆在对外合作与交流方面相对较少，缺乏有效的平台和机制。一方面，博物馆与国内其他博物馆、学术机构之间的合作不够紧密，缺乏资源共享、优势互补的机制。这可能导致博物馆在某些领域的研究出现重复和浪费现象，同时也限制了博物馆在拓展业务领域和提高综合实力方面的潜力。另一方面，博物馆在国际交流方面相对较少，缺乏与国外博物馆、学术机构的深度合作与交流机会。这使得国内博物馆无法及时了解和掌握国际前沿的学术动态和文化遗产保护技术，也无法借鉴国外博物馆的成功经验和管理模式。这种状况致使其无法与国内外相关机构建立长期稳定的合作关系，不仅会影响国内博物馆的国际知名度和影响力，也会制约国内博物馆在推动中华优秀传统文化走向世界舞台方面作用的发挥。

## 三、新时代背景下博物馆人才队伍的建设与管理策略

### 1. 树立现代人力资源管理理念，完善人力资源管理制度建设

博物馆应转变传统的人事管理观念，积极树立"以人才为核心"的现代人力资源管理理念，充分认识到人才是博物馆事业发展的核心资源，将人才的培养、引进和使用纳入博物馆发展的总体战略之中[2]。通过深入了解员工的需求和期望，完善博物馆的人力资源制度和政策，建立科学合理的人才引进、培养、使用、评价、激励等制度体系，确保员工从进入博物馆到岗位工作直至退休的全过程中都能得到科学的管理和合理的待遇。同时，博物馆还需要根据自身发展需要，制定明确的岗位责任和绩效评价体系，建立科学的奖惩机制，激发员工的积极性和创造性，提升员工的工作满意度和归属感。通过完善人力资源管理制度和政策，博物馆可以更好地吸引和留住人才，提高博物馆从业者的整体素质，为博物馆事业的可持续发展奠定坚实的基础。

### 2. 构建多维度人才评价体系，提高人才选拔与评估的科学性

博物馆应从多个维度出发，建立人才评价体系，在选拔人才的过程中，综合评估候选人的能力、潜力、个性特征等多个方面，确保选拔到的人才既具备专业技能又具备全面的能力和素质。为了实现这一目标，组织需要从多个角度和维度来全面评估候选人的表现。首先，这个体系应该包括候选人的专业技能和知识。除了笔试、面试、学术论文论著和科研成果以外，可以采用实践操作、特定的模拟任务等方式进行全面考察。除了基本的技能和知识，评估还应该涵盖候选人在特定领域的专业素养以及他们的持续学习和发展能力。其次，多维度人才评价体系还应考虑候选人的非技术性技能。这包括他们的管理能力、沟通技巧、团队协作能力以及解决问题的能力等。这些技能对候选人能否在工作中取得成功起着至关重要的作用。此外，这个体系还应该强调候选人的道德素质和诚信度。只有候选人展现出高度的职业道德和责任感，才能成为博物馆事业发展的长期合作伙伴。通过这些方式，博物馆可以结合自身事业发展需要，更科学地评估候选人，选拔出最适合特定职位的人选，并帮助他们最大限度地发挥自己的潜力。

### 3. 完善培训与职业发展体系，建立多层次、全方位的培训体系

一座博物馆就是一所大学。要树立"终身学习"的理念，积极为员工提供学习和提升的机会，同时，根据员工的个性特点和职业规划，量身定做有针对性的培训计划和职业发展路径，促进员工的个人成长与博物馆事业的发展相互促进。在培训方面，可以建立多层次的培训体系，包括新人入职培训、专业技能培训、管理培训等不同类型的培训，以满足不同员工的不同需求。同时，全方位的培训体系可以涵盖博物馆的各个方面，如藏品保护、展览策划、观众服务等，切

实提高员工的专业素养和工作能力。对于职业发展路径，可以根据员工的个人特点和职业规划，制定有针对性的计划。例如，对喜欢从事藏品研究的员工，可以提供更多的机会让他们深入研究藏品并发表研究成果；对有管理才能的员工，可以提供更多的管理培训和晋升机会，让他们在博物馆事业中发挥更大的作用。通过完善培训与职业发展体系，不仅可以让员工更好地发挥自己的才能和潜力，也可以为博物馆事业增强后劲。两者相互促进，可以实现共同发展的目标。

### 4. 建立完善的人才激励机制，激发人才的积极性和创造力

博物馆应建立科学合理的人才激励机制，这种机制不仅需要考虑到员工的不同需求和期望，还需要根据员工的工作表现和贡献进行适当的奖励和激励。在物质激励方面，可以通过设立专项奖励、提高福利待遇等方式，为员工提供更多的工作保障和激励，从而激发他们的工作热情和创造力。在精神激励方面，也需要给予员工更多的关注和鼓励。例如，提供良好的工作环境、给予更多的发展机会等，可以让员工感到被重视和认可，增强他们的归属感和成就感。此外，博物馆还可以通过提供培训和学习机会等措施，鼓励员工继续学习和提高自己的技能水平，以便更好地适应博物馆的发展需要并发挥更大的作用。

### 5. 加强与高校、科研机构的合作，促进人才引进与培养

博物馆作为文化遗产保护和传承的重要机构，需要不断引进和培养人才，提高自身的科研水平和创新能力。加强与高校、科研机构的合作，可以促进人才引进与培养的良性循环。具体来说，博物馆可以与高校、科研机构建立长期的人才培养和引进合作关系，如与高校签订人才输送协议，为博物馆提供优秀毕业生或实习生；与科研机构合作，共同开展文化遗产保护和展览策划等方面的研究，提高博物馆的科研水平和创新能力。此外，博物馆还可以邀请高校、科研机构的专家学者到博物馆进行授课和交流，提高员工的专业素养和视野，促进学术与业务的相互融合。通过与高校、科研机构的合作，博物馆可以更好地引进和培养人才，推动博物馆事业的创新发展。

### 6. 积极开展国际交流与合作，拓宽人才引进与培养的渠道

全球化的发展趋势使博物馆行业必须紧跟国际前沿，积极开展国际交流与合作，拓宽人才引进与培养的渠道。通过参加国际会议、组织国际展览和学术交流等活动，博物馆可以了解国际博物馆行业的发展动态和最新技术，同时也可以引进国外先进的管理经验和人才培养模式。此外，国内博物馆还可以通过与国外博物馆建立合作关系，派遣员工到国外学习和交流，提高员工的专业素养和国际化水平。在国际合作的过程中，博物馆还可以积极引进国外的人才资源，为博物馆事业的发展注入新的力量。通过积极开展国际交流与合作，博物馆可以拓宽人才引进与培养的渠道，提高员工的专业素养和国际化水平，为博物馆事业的可持续发展提供强有力的支持。

综上所述，加强博物馆人才队伍建设是推动博物馆事业创新发展的关键所在。博物馆需要树立现代人力资源管理理念、构建多维度人才评价体系、完善培训与职业发展体系、建立完善的人才激励机制，以及加强与高校、科研机构的合作等多方面措施，从多个角度出发，不断引进和培养优秀人才，提高人才队伍的整体素质和能力水平，为博物馆事业的创新发展提供强有力的人才保障。

### 参考文献

[1] 钱锡娟.以博物馆为例，谈人才队伍建设[J].人力资源，2021(8): 36-37.
[2] 许昕.博物馆人力资源管理的发展困境与对策——以北京地区博物馆为例[J].投资与合作，2022(9): 172-174.

# 当代古陶瓷修复技艺概念内涵初探

李 奇[1]　王 江[2]
（1.湖北省博物馆　2.首都博物馆）

[摘 要] 一直以来，作为物质与非物质文化相统一的载体，古陶瓷修复技艺与时俱进，在人类社会经济生活状况、认知水平、科技能力等因素影响下不断发展。当前，随着我国社会主要矛盾的变化，古陶瓷修复技艺形成了多种目的、多种用途、多种方式、多种喜好、多种学科交融的复杂体系。本文尝试在此背景下，通过社会环境、遗存状况、"修复"概念三个角度对目前中国古陶瓷修复技艺现状进行梳理与总结，初步解析中国当代古陶瓷修复技艺的概念内涵，并提出相关问题，以期为后续的细化研究提供基本思路。

[关键词] 古陶瓷　修复技艺　遗存状况　社会因素　"修复"概念

自人类社会出现后，陶瓷在中国的生产和使用一直延续至今从未有过中断。历代遗存下来的古陶瓷是当下中国最具本土特色的文化遗产之一，文化遗产是人类发展过程中从前人那里承袭而来的物质财富和精神财富的总和，它是一种文化形态终结之后或一种文化传统延续至今的具有年代价值、经典价值和稀缺价值的人类行为及其创造物的遗留[1]。按照文化遗产学的分类，古陶瓷属于"物质文化遗产"或"有形文化遗产"，而修复古陶瓷的技艺属于"非物质文化遗产"或"无形文化遗产"。

无论是物质还是非物质文化遗产当初被创作出来的时候，都是为了满足人们某种功能用途，但随着时间的行进，它们不断受到气候变迁、社会状况、科学技术、经济条件、艺术潮流、生活习惯、突发事件等因素的影响，或消亡，或中断，或变异，在每个时刻都受到所属时代气象和历史发展的叠加影响而表现出不同的存在状态，反映独特的时代性和历史性，其概念内涵处于实时变化之中。正因如此，随着经济水平和国民素质的提升，我国对文化遗产的保护越来越重视，投入的经费和从事相关研究与实践的专家也越来越多，成果越来越丰硕，但迄今文化遗产学乃至遗产保护学仍然不能说是一个成熟的学科[1]，包括古陶瓷及其修复技艺在内的一些遗产的基本问题还存在混乱，还有许多薄弱环节有待基于保护实践予以弥补和强化。

本文拟就当代中国古陶瓷修复技艺的概念内涵，谈谈相关认识，希望能在厘清观念争议、促进理论建设、完善保护实践、判断发展方向等方面提供一定的帮助。

# 一、当代古陶瓷及其修复技艺所处的环境特点

经过改革开放40余年的发展，中国已经成为全球第二大经济体，社会生活已全面融入世界发展潮流之中，而整个世界在工业革命特别是数字化和互联网技术广泛应用之后，发生了翻天覆地的变化。在这种变化和融合中，中国人的生活也发生了深刻变革，东方与西方、时尚与传统、生活与艺术、人文与科技、专业与普及、秘密与公开等的界限越来越模糊，各行各业呈现出多元化发展的态势，可供选择的空间越来越大。

古陶瓷及其修复技艺裹挟在这样的环境之中，其作用、意义和内涵必定会受到深刻的影响。环境影响因子主要有以下方面。

### 1. 经济环境

随着工业化生产程度和国民整体经济能力的提升，生活用品购买成本在收入中的占比越来越低，对于破损日用陶瓷的处置，早就以更换代替修复。同时，古陶瓷及其修复技艺也由以满足国民功能性需求为主转变为以满足经济和精神生活的需求为主。

### 2. 艺术环境

经历了古典主义、现代主义、社会主义现实主义、后现代艺术潮流的洗礼，中国当代艺术呈现出百花齐放、百家争鸣，各种风格相互融合的复杂形态[2]。许多艺术家在与中国传统文化的神交中，将复合材料艺术和装置艺术等表现形式运用到破损古陶瓷的修复中（图一）；又将锔瓷、金缮等传统古陶瓷修复技艺运用到艺术作品的创作中（图二）[3]。客观上起到了丰富文化遗产保护和利用手段的作用。

### 3. 科技环境

人类科技水平的飞速发展在古陶瓷及其修复上主要体现在三个方面：一是化工科技带来更牢固、更耐久、更逼真的古陶瓷修复新材料；二是3D打印、数字化成像等技术带来古陶瓷摹真复制修复、虚拟修复等新型修复方式；三是分析检测技术带来古陶瓷研究和鉴定的科学性和客观性以及识别肉眼无法识别的修复痕迹。

### 4. 认知环境

随着互联网技术的广泛应用，收藏与文化消费人群逐渐壮大，原来只有专业机构或少数专家掌握的古陶瓷研究鉴定和修复技艺日趋普及，出现了许多民间高手和学术团体，有的水平超过了专业人士，甚至被专业机构聘用从事相关工作。同时，他们中的许多人在掌握古陶瓷相关知识和修复基本原理后，能够客观接受古陶瓷的破损状况和认识修复实施的能力范围。即使是寻求修复，也不仅仅是看不出来破损痕迹一种要求，还有更多样化、更个性化的要求。另外，随着工业产品成为消费市场主导和国民经济条件、文化素养的普遍提高，许多人开始喜欢手工制作的古陶瓷，会特别珍视自己继承、赠予和购买的古陶瓷，有进行保护修

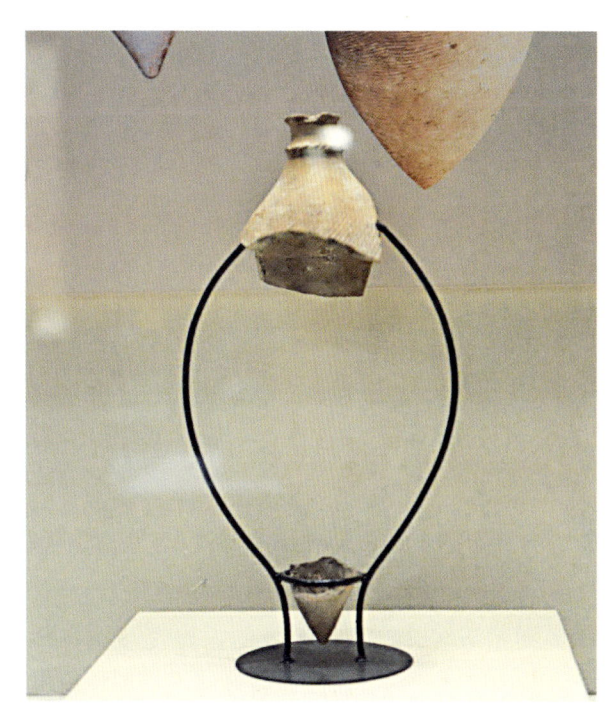

图一 青海省博物馆利用金属装置修复的小口尖底陶瓶

图二　当代陶艺——《铜瓷造器》
（王立端、张建平、罗显怡作品）

复的愿望，这就造成古陶瓷的珍贵性和稀缺性除了公认的判断标准，还需考虑某个人对某件器物的特殊感情。

## 二、当代古陶瓷的遗存状况

人们发明、制作物品是为了或使用或把玩或观赏。陶瓷器物恰恰具备以上所有功能。而且它们中的绝大多数具有坚硬耐久的稳定质地，不同于其他质地的物品随着时间流逝会慢慢衰老脆弱，失去功能或光泽，直至消亡，幸运遗留下来的也会被送到专业机构收藏保护起来。加上中国自古就是"陶瓷之国"，历朝历代生产的陶瓷总量多到无法统计，流传至今的古陶瓷存量也不少。新中国成立后，古陶瓷曾经要么是博物馆里的藏品，要么是国家对外换取外汇的商品[4]。但随着改革开放的深入，国内古董艺术品流通市场逐步形成并壮大，越来越多的普通民众投身到古陶瓷收藏、投资和使用中。上述原因导致当下古陶瓷的遗存状况呈现出以下五个特点。

### 1. 分布广泛

通过出土（出水）、继承、购买等方式，分布于社会的各个角落。

### 2. 权属多样

所有权有归个人的、有归集体的、有归国家的、有归民营企业或机构的。

### 3. 用途多元

有用来研究的、有用来展示或利用的、有用来使用的、有用来收藏或投资的。

### 4. 品相不齐

经过长时间的传承或受到出土（出水）之前环境条件影响，古陶瓷容易出现破裂、部件残缺等形态不同、程度不同的损伤，同时或多或少带有老化痕迹、使用痕迹、修复痕迹和记号痕迹等，使得外观状况多种多样。

### 5. 价值复杂

有历史价值、艺术价值、科学价值、文化价值、社会价值；同品种有共性价值，也有特殊经历的个体价值；有公认价值，也有属于家族记忆、主观喜好的私人价值。在一件古陶瓷器物上往往呈现以上若干价值的叠加。

## 三、当代对"修复"概念的认识

修复作为人类的一种自觉行为存在目的和形式上的多样性。当下是一个历代古陶瓷修复方式叠加使用的时代，"古陶瓷修复"中的"修复"概念也由理论初创时期的本意不断向更广的内涵扩充。

### 1. 狭义概念

在中国，古陶瓷修复技艺产生于20世纪三四十年代，当时只是处理在古董市场流通的、工艺价值和经济价值较高的珍贵古陶瓷。它是在常温条件下，采用化工材料对陶瓷古董器物残损部位进行填补、遮盖、重绘、做旧，模拟出该器物制作时高温下产生的材料质感和流转过程中产生的老旧感，目测达到没有残损的外观状况，以遮人眼目，谋取更高交易价格。后来，西方博物馆学理论体系和文物保护理念在中国确立，修复作为器物修理的一种方式，与修补、修整区分开来：修补是以恢复功能为目的，对已破损器物进行修理来延长其使用寿命；修复偏重复原器物的审美价值，通过修缮外观以接近原物，达到鉴赏和展示其珍贵程度的目的；修整是主动地添加、改动或转变器物的外观或功能，以满足使用者不断变化的新需求[5]。

### 2. 广义概念

如今，受上述经济环境的影响，陶瓷的"修补"与"修整"行为已经失去了其功能性目的的土壤，使用的材料更精美、更高级，手法更具观赏性，满足人们的使用目的已经处于次要地位，更主要是满足人们欣赏传统手工技艺，显示文化修养和器物独特性的需要。古陶瓷"修补"和"修整"技艺的平民气息已经荡然无存，由"民艺"走向了"艺术"，这两个词也就很少被人使用了，而被更具人文情怀，以鉴赏和体现稀有为目的的"修复"所包含。

## 四、当代古陶瓷修复技艺概念的内涵结构

遗存至今的绝大多数古陶瓷器状态稳定，对其施加拯救型科学保护的紧迫性并不强；其坚实的质地又使实施修复的材料及工艺与之易结也易离。从而使当下的古陶瓷修复技艺在继承传统、吸收外来、利用科技创新中，内涵得到不断丰富，按不同的分类方式呈现出多层次、多尺度、多交叉的结构。

### 1. 按实施对象

可按是否在古陶瓷本体上实施分为本体修复和辅助型（与本体配合，主要用于古陶瓷展览展示）修复（图三）。

### 2. 按实施材料

可分为化工材料修复、天然材料及其人造材料（如大漆、木头、竹篾、金属、玻璃、纤维等）修复（图四、图五）和综合材料（多种材料混合使用）修复。

图三　日本仙台博物馆的陶板残片辅助型展示修复

### 3. 按实施目的

可分为文物保护修复（图六）、商业修复（图七）、展览修复（图八）、感情纪念修复和功能（包括创新使用功能）修复（图九）。

### 4. 按实施效果

可分为直观识别（可识别）型修复和仪器辅助识别（无痕）型修复。

### 5. 按实施形式

可分为传统型修复、数字化虚拟型修复（图一〇）、想定型[6]（摹真复制[7]）修复和装置型修复。

## 五、分析当代古陶瓷修复技艺概念内涵的作用

通过以上对所处环境、主体特点、发展状况和技法类型等概念内涵的解析，可以展现出当下古陶瓷修复技艺的清晰面貌，进而帮助我们解决一些目前存在的、与之相关的混沌问题。

图四　大漆金缮法修复的高丽青瓷阳刻牡丹纹花口碗

图五　金属锔瓷法修复的清代青花山水人物纹水仙盆

图六　文物保护修复法修复的新石器时代陶罐

图七 商业修复法修复的清代青花人物纹盘
1. 修复前  2. 修复后

图八 展览修复法修复的元代青花凤穿牡丹纹玉壶春瓶
1. 修复前  2. 修复后

图九 功能修复法修复的清代青花缠枝莲纹壶
（范小东修复）

图一〇 元青花牡丹花纹盘残片及虚拟修复后的元青花牡丹纹盘

### 1. 提高修复认知

首先，古陶瓷的本体修复遵循修复行为的一般规律，即时间施加在受损物体上的影响是不可能完全消除的，任何对受损本体施加的修复行为都是通过有意识地、明显地改变原有结构来达到所想要的目的[8]，因此使用修复技艺消除古陶瓷所受伤害，恢复成完好如初的样子是不可能做到的；本体修复说到底是一种破坏行为[9]，其介入的尺度必须有明确的把握，把握不好容易适得其反，有时过分追求消除损伤痕迹的行为往往会造成整体效果的下降。其次，修复古陶瓷的目的并不主要是稳定而安全的保存，而是侧重于更好的利用，所以具体到某一件受损古陶瓷器，修复有没有必要、何种修复方式最能接近理想的利用效果都是必须考量的问题。再次，古陶瓷多元化的修复方式，使权属人可以主动选择心仪的修复方式，而不用迫于保存压力按某一固定套路和规范实施。最后，以展览展示和创新功能为目的的修复，古陶瓷比其他质地的文化遗产更具包容性和多样性，想象发挥的空间巨大。

### 2. 明确领域界定

当下古陶瓷遗存状况和古陶瓷修复技艺的多元性，决定了必须对它们进行细分，以便圈定研究和探讨领域，确认不同对象存在的问题，采取不同的方法与技术来解决实施和管理的问题[1]。古陶瓷的文物保护修复、商业修复、展览修复、感情纪念修复和功能（包括创新使用功能）修复就是不同的领域，各有各的利益诉求，各有各的适用对象，各有各的规则法度，各有各的思想气质，各有各的现实问题。在同一个领域内研究和探讨，才是清晰而有意义的，混为一团，只能造成误解和纷争。

### 3. 促进理论建设

现有理论体系仅仅是利用化工材料进行文物保护修复、商业修复、展览修复的理论与实践集合。认识到新的概念内涵和领域界定后，古陶瓷修复理论提升就有了方向：新的理念、技术及实践需要引入；一些不恰当的名称需要修改；各领域的特点、适用范围需要梳理总结；各领域之间的互通借鉴需要研究探索。

### 4. 推动事业发展

对当代古陶瓷修复概念内涵的阐释，会提升全社会对古陶瓷修复的认识，吸引古陶瓷修复行业之外的，诸如文物研究、材料研发、艺术创作、陈展设计等方面的专业人士参与其中，共同推动古陶瓷保护修复事业的发展。

## 六、结语

习近平总书记在党的十九大报告中指出："中国特色社会主义进入新时代，我国社会主要矛盾已经转化为人民日益增长的美好生活需要和不平衡不充分的发展之间的矛盾。"[10]古陶瓷是我国民众耳熟能详、关系最密切的文化遗产之一。对中国当代古陶瓷修复技艺概念内涵的分析和解读，为我们下一步进行深入的理论梳理和实践探索奠定了坚实的基础，这将使古陶瓷的保护修复技艺更加顺应时代的发展和民众的需要，使古陶瓷在中国特色社会主义新时代物质和精神文明建设中发挥更大的作用，成为古老中华民族屹立于世界民族之林的一张历久弥新的闪亮名片。

### 参考文献

[1] 孙华. 文化遗产概论(上)——文化遗产的类型与价值[J]. 自然与文化遗产研究, 2020(1): 8-17.
[2] 时胜勋. 中国当代艺术概念的历史性与当代性[J]. 徐州工程学院学报(社会科学版), 2019(4): 72-79.
[3] 中华人民共和国文化和旅游部, 中国文学艺术界联合会, 中国美术家协会. 第十三届全国美术作品展览——陶艺作品集[M]. 北京: 人民出版社, 2019: 195.
[4] 于冰. 中国文物市场、流通业及文物商店概况[N]. 中国文物报, 2006-8-2(6).
[5] 纪东歌. 乾隆时期宫廷瓷器修补[J]. 南方文物, 2014(4): 139-147.
[6] 徐铁东. 日本文物保护与修复技术探微——以日本京都科学公司为例[J]. 丝绸之路, 2010(22): 90-91.
[7] 蔺佳. 事实艺术：以数字重制寻回卡拉瓦乔[J]. 艺术世界, 2017(7): 64-69.
[8] 袁梦婕. 当代遗产保护理论的新发展[EB/OL]. (2020-2-26)[2024-4-8]. https://zhuanlan.zhihu.com/p/109226655.
[9] 龚德才, 等. 文物保护基础理论[M]. 合肥: 中国科学技术大学出版社, 2019: 177-179.
[10] 习近平. 决胜全面建成小康社会 夺取新时代中国特色社会主义伟大胜利——在中国共产党第十九次全国代表大会上的报告[EB/OL]. (2017-10-27)[2024-5-21]. https://www.gov.cn/zhuanti/2017-10/27/content_5234876.htm.

# 馆藏古琴保护修复刍议

王宜飞[1,2] 孙 嵩[1]
（1. 湖南博物院 2. 科技考古与文物保护利用湖南省重点实验室）

[摘 要] 我国传统古琴保护修复实践历史悠久，而现阶段文物保护行业内对于馆藏古琴保护理念、修复原则等尚未达成共识。依据现行《中华人民共和国文物保护法》《可移动文物修复管理办法》，在对馆藏古琴相关基本概念细致梳理的基础上，结合湖南博物院馆藏古琴保护修复实践，提出"稳定、真实、完整"的保护理念，并建议制定馆藏古琴保护修复技术标准，以确保馆藏古琴保护修复效果、促进馆藏古琴保护修复行业技术交流合作。

[关键词] 古琴 馆藏古琴 保护 修复

湖南博物院藏古琴53张，从马王堆汉墓出土七弦琴，到唐琴"独幽""飞泉"，宋琴"万壑松风"，明琴"鹤鸣秋月"，到左宗棠家传七弦琴、谭嗣同手斫"崩霆"等，充分体现了湖湘琴韵源远流长。

多年来湖南博物院在馆藏古琴整理研究、展示利用、保护修复等方面取得一定成果。2006年湖南省博物馆启动"馆藏古琴整理项目"，研究成果《湖南省博物馆馆藏古琴整理与研究》一书于2014年出版。2016年为筹办"激逸响于湘江兮——潇湘古琴文化展"，湖南省博物馆启动馆藏古琴保护修复项目，该项目于2019年顺利结项。2020年主持湖南省重点研发计划"古琴艺术数字化保护传承研究与应用示范"。2023年主持湖南省地方标准《馆藏古琴病害分类与图示》制定。同时期湖南博物院古琴保护修复团队又陆续承担了陕西历史博物馆、广州博物馆、荆州博物馆、绵阳市博物馆、青岛市博物馆等单位馆藏古琴保护修复方案编制或项目实施，在馆藏古琴保护修复领域积累了大量经验。

在上述工作执行过程中，我们对馆藏古琴相关的基本概念、保护修复理念及标准等不断开展探讨和研究，以期指导馆藏古琴保护修复实践，从而取得更加科学、有效的保护修复效果。

## 一、馆藏古琴概念梳理

当我们讨论馆藏古琴保护修复时，首先有必要厘清馆藏古琴相关概念及其内涵。

### 1. 古琴与馆藏古琴

从知识图谱技术的角度来看，用知识图谱来表达现实世界中各种复杂的语义与逻辑，对我们厘清概念之间的关系很有帮助[1]。其实古琴和馆藏古琴都不是一个实体，它不像湖南博物院藏唐琴"独幽"、不像广州博物馆藏明琴"天响"，也不像青岛市博物馆的民国古琴"松石意"是"独立的、不依附于其他东西而存在的"实体。古琴和馆藏古琴都是概念，而且两者之间是概念与概念之间的子类关系，也就是说馆藏古琴是古琴的一个子类。

馆藏古琴是古琴的一个子类这样看似简单的逻辑关系，对我们讨论馆藏古琴保护修复工作具有重要的指导意义。

## 2. 文物与馆藏文物

提到古琴与馆藏古琴时，很容易联想到文物和馆藏文物的概念。

目前国际上对文物的称谓并不一致，其所指含义和范围也不尽相同，比如说"文化财产"，所以迄今尚未形成一个对文物的统一定义。就我国而言，《中华人民共和国文物保护法》从1982年到2017年一共经历5次修正和1次修订[2]，都只是列出受国家保护的文物范围："在中华人民共和国境内，下列文物受国家保护：（一）具有历史、艺术、科学价值的古文化遗址、古墓葬、古建筑、石窟寺和石刻、壁画……"这是对其种类的罗列，而非对其性质进行定义。

欣喜发现2020年11月6日国家文物局就《中华人民共和国文物保护法》（修订草案）公开征求意见时，其中第二条明确指出："本法所称文物，是指人类创造的或者与人类活动有关的，具有历史、艺术、科学价值的物质文化遗产。"[3]这意味着未来至少在法律层面上文物有了明确的定义。

"馆藏文物"同样没有明确的定义。《中华人民共和国文物保护法》中按照收藏主体的不同将文物划分为馆藏文物和民间收藏文物。馆藏文物是指国有文物收藏单位，包括博物馆、纪念馆、图书馆等，以及非国有文物收藏单位收藏的文物。而文物收藏单位以外的自然人、法人和非法人组织收藏的文物就是民间收藏文物[2]。

## 3. 馆藏文物与民间收藏文物的修复

《中华人民共和国文物保护法》对于馆藏文物和民间收藏文物的保护修复的管理要求明显不同。

对于馆藏文物："第五十五条　修复馆藏文物，不得改变馆藏文物的原状；复制、拍摄、拓印馆藏文物，不得对馆藏文物造成损害。具体管理办法由国务院制定。"[2]这里的具体管理办法，就是国家文物局于2020年修订的《可移动文物修复管理办法》，其中"第二条　本办法适用于博物馆、图书馆和其他文物收藏单位，以及国家机关、国有企事业单位收藏保管的可移动文物的修复"[4]。

对于民间收藏文物：《中华人民共和国文物保护法》第五十九条规定："文物收藏单位以外的自然人、法人和非法人组织应当依法保护收藏的文物。"[2]很明显这里没有对民间收藏文物的修复做出明确规定。这就导致在操作层面馆藏文物的保护修复与民间收藏文物保护修复在审批程序、修复原则、修复目标、修复技术等层面存在巨大差异。

## 4. 古琴与馆藏古琴的修复

馆藏古琴作为馆藏文物的组成部分，毫无疑问，其保护修复必须遵从《中华人民共和国文物保护法》《可移动文物修复管理办法》等法律法规的要求："不能改变文物原状。全面保存和延续文物的信息和价值，将科学研究贯穿于修复的全过程。认真执行文物修复操作规程和相关技术标准，采用先进、适用的技术手段和有效的管理方法，确保修复质量。"[4]

而作为民间收藏文物的古琴的修复则完全取决于收藏者的需求或传统古琴修复师的经验。譬如将古琴修护上升为一种艺术行为[5]，又如陶艺收藏古琴"夜钟"槽腹弧度重修[6]。更为严重的情形是机械照搬"修旧如旧"或创造"修旧如故"的原则，在馆藏古琴文物保护修复过程中传统以恢复古琴弹奏功能为最高目标，而采取的创造性或破坏性修复措施。囿于目前文博行业从事馆藏古琴保护修复的专业技术人员寥寥无几，虽然有学者提出："这在当今的博物馆修复中是不允许的，因为修复人员的保护与修复工作的目的是使文物能够得以流传延续，使后人可以对其进行研究和学习，而任何附加的多余信息都可能对后来人造成误导。姑且不论所修复的水平如何，至少不依个人意愿随意添加额外信息。古人可以将自己所持有的器物进行创作型的修复，但是作为全民所有的博物馆藏品，保持文物原貌是一项重要的修复原则，也是修复人员应坚持的基本操守。"[7]然而对于破坏文物原貌的上述违反《中华人民共和国文物保护法》《可移动文物修复管理办法》的不当修复措施仍然鲜少引起注意。

## 二、馆藏古琴保护修复理念

### 1. 传统古琴修复理念

《髹饰录》是我国明代的漆艺巨著，关于漆面修复，该书有载："补古器之缺，剥击痕尤难焉！漆之新古、色之明暗相当为妙。又修缀失其缺片者，随其痕而上画云气，黑髹以赤、朱漆以黄之类。如此五色金钿互异其色而不掩痕迹，却有雅趣也。"[8]而杨明在《髹饰录》原序中提出："补缀古器，令缝痕不觉者，可巧手以继拙作，不可庸工以当精制，此以其难可知。又补处为云气者，盖好事家效祭器画云气者作之，今玩赏家呼之日'云缀'。"[8]黑色漆面用红漆修补、红色漆面用黄漆修补，并补成云气的形状，此即"云缀"法之由来，其目是看起来赏心悦目有雅趣。

清光绪年间陈世骥《琴学初津》中有"旧琴修补磨效法"一节，所谓"修补"即"但修补旧传古琴而有上好断纹者尤宜格外细心修理，切勿损其无伤之处。若真正败落不堪而无从下指按弹者，只可削尽重修，尤须择其坚固之处，而留存古意方妙"[9]。补，是动作，是方式，补成什么样，很明确，是要补成可以使用、可以弹奏，可以削、可以锯，可以剖腹重修。自古至今，琴人修补古琴概莫能外。

笔者主持修复广州博物馆馆藏明琴"天响"时，通过X射线CT扫描发现该琴面板上琴项中部至琴额顶端木胎有历史修复痕迹（图一）。从图中可以清晰观察到原木胎因虫蛀严重几成蜂窝状，修补时被截取平整然后易以他木，正是传统古琴修复之写照。

当代则有2002年张建华先生为姜抗生修复传为元代朱致远款残琴的案例[10]（图二）。该琴不仅面、底板都被锯去一段，而且自琴身五徽、六徽上下被截为两段，破坏实为惨烈。张建华根据琴徽位置计算出被截去的面、底板的尺寸，选取旧的木料进行加工、黏接，木坯加固后再补灰、髹漆。该琴修复后不仅外观浑然一体，张上钢弦后琴体历经数年，并且在北京和香港两个温湿度差异较大的地域来回往返，琴体一直保持稳定。该琴音准一致性好。郑珉中先生给予高度评价："这是使古琴起死回生的首例，是古琴修复史上的奇迹，是自北宋修复古琴以来的创举。"[11]

上述是传统古琴修复的两个经典案例。虽然现在琴人对作为乐器的古琴的"修补"也概称为"修复"，但是恢复功能，可以继续使用的初衷则是一脉相承。这与作为文物的馆藏古琴的"修复"是有差别的。复，恢复、复原，是目的，这就涉及一个原状的概念，恢复或者复原到什么程度。

### 2.《可移动文物修复管理办法》对馆藏古琴保护修复的重要指导作用

《可移动文物修复管理办法》对文物保护修复的原则、目标、方法、要求做了全面、系统的阐述。

最重要的原则："不改变文物原状。"[4]什么是文物原状，这个概念值得认真讨论。关于遗址的全生命周期理论以及文物全生命周期的理论

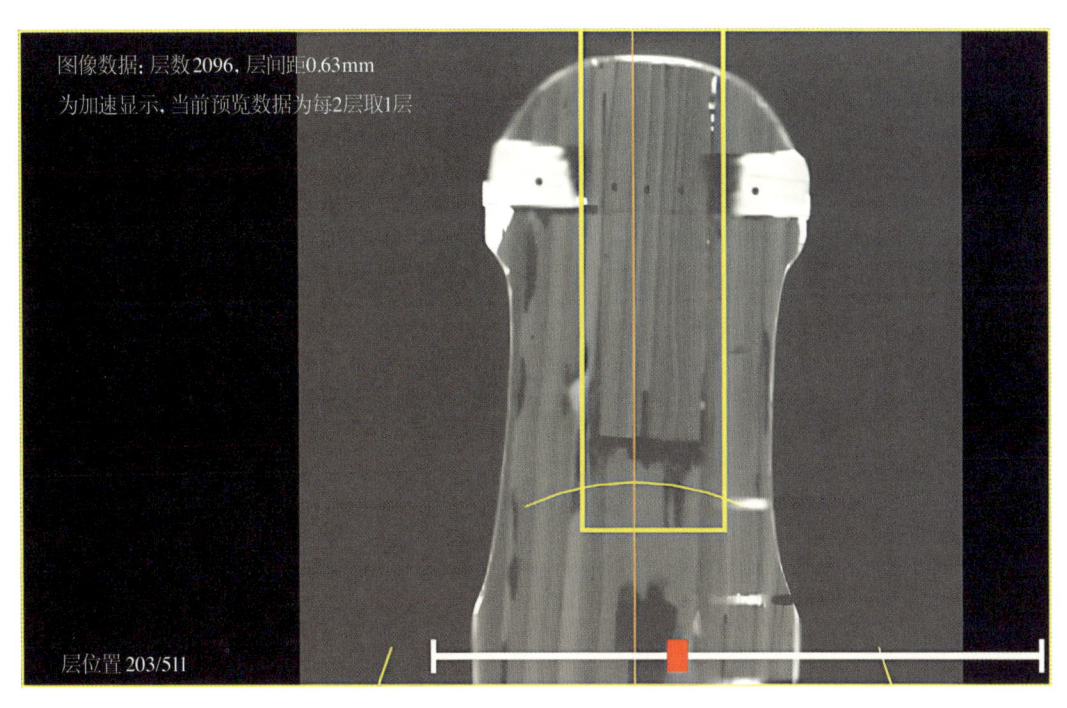

图一　广州博物馆馆藏古琴"天响"历史修复部位CT扫描图冠状面

图二　朱致远款残琴修复前后对比图

可以为我们提供参考[12]。但是传统古琴修复技艺中对琴体进行剖腹、刨平、对表漆或灰胎进行铲除、磨平等做法显然是破坏了文物原状。当然，我们对于古琴修复理念的讨论并不是要否定传统古琴修复技艺，传统技艺自有其体系与智慧，也有不当之处，瑕不掩瑜。

保护目标："全面保存和延续文物的历史、艺术、科学的信息与价值。"[4]文物的信息与价值蕴含在文物这一物质载体之中，离开物质材料，信息与价值就无法存在。但是我们对文物蕴含的信息的揭示不是一次或者一时可以完成的，技术手段和水平决定了它不是一个一蹴而就的过程，比如古人想了解古琴发音特性必须破坏琴体结构，如宋代文豪苏轼为了找出其家藏雷琴声音的奥妙，不惜破琴而求之。"其岳不容指，而弦不散，此最琴之妙，而雷琴独然。求其法不可得，乃破其所藏雷琴求之。"[13]即使到了民国时期，古琴宗师杨时百也只有破开琴腹方能解惑[14]。我们现在可以利用CT扫描、三维重建技术精确测量古琴内部槽腹结构[15]、利用频谱分析技术分析古琴声学特性[16]。

馆藏古琴保护修复的目标一样是要全面保存、延续信息与价值。保存、延续信息和价值的前提需要做好馆藏古琴琴体，也就是物质材料的保护，恢复其演奏功能不是馆藏古琴保护追求的目标，恢复文物的使用功能也从来不是文物保护修复所要追求的目标[17]。

保护方法："将科学研究贯穿于修复的全过程，认真执行文物修复操作规程和相关技术标准，采用先进、适用的技术手段和有效的管理方法。"[16]这里特别强调了科学研究的作用，馆藏古琴所蕴含的信息和价值怎么挖掘，比如古琴的制作材料、工艺、结构，要靠科学研究；如何全面评估馆藏古琴的病害程度，要靠科学研究；如何评价馆藏古琴保护修复的效果，也要靠科学研究。我们的传统古琴修复技艺自然有它的优点，但是不能奉为圭臬、生搬硬套而不需要科学研究。传统工艺也是需要科学化的，通过人文和科技两个领域的交叉研究，科学认知、记录、保存传承传统技艺，目前很多学者尤其是科技史专家已经做了大量工作。比如手工造纸工艺[18]、古建营造技艺[19]、传统书画装裱修复技艺等[20-21]。

技术标准：目前馆藏古琴保护修复参考的是馆藏出土竹木漆器类文物保护修复相关标准，有《馆藏出土竹木漆器类文物保护修复方案编写规范》（WWT0008—2007）、《馆藏出土竹木漆器类文物病害分类与图示》（WWT0003—2007）、《馆藏出土竹木漆器类文物保护修复档案记录规范》（WWT0011—2008）、《可移动文物病害评估技术规程——竹木漆器类文物》（WWT0060—2014）共计四项。在馆藏古琴保护修复实践中我们发现这些标准与馆藏古琴的实际情况有所不同。作为主要是传世文物的馆藏古琴而言，其在流传过程中经历了反复使用、修整的动态过程，这一特点与出土文物有明显区别。比如说馆藏古琴琴面的磨痕是使用过程中摩擦造成的，可以认为是馆藏出土竹木漆器类文物的漆膜残缺病害，但是对馆藏古琴而言这是其使用的痕迹，就像马王堆汉墓出土七弦琴，为什么说它是实用器，而不是用于陪葬的明器，它的明显的琴面磨痕印记就是强有力的证据之一（图三）。所以我们也尝试根据馆藏古琴保存保护修复的实际情况制定更具针对性的技术标准，比如列入2023年度湖南省地

图三 湖南博物院馆藏马王堆七弦琴琴面磨痕

方标准制修订计划的《馆藏古琴文物病害分类与图示》。

修复效果：《中华人民共和国文物保护法》要求"确保修复质量"。修复质量怎么评价？相关工作是否遵循馆藏古琴保护修复的原则，技术路线是否科学，使用的材料、工艺和操作技术规程是否合理、规范，保护修复档案是否翔实、准确，这才是评价标准。在此评价标准之下，如果能够恢复馆藏古琴的使用功能，再现其旷古清音，实则是文物保护之幸。但是为了追求恢复使用功能的目标，采取不当的破坏性保护修复措施实在是削足适履，违反了《中华人民共和国文物保护法》的要求。

### 3. 馆藏古琴保护修复理念探讨

目前馆藏古琴保护领域有一个"活化利用"的概念，其中最常用的利用方式就是录制唱片、组织雅集、举办音乐会，影响很大。美其名曰响应"让文物活起来"的新时代文物工作方针。其实并没有真正理解"保护第一、加强管理、挖掘价值、有效利用、让文物活起来"的精神，颇有断章取义之嫌。"活起来"的前提是保护好，要保护好就要有科学的保护修复理念的指引。

2012年中国文物保护技术协会原理事长、故宫博物院研究员陆寿麟先生从东西方对文物认知以及文化传统的差别而导致的保护修复理念和技术的不同做了详细的梳理和阐释，从而提出："我国的文物保护修复理念应以保护并体现文物完整的价值为最高准则。"[22]2022年我国新时代文物工作方针中首次鲜明地提出"挖掘价值"的要求正是对陆寿麟先生10年前呼吁的最高肯定。在此最高准则指导下，陆寿麟先生进一步阐述了文物修复原则。①不改变文物原状原则：不改变文物包含的一切原始信息。②最小干预原则：优先控制保存环境。必须干预时，就应该采取最为可靠、最为有效的方法，有利于文物的长久保存。③可识别原则：修复材料不是用来替代文物的原材料，不用过多强调原材料、原工艺应有利于文物价值完整体现。④可逆性原则：有利于日后再次保护修复，不能追求一劳永逸、一次解决所有问题。价值保全理念指引修复原则，修复原则贯彻价值保全理念，为开展文物保护修复实践提供了科学的、最根本的遵循。

南京博物院是纸质文物保护修复国家文物局重点科研基地依托单位，在纸质文物保护修复领域取得大量成果，其对书画修复原则的论述也可以作为讨论馆藏古琴保护修复原则的有益借鉴。①最大信息保留原则，尤其注意修复档案记录；②最小干预原则，创造性提出保留原裱、还旧原裱、重新装裱三种不同的修复方式；③可再处理性原则；④安全性原则，涉及场地、技术、材料安全[23]。

结合近年来从事馆藏古琴保护工作的实践，我们将馆藏古琴保护理念概括为"稳定、真实、完整"[13]。

稳定：指馆藏古琴材料和结构稳定。"皮之不存，毛将焉附"，作为载体的琴体不能存在或处于不稳定状态，其所承载的客观信息必然会减少或消亡。

真实：也就是坚决不能搞"创作性"保护修复。虽然对文物价值的认知或需求带有一定主观性，但是文物所蕴含的信息是客观的，不能臆造、增加或者降低。文物价值应是文物客体与作为主体的人的需求之间的关系的统一。

完整：遵循真实性，同时在面对文物价值的认知矛盾时，注意区分什么是核心价值的前提之下，实体完整一定程度上体现出价值完整。

## 三、馆藏古琴保护修复技术标准

《琴学初津》卷二"旧琴修补磨斵法"有载："家藏旧琴虽不乏完善，而损坏者亦属十之七八。或轸、足不具，凫掌脱落，徽位残缺，龈口断失；或灰、漆剥落、弦路成洼；或琴面不平，按弹犯斵，弦眼壅塞；或轸滑频退难旋种种

图四 湖南博物院馆藏衡州府礼乐局造七弦琴琴面破坏痕迹

图五 荆州博物馆馆藏古琴"青琅玕"琴轸改良装置

等病，皆宜修整。"[9]从古琴使用的角度比较全面地列出了当时旧琴存在的病害，在这里可以看到"残缺""脱落"等，这与2008年发布实施的《馆藏出土竹木漆器类文物病害分类与图示》（WWT003—2007）的术语基本一致。这也从侧面说明传统技艺所包含的科学性。

除了《馆藏出土竹木漆器类文物病害分类与图示》（WWT003—2007），我国文物保护行业标准与馆藏古琴相关的还有文物保护修复方案编写规范、文物病害评估技术规程、文物保护修复记录规范。上述标准对出土竹木漆器类文物具有一定普适性，但是与馆藏古琴的实际保存状况又存在一定差异。

比如出土竹木漆器类文物没有单列灰胎的病害，而馆藏古琴灰胎出现残缺、裂隙、酥粉等现象比较普遍；还有人为损害，馆藏古琴在进入国有文物收藏单位之前，在传世过程中会经过多次适当或不当的修复，还有纯粹的破坏（图四）。

比如馆藏古琴漆面漆膜病害中的磨痕，它可能会加剧发展为病害从而影响馆藏古琴的稳定性，但是它又是古琴流传过程中被使用的证据。在修复过程中应根据它的稳定程度判断修复措施是否必要的，而不是照搬传统古琴修复方法，因为它影响弹奏而必须重新髹漆。

还有一类馆藏古琴琴体保留有20世纪50年代古琴改良运动所遗留下来的机械装置和残留痕迹（图五），这也是其见证历史的重要价值体现，不能作为病害简单去修复。

通过对馆藏古琴保护理念和修复原则的深入探讨和研究，通过馆藏古琴价值挖掘路径的拓展，通过积累更多的修复实践经验，不断完善馆藏古琴保护修复相关标准，能够为规范、科学地保护好馆藏古琴及传世古琴提供工作指南并促进技术合作。

## 四、总结

1）依据现行《中华人民共和国文物保护法》《可移动文物修复管理办法》等全面梳理馆藏古琴相关概念，分析现阶段古琴文物保护修复存在争议的原因，即其音乐属性与文物价值之间的矛盾冲突。作为馆藏文物子类的馆藏古琴的保护修复必须遵守上述法律法规的要求。

2）价值保全是现阶段文物保护理念的简要概括，对馆藏古琴而言，通过大量实践探索出的"稳定、真实、完整"保护理念是价值保全理念的具象化。

3）馆藏古琴保护修复所追求的目标是最大限度地延缓文物腐蚀损失速度，最大限度地保存、挖掘其文物价值，为馆藏古琴的有效利用、让文物活起来提供物质和信息支撑。

4）制定馆藏古琴保护修复相关技术标准，能够为规范、科学地保护馆藏古琴甚至传世古琴提供工作指南并促进技术合作。

## 参考文献

[1] 肖仰华, 等. 知识图谱: 概念与技术[M]. 北京: 电子工业出版社, 2020.
[2] 《中华人民共和国文物保护法 附新旧条文对照》编写组. 中华人民共和国文物保护法 附新旧条文对照[M]. 北京: 中国民主法制出版社, 2017.
[3] 国家文物局关于向社会公开征求《中华人民共和国文物保护法(修订草案)》(征求意见稿)意见的通知[A/OL]. (2020-11-10)[2024-1-5]. http://www.ncha.gov.cn/art/2020/11/10/art_2318_44219.html.
[4] 国家文物局关于修改《可移动文物修复管理办法》等三部规范性文件的决定[EB/OL]. (2020-4-30)[2024-2-3]. http://www.ncha.gov.cn/art/2020/9/15/art_2407_164.html.
[5] 李村. 斲琴与修护(下)[J]. 乐器, 2023(6): 32-34.
[6] 佚名. 名家聊老琴的修复(上)[J]. 乐器, 2020(4): 16-19.
[7] 闵俊嵘. 略谈古琴的修复与保护[J]. 紫禁城, 2013(10): 106-121.
[8] 王世襄. 髹饰录解说: 中国传统漆工艺研究[M]. 北京: 文物出版社, 1983.
[9] 范煜梅. 历代琴学资料选[M]. 成都: 四川教育出版社, 2013.
[10] 王风. 大匠必以规矩——记张建华斲琴[J]. 乐器, 2023(10): 27-29.
[11] 郑珉中. 在盛传无形文化遗产喧阗声中略谈琴器的修复[J]. 收藏家, 2004(5): 6-10.
[12] 龚德才, 等. 文物保护基础理论[M]. 合肥: 中国科学技术大学出版社, 2019.
[13] 苏轼. 杂书琴事[M]. 周南李际期宛委山堂刻本.
[14] 杨宗稷. 杨氏琴学丛书(四十三卷)[M]. 影印本. 长沙: 湖南教育出版社, 2007.
[15] 王宜飞, 陈叙良, 孙嵩. 湖南省博物馆藏古琴保护修复实践[C]//湖南省博物馆. 湖南省博物馆馆刊(第十五辑). 长沙: 岳麓书社, 2009: 624-629.
[16] 李明忠, 崔宪, 李村, 等. 让古琴醒来——由浙江省博物馆藏琴声音品质检测到传世古琴的保护[J]. 人民音乐, 2020(5): 40-46.
[17] Cesare Brandi. 修复理论[M]. 陆地, 编译. 上海: 同济大学出版社, 2016.
[18] 郑久良. 非遗传统技艺与现代科技的辩证关系与融合路径——以手工造纸行业当代生产为例[J]. 常州工学院学报(社科版), 2023, 41(1): 128-135.
[19] 佚名. 古代建筑营造传统工艺科学化研究[N]. 中国文物报, 2016-12-09(15).
[20] 李姝仪. 传统书画装裱修复工艺的科学化探讨[J]. 科技传播, 2016(2): 139, 154.
[21] 何伟俊, 张金萍, 陈潇俐. 传统书画装裱修复工艺的科学化探讨——以南京博物院为例[J]. 东南文化, 2014(2): 25-30, 127-128.
[22] 陆寿麟. 我国文物保护理念的探索[J]. 东南文化, 2012(2): 6-9.
[23] 何伟俊, 郑冬青, 陈潇俐, 等. 我国书画文物装裱修复的理念转变与实践[J]. 东南文化, 2017(5): 6-11, 127-128.

# 现代仪器分析技术在古籍善本保护修复中的应用

赵艳红　谢　梦　陈　巧
（湖北省博物馆）

[摘　要]　古籍善本保护修复过程中，为做到"有据可依，对症下药"，使用各项仪器分析技术，对文物的病害进行科学的分析，多方位地提取文物携带的信息显得尤为重要。本文主要介绍利用光学显微镜、扫描电镜和红外光谱仪、拉曼光谱仪、X荧光光谱仪、酸度计、色差计等对古籍善本的纤维形态、加工工艺、老化程度、酸度、白度等进行无损和微损分析。这些分析方法可在基本不损伤文物的前提下，对古籍善本本体信息进行科学提取，为保护修复提供翔实的依据，有效地指导保护修复工作。

[关键词]　古籍善本　仪器分析　保护修复

古籍善本是中华民族的珍贵文化遗产，是古代人民智慧的结晶，是一个国家历史文化的传承，具有历史的烙印，是艺术文化的瑰宝，为人类文明的传播和社会的进步发挥了重要的作用。纸张的主要原料为植物纤维，其主要化学成分是纤维素、半纤维素、木质素等有机物，在保存过程中易受到光、水和氧气等影响发生水解、氧化等降解，而纸张本身又是霉菌、昆虫等生物的营养源，易发生生物降解，从而造成纸张的老化和损坏[1]。对古籍善本的科学分析与诊断，是保护与修复工作的前提，对于古籍善本保护措施的实施、修复方法与材料的选用有重要的参考价值。以往多采用目测或是取样测试的方法对古籍善本进行分析诊断与评估，前者主要凭个人经验，带有较大的随意性，后者需要较大的取样量。由于文物的特殊价值和不可再生性，这些方法在文物保护修复中的应用受到限制。随着现代科技的发展，利用现代仪器分析技术进行无损或微损的纸张分析与诊断的方法，被引入文物保护领域，以最小限度的微量样品获取更多信息，科学地评判古籍善本的保存状态、老化机理、原料鉴别、加工工艺等，为保护修复工作提供翔实的依据，科学有效地指导保护修复工作。

## 一、纸张原料、加工工艺的分析应用

利用光学显微镜、扫描电镜对古籍善本进行无损或者微损分析，通过光学视频显微镜和环境扫描电镜观察古籍善本的微区形貌、加工工艺、填涂料成分。借助光学视频显微镜观察单根纤维的形态、染色反应、细胞形态。这些分析技术可以判定造纸纤维的种类、加工工艺等信息，为后续保护修复工作中修补配纸的选择、干预措施的选择提供很好的参考数据。

## （一）纤维种类的分析

### 1. 制样

取微量样品，分散成单根纤维，取少量置于载玻片上，用Herzberg（碘氯化锌）染色剂对纤维进行染色处理，盖上盖玻片并用滤纸吸去多余的染色剂，备用。

### 2. 观察颜色、形态

用视频光学显微镜和纤维分析仪放大到一定倍数观察载物台上的样品纤维，通过纤维形态、颜色反应、细胞种类和形态来判断造纸纤维种类。

### 3. 结果分析[2]

（1）纤维形态

可根据单根纤维的形状、宽度、长度、柔韧性、尖端形态、表面特征等信息初步判定纤维种类（图一）。

1）竹纤维——纤维较为僵硬，很少有弯曲的现象，两端尖削，宽度在15～18μm，长度多在1.5～2mm，有明显的横结纹；

2）棉纤维——纤维细长，有明显的转曲现象，宽度一般在20μm，长度多在18mm，无任何

图一　纸张纤维种类

1.竹纤维　2.棉纤维　3.禾草纤维　4.韧皮纤维

结纹或纹孔结构；

3）禾草纤维——纤维细短、多呈圆柱状，很少扭曲，两端尖削，长度仅1mm左右，宽度仅15μm；

4）韧皮纤维——包括草本类如麻类纤维和木本类如构皮、檀皮、桑皮等。麻类纤维细长，有明显的结纹，树皮类纤维中构皮和桑皮纤维细长、檀皮纤维纤细柔软，都有明显的横结纹。

（2）颜色反应

植物纤维原料中主要成分是纤维素、半纤维素、木质素（木素），纤维用Herzberg染色后，纤维素含量高时显酒红色，半纤维素含量高时显蓝紫色，木质素含量高时显黄色。棉、麻纤维含相当高的纤维素，染色剂染色后呈酒红色。树皮纤维（如青檀、桑、构等纤维）含纤维素不如棉、麻纤维高，染色剂染色后呈现暗酒红色。竹、稻麦草及木纤维含较多木质素，染色后纤维呈黄色。许多纤维通过颜色观察可初步判定其纤维原料类别和浆料的净化程度。

（3）细胞种类和形态

纤维类型随原料种类和细胞的功能不同，可分如下几类形态[3]。

1）纤维细胞——细长形，壁上有纹孔或有横节纹，两端渐尖；

2）导管分子——中空，两端开口，壁上网纹、孔纹各异；

3）锯齿状表皮细胞——禾草类中表皮细胞呈锯齿状；

4）薄壁细胞——壁薄，有枕形、圆形、杆状等。

（4）应用实例

以古籍善本为例，其造纸原料常见的纤维种类有竹纤维、棉纤维、禾草纤维、韧皮纤维等，如图一所示。

## （二）造纸工艺的分析

古代造纸工艺极其复杂，主要包括采料、浸料、腌料、蒸料、漂白、舂捣、抄纸、晒纸、揭纸等过程。在腌料和蒸料过程中为了去除植物纤维原料中的木质素、果胶、淀粉等物质常加入石灰、草木灰等碱性物质，以达到分散和纯化纤维的目的[4]。在抄纸过程中，为了提高纸张的均匀度，常在纸槽中加入悬浮剂"纸药"等填料，以使纤维分散均匀。有时为了提高纸张的书写性能和润墨效果还会加入一些涂料。可以利用光学视频显微镜、扫描电镜能谱、拉曼光谱仪对古籍善本的载体材料的加工工艺和填涂处理进行有效的分析，理清古代的造纸工艺、找出古籍善本劣变的内在因素、寻找更适宜的修复用纸，以便为后续的保护和修复工作提供科学的预防和补救措施。

光学视频显微镜和环境扫描电镜照片可见，纸张纤维之间有许多空隙，没有其他物质夹杂，说明该纸张未经后续的加工处理（图二、图三）。

光学视频显微镜和环境扫描电镜照片可见，纸张纤维结合交织得很致密，表面有很多颗粒物覆盖很难观察单根纤维的形态，环境扫描电镜能谱图发现纸张表面的颗粒物中Si、Al、Mg的相对含量很高，可能是由于加入了高岭土（$Al_2O_3·2SiO_2·2H_2O$）及滑石粉（$3MgO·4SiO_2·H_2O$）等细粉作为填料所致。通过扫描电镜形貌和能谱分析可知该纸张进行了后续的加填加工处理（图四、图五）。

## （三）色差、厚度的分析应用

利用色差计、厚度仪对古籍善本的白度、厚度进行分析，确保补纸与原纸的色差值$\Delta E \leq 1.5$，厚度接近原纸的厚度，达到"远观一致，近看有别"的修复效果，为修复配纸的选择提供参考依据。同时利用色差计、厚度仪对古籍善本修复前后的白度、厚度进行分析，确保修复前后书页的色差值$\Delta E \leq 1.5$、厚度基本无变化，符合文物修复中的"修旧如旧"保护修复原则（图六、图七）。

图二　光学视频显微镜图

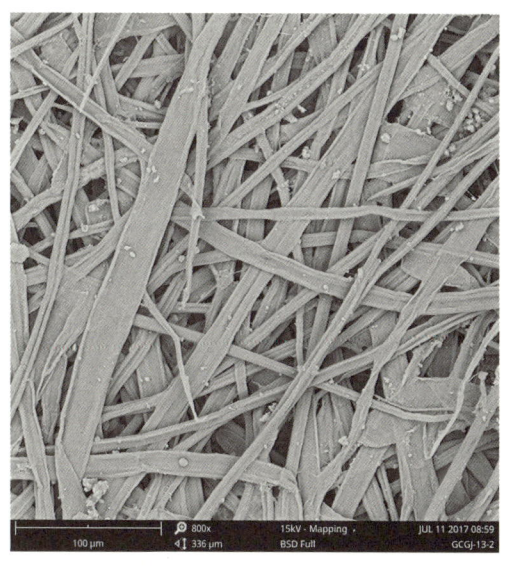

图三　环境扫描电镜形貌图

图四　光学视频显微镜图

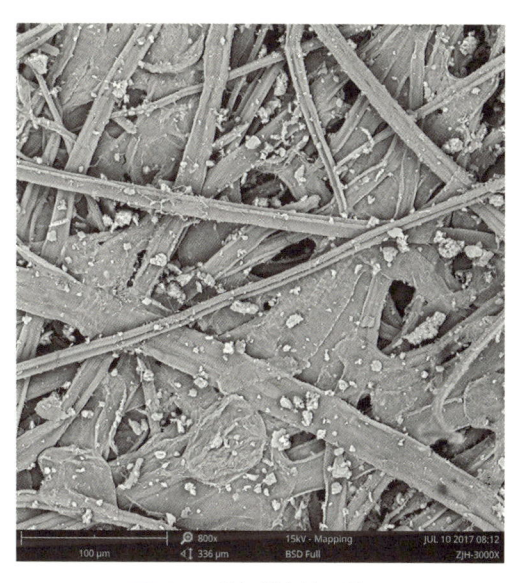

图五　环境扫描电镜形貌图

图六　色差测试

图七　纸张厚度测试

## 二、古籍善本色料的分析应用

古籍善本上携带文物信息的字迹、绘画、印鉴等所使用的染料、颜料、油墨、印泥等在保存和使用过程中由于摩擦、水浸、氧化等因素引起的脱落、褪色、模糊、洇化、晕染等现象十分普遍，导致重要文物信息遗失。为防止此类现象的进一步劣化和重现重要的文物信息，在保护修复时需要对这些文物信息进行加固处理。在实施保护修复之前，利用环境扫描电镜能谱仪、X荧光能谱仪、拉曼光谱仪和红外光谱仪对古籍善本上的色料成分进行科学的分析研究，掌握各种色料的性能特征，为保护修复工作提供更有价值的参考依据，以便采取合适的材料对色料进行显现加固处理，使其重现或者继续保持其历史原貌信息，实现古籍善本信息的耐久性保存[5-6]。

1）以一册红色字迹有脱落的古籍善本为例，对其色料进行超景深显微镜、X荧光能谱仪和拉曼光谱仪分析（图八～图一一）。

通过肉眼观察到红色字迹处摩擦后有脱落现象，进行超景深显微镜观察发现红色字迹处的纸张纤维间隙被很多红色的颗粒物填充，接着对

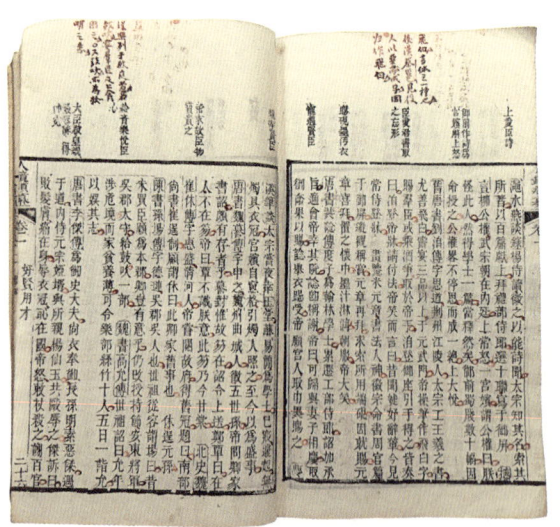

图八 字迹脱落的古籍善本

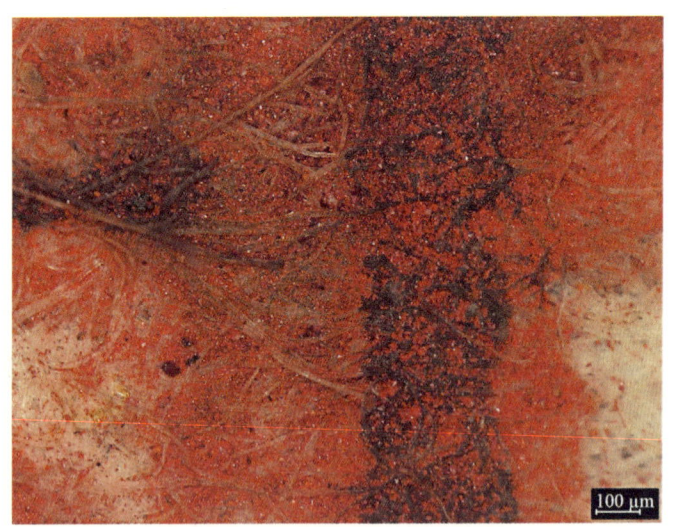

图九 脱落字迹的超景深显微镜图

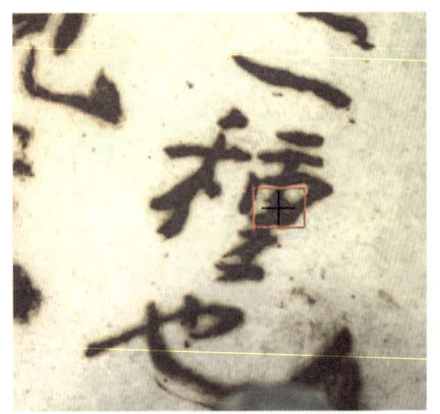

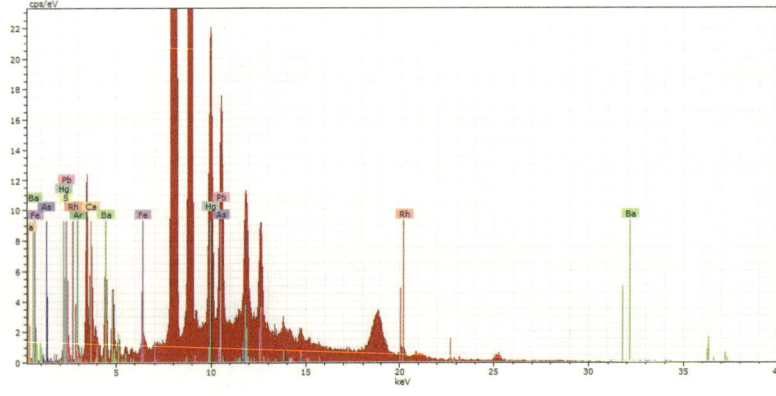

图一〇 脱落字迹的微区X荧光光谱图

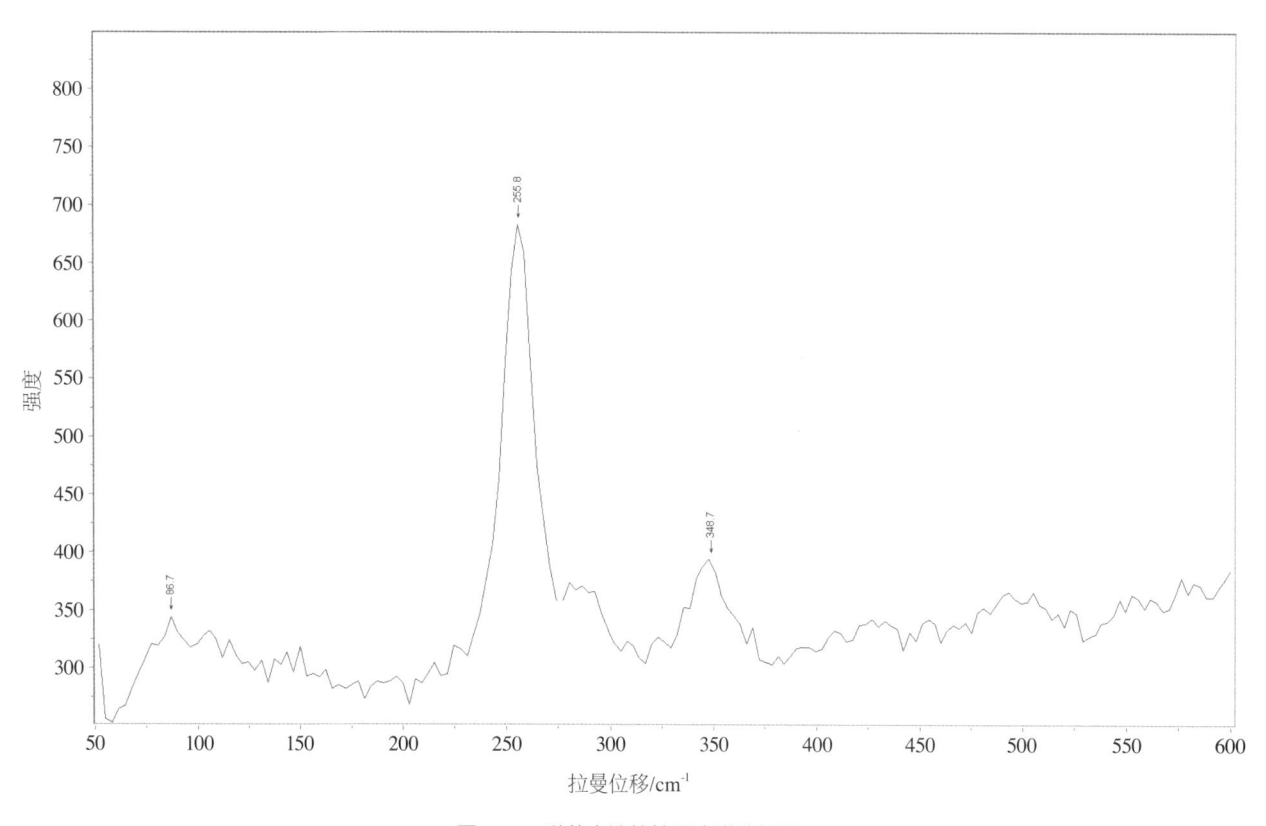

图一一　脱落字迹的拉曼光谱分析图

其进行X荧光能谱仪分析发现红色字迹处有Hg、S、Fe、Pb、Ca、Ba等元素存在，最后对该处进行拉曼光谱分析发现，532nm激光器下在255cm$^{-1}$和348cm$^{-1}$左右有明显的特征谱峰，通过对比拉曼标准图谱发现该两处的谱峰正是Hg—S键的伸缩震动峰，由此判定该红色颜料为朱砂，其他元素可能为纸张中的填料成分。古籍善本书页上的朱砂为矿物颜料在保存和使用过程中受到摩擦出现脱落的现象，可使用矿物颜料的加固材料对其进行固定，防止文字信息的进一步遗失。

2）以一册红色字迹出现扩散现象的古籍善本为例，对其字迹色料进行超景深显微镜观察和红外光谱分析（图一二～图一五）。

由图可知，其红色字迹在保存过程中出现了扩散现象，导致重要文物信息遗失。通过超景深显微观察发现字迹色素完全渗透在纤维内部，被纤维吸收与纸张纤维融为一体。通过傅里叶变换红外光谱仪对红色字迹进行分析发现在3500cm$^{-1}$（—OH、—NH伸缩振动）、1600cm$^{-1}$（—C═O伸缩振动）和1200cm$^{-1}$（—CN伸缩、弯曲振动）处有明显的特征吸收峰，这都是红墨水的特征吸收峰，因此推测该红色字迹为红墨水染料字迹。在保护修复过程中可使用染料字迹的加固材料对其进行加固处理，防止扩散现象的进一步劣变。

## 三、古籍善本脱酸技术的分析应用

古籍善本造纸过程中使用的原料、加入的填涂料、书写材料、保存环境以及大气中的酸性气体、粉尘、微生物等的影响，致使古籍善本酸化变色。酸化的古籍善本机械强度降低，出现脆化糟朽的情况十分普遍，甚至造成毁灭性的损害，严重威胁着古籍善本的生命安全。古籍善本在入库前、保存过程中、保护修复过程中都要使用无损酸度计进行酸度测量，掌握其具体的酸化程度，为保护修复工作提供可靠的数据参考，以便采取合理的脱酸方法[7-8]。

168　湖北文博 | 第一辑

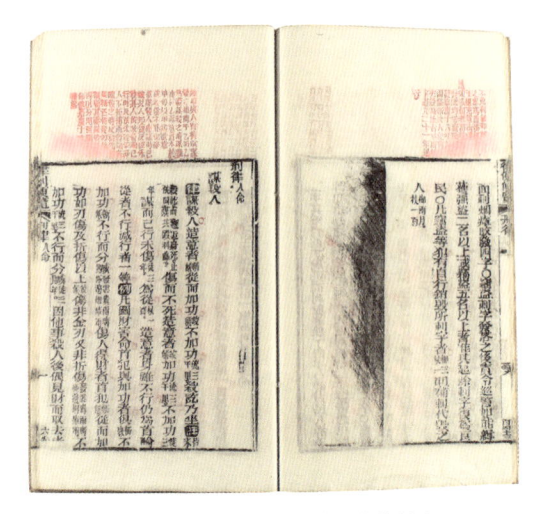

图一二　红色字迹扩散的古籍善本

图一三　扩散字迹的超景深显微镜图

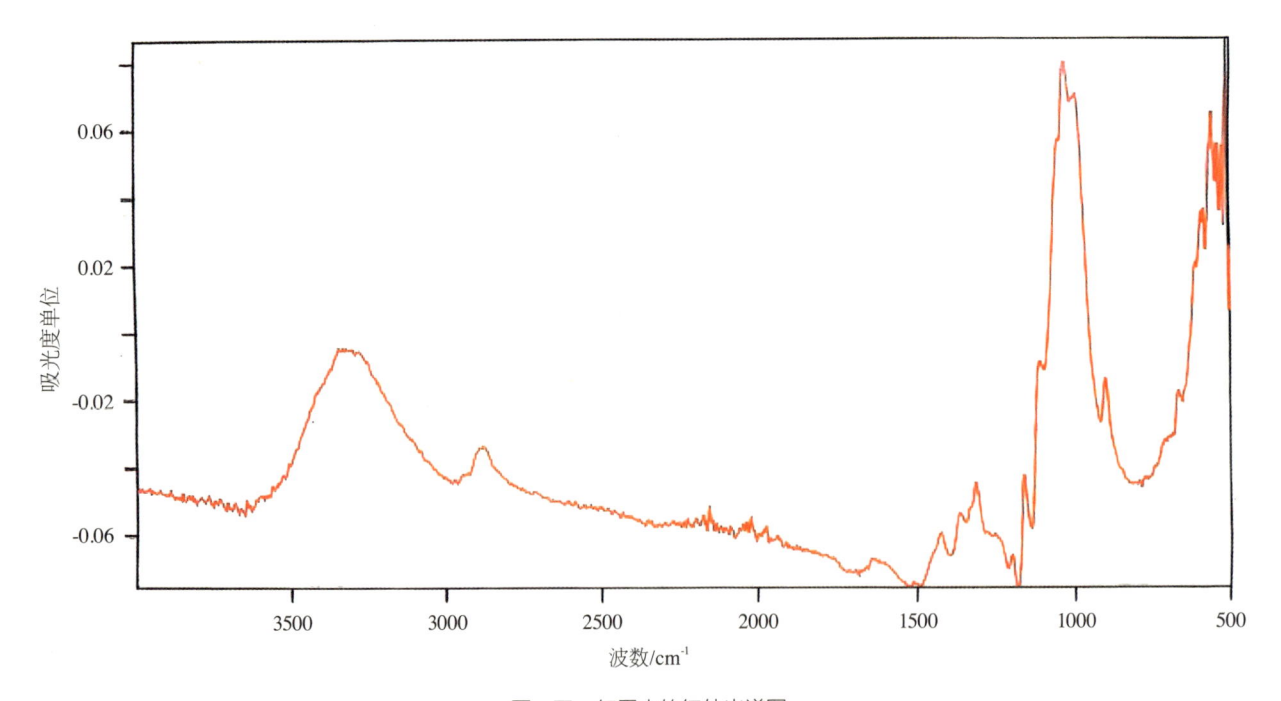

图一四　红墨水的红外光谱图

酸性大红G

曙红

图一五　红墨水的分子结构图

## （一）液相脱酸的应用

对于纸张机械强度尚好、出现酸化变色的古籍善本，首先利用平头电极的无损酸度计对纸张进行酸度测量（图一六），根据所测pH的大小将古籍善本分为重度酸化、中度酸化和轻度酸化三种类型，再根据不同的酸化程度采用不同的液相脱酸试剂。在配制脱酸试剂时也要用酸度计测定不同浓度的脱酸试剂的酸度值，以便对不同酸化程度的古籍善本纸张进行合理的脱酸，使脱酸后的纸张呈中性或弱碱性（图一七、图一八）。

## （二）气相脱酸

对于纸张机械强度欠佳出现糟朽、絮化现象，写印染料、颜料易扩散、脱落的古籍善本以及严重酸化的机制纸文献，可采用气相脱酸的方式进行脱酸处理，在脱酸处理前利用酸度计测量其酸度值，根据所测酸度值大小，适当调节气相脱酸的气流大小和脱酸处理时长问题，使脱酸后的纸张呈中性或弱碱性（图一九～图二二）。

## 四、古籍善本装订线的分析应用

线装古籍善本在收藏和使用过程中其装订线老化、机械强度大打折扣、大多会出现断线的现象，导致书页散落，严重影响文物信息的完整性。在保护修复过程中需要对书页进行重新装订，装订线的选择不仅要与封皮色调保持一致，更要与其原有装订线成分相同或者接近，符合文物修复过程中"最小干预"的修复原则（图二三）。

选取一册断线古籍善本的装订线，对其进行超景深显微镜观察和红外光谱分析（图二四）。

红外光谱图二五中出现了如下特征峰：在1651cm$^{-1}$左右出现了—C=O伸缩振动所产生的特征吸收谱带（酰胺Ⅰ）；在1534cm$^{-1}$左右出现了—NH变形振动所产生的特征吸收谱带，主要

图一六 酸度测量

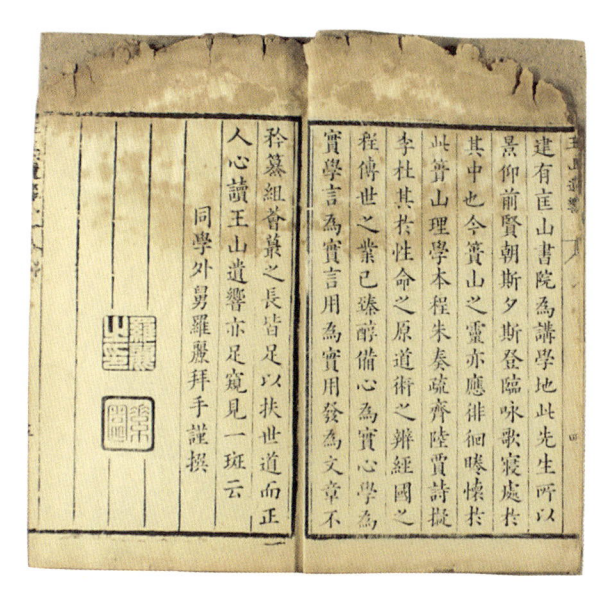

图一七 重度酸化的古籍善本

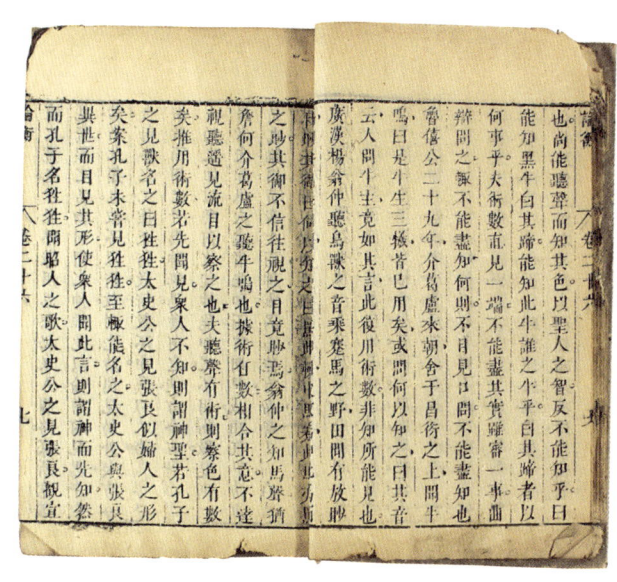

图一八 中度酸化的古籍善本

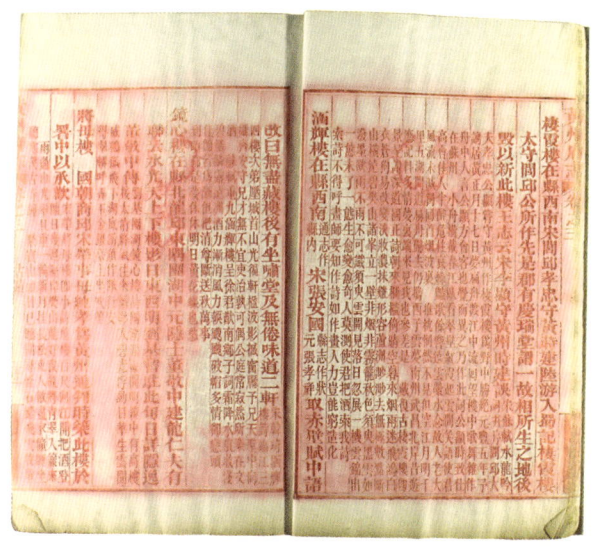

图一九　红色染料易扩散的古籍善本

图二〇　橙色字迹易扩散的古籍善本

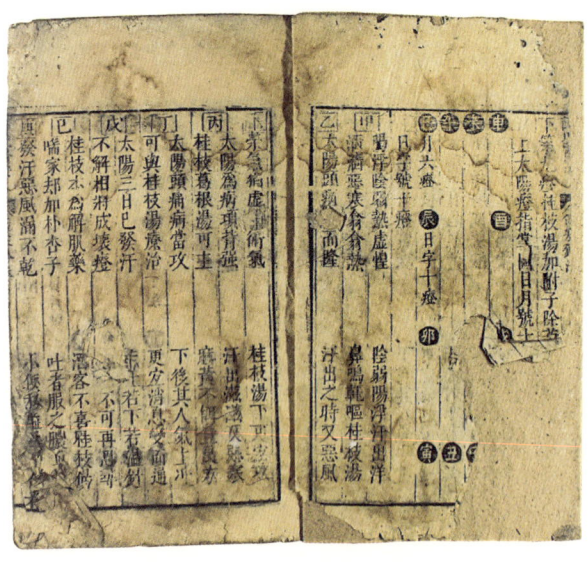

图二一　糟朽、絮化的古籍善本

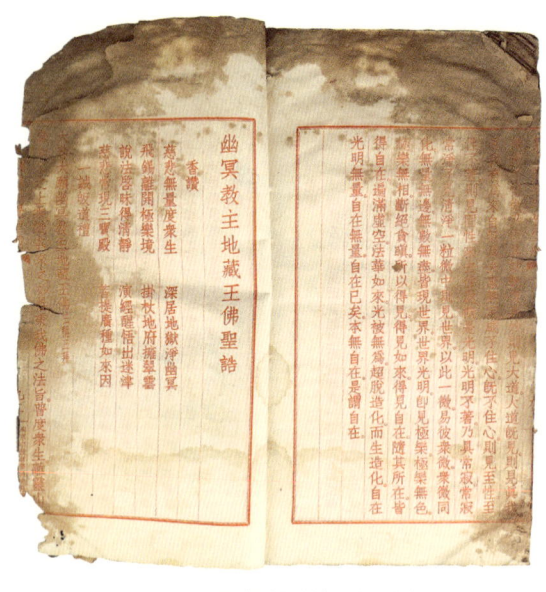

图二二　重度酸化的机制纸文献

图二三　古籍善本装订线

图二四　古籍善本装订线光学显微镜图

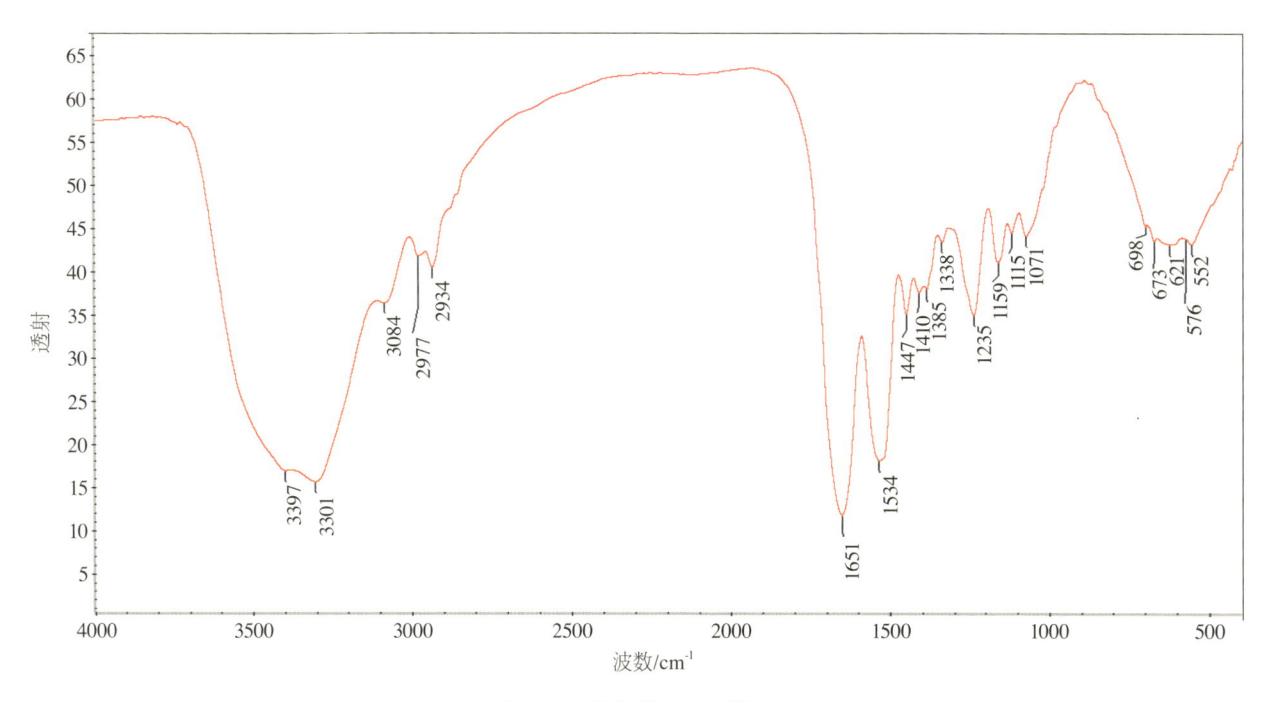

图二五　装订线红外光谱图

代表形成氢键的—NH的振动（酰胺Ⅱ）；此外在1235cm⁻¹左右还有—CN和—NH的伸缩、弯曲振动所产生的吸收谱带（酰胺Ⅲ）。这都是蚕丝的特征吸收峰，因此推测装订线品以蚕丝为原材料，即为丝线。

## 五、总结

现代仪器分析技术普遍应用于古籍善本的保护修复工作中。光学显微镜、纤维分析仪、扫描电镜、色差计、厚度仪为古籍善本的造纸原料、造纸工艺的分析提供了不可多得的数据资料；拉曼光谱仪、X荧光能谱仪、傅里叶变换红外光谱仪对古籍善本上的色料进行科学的分析研究，掌握各种色料的性能特征；无损酸度计对古籍善本的酸度进行测量，掌握其具体的酸化程度，为保护修复工作提供可靠的数据参考，以便采取合理的脱酸方法。这些检测分析方法为后续的保护修复工作做了很好的铺垫，提供了翔实的数据参考资料，能够有效地指导古籍善本保护修复工作的实施。

**参考文献**

[1] 徐文娟. 无损光谱技术在古籍善本分析中的应用研究进展[J]. 文物保护与考古科学, 2012(24): 41.
[2] 王菊华. 中国造纸原料纤维特性及显微图谱[M]. 北京: 中国轻工业出版社, 1999.
[3] 谭敏, 王玉. 古籍善本的无损和微损观察分析方法[J]. 文物保护与考古科学, 2014(26): 117.
[4] 张欢, 梁义. 古籍善本保护技术及环境控制对策[J]. 中国文物科学研究, 2010(4): 22.
[5] 奚三彩. 现代科技在纸质文物保护中的应用[J]. 中国文化遗产, 2004(3): 67.
[6] 邱建辉, 卢珊, 彭程, 等. 纸质文物多功能加固保护胶液研究[J]. 南京航空航天大学学报, 2006(1): 9-10.
[7] 韩莹. 近十年来化学方法在纸质文物脱酸与加固方面的应用[J]. 中国国家博物馆馆刊, 2022(6): 4-5.
[8] 陈彦. 纸张酸化与脱酸[J]. 文物修复与研究, 2016: 464.

# 蕞尔小国如何成就一部考古学文化研究大作
## ——读《周代邓国考古学文化研究》

张昌平

（武汉大学历史学院）

在周代百位数的诸侯国中，邓国既未在历史上像秦、楚那样发展成为逐鹿中原的大国，也未像曾、蔡那样在当今考古学上有国君级别的重要考古发现。不过，这样的蕞尔小国，才代表了周代大多数诸侯国的基本特征，或者说这样的诸侯国，才是我们全面认知周代社会的重要窗口。当然，小国的考古材料往往不够系统和全面，研究难度很大。《周代邓国考古学文化研究》（以下简称《邓国》）就为我们提供了一个很好的研究范例。

和绝大多数周代诸侯国一样，传世文献关于邓国的记载是语焉不详的，特别是在早期传世文献中，对邓这样的小国着墨自然不多。《国语·郑语》："当成周者，南有荆蛮、申、吕、应、邓、陈、蔡、随、唐。"《左传·昭公九年》："巴、濮、楚、邓，吾南土也。"是少有的邓国涉及两周之际政治形势的重要文献。其他在《左传》《史记》中有关邓国的叙事，基本都是作为楚国北上问鼎中原的陪衬，因此邓国有多次被楚攻伐的记录，直至公元前678年灭于楚。《左传·庄公六年》"（庄公）十六年，楚复伐邓，灭之"，《史记·楚世家》"（文王）十二年，伐邓，灭之"，都是记载此事。

邓国历史文化也是赖于考古学构建起来的。目前学术界所认知的邓国遗存，主要集中在今天襄阳城区北部的邓城遗址一带，这里多见与邓国相关的铭文青铜器。邓城遗址内涵丰富，20世纪70年代以来遗址及周边发现有山湾、蔡坡、王坡、余岗、沈岗等多处大型墓地。仅21世纪围绕邓城的考古报告就出版有五部，沈岗墓地发掘墓葬编号超过一千个。这些墓地的年代主要属于春秋时期并延续至秦汉时期，繁盛时期在春秋晚期及前后。显而易见，邓城遗址的时代要超出邓国历史的范畴。考古学对邓国的认知也经历了很长的过程。20世纪70年代，襄阳文管处征集到两周之际的邓公牧簋，其后襄阳山湾砖瓦厂挖出春秋晚期的邓公乘鼎（当年的简报还因为囿于邓国存世的认知，认为鼎的年代在春秋早期），为邓国的定位提供了重要参照。80年代初，石泉先生和周永珍先生先后提出邓国故地应该在今襄阳邓城遗址。自此，邓国地望在襄阳邓城成为定论。邓国的历史还可通过青铜器追溯到西周早期，如传世和出土的邓小仲方鼎、邓公盉、邓仲牺尊等青铜器，都属于西周早期。这些青铜器中邓国国君称公，邓仲牺尊极为复杂的造型和工艺，都说明邓国具有重要的社会地位。西周早期的邓国已地处周之南土，著名的"安州六器"记录周王南巡线路，就提到邓国。不过，迄今尚未发现西周时期性质明确的邓国居址和墓地，同时，春秋中晚期及其后即属于邓国灭国之后的遗存构成邓城遗址的主体，这些都是邓国研究面临的难题。为此，《邓国》非常高超地从两个方面来解决这个难题。

首先是从技术线路上，明确属于邓国的考古遗存。上述有关邓的学术史可见，邓国研究并非邓城研究，因此邓国考古学文化研究显然并不是简单地将上述材料作为研究对象。和东周大多数小诸侯国考古材料一样，邓城遗址的墓葬和居址并非一定都属于邓国，分析并明确这些考古材料是否具有邓国国族属性，是不可或缺的工作。《邓国》是通过出土邓国铭文青铜器，来定位邓国墓葬的。目前考古所见明确为邓国的墓地有两处，分别是土坡和擂鼓台墓地。王坡墓地位于邓城遗址北部，其中M1出土青铜鼎、戈及车马器，年代在春秋早期，鼎、戈等4件青铜器器主铭文为"邓公孙无忌"和"邓子中无忌"，墓主当属邓国公族。考虑到此前出土的邓国青铜器以及文献记载，王坡墓地进一步确认了邓国的地望。擂鼓台墓地位于邓城之西50千米的谷城，这里先后发现两座春秋早期墓葬。M1出土鼎、簋各2件，鼎器主铭文为"邓子孙白"；M2出土鼎、簋各2件，以及罍、卣、兵器等，鼎、簋器主铭文为"邓子白"。两座墓葬的墓主都应该是邓国贵族。不过擂鼓台一带并无邓国背景，M2随葬的罍、卣明显具有江淮地区文化线索，这两座墓葬很可能属于邓国支系或其他原因居于政治中心近旁的邓国贵族。

以上确认邓国遗存的过程，《邓国》描述为：发现邓器→寻找邓墓→确认性质。由于此前学术界并没有论证在邓城一带性质明确的邓国墓地，可以说《邓国》是首次通过考古学论证邓国的墓地以及邓国地望。这是具有重要学术意义的论点。

其次是《邓国》从历史和文化两个维度展开，分别讨论邓国和邓文化的兴与衰，借此缓解考古学材料在不同时期不均衡的问题。对于薄弱的西周材料，《邓国》在确认邓城为邓国地望的前提下，将今襄阳一带西周时期考古学遗存归为邓文化，同时梳理有铭邓国青铜器，由此确立邓国早期考古学材料。进而，在历史的维度上，以有限的信息建立邓国世系，在"南土"的大空间尺度下观察邓国的历史发展；在文化的维度上，基于周文化体系讨论邓国遗存中那些具体的、个性的文化因素。如此宏观和微观视角的交织和互换，构成《邓国》的一个研究特色。

公元前678年邓灭于楚，历代学者一般都采信这条传世文献。《邓国》也非常明确地将这一时间节点作为判断邓国物质文化的年代下限，并在研究中执行得颇为决断。由于公元前678年恰好处于春秋早中期之际，因此《邓国》将邓城遗址一带早于这一节点，即春秋早期及之前的遗存划归为邓国，而将春秋中期及其后的遗存归为楚国。这样，基于类型学的考古学年代研究，即第二章《邓国考古学文化面貌研究》，就成为《邓国》基础而重要的一章。基于这一研究，《邓国》将春秋早期及之前的周家岗等7处遗址，以及王坡、沈岗等7处墓地共107座墓葬判断为邓国文化遗存，这些遗存也是构成邓国考古学文化研究的基础材料。

将公元前678年作为邓国文化下限的"界标"，是《邓国》的一个重要观点，也是一个突出的学术创新点。历年来的考古工作表明，邓城及其周边的墓地主体年代属于春秋中期及其后。按照《邓国》的年代界标，这意味着邓城城址基本不属于邓国。如果是这样，两周之际到春秋早期的邓国中心在哪里？这是《邓国》需要回答的问题。经过考证，《邓国》认为邓城东南的周家岗遗址可能是西周晚期至春秋早期的邓国都城。

从学术史的角度而言，邓国研究因邓城遗址而确定邓国的地望，由此而进行的深入研究又排除了邓城遗址属于邓国遗存的性质。这样看上去似乎是循环论证的现象，实则是学术研究螺旋式深入的一个轮回。它对周代诸侯国考古学研究和历史地理研究，都具有莫大的启示甚至是警示的作用。

邓国研究对于楚国地望和楚文化研究也有重要意义。按照传世文献记载，春秋早期的邓国是楚国问鼎中原，并在江汉地区与楚国发生冲突最多的国家。既然邓国处于楚国北上的必经之地，则春秋中期之前的楚国政治中心必定位于邓国之南。从考古学文化面貌上看，邓城在邓灭国之后城市不仅没有衰落，反而在春秋中期、晚期迎来其繁盛时期。邓城一带与今淅川下寺、南阳市区一带等区域，成为整个江汉地区为数不多的几个高等级遗存的分布之地。换言之，这几个区域所在的汉水中上游地区，应该是春秋中晚期楚国活动的热点区域，是探寻当时楚国中心的重点范围。邓城遗址考古学材料以春秋中晚期为主，《邓国》当然会利用这些材料的优势推进研究。

一方面，对邓城一带春秋中晚期考古学文化的研究，可以考察邓国灭亡之后"邓遗民"文化的变化，分析邓城出土春秋中晚期的"邓公""邓子"青铜器及其所映射的社会。另一方面，灭邓前后正是楚文化形成的关键阶段，邓与楚在文化上的交流与影响，正是当时鄂北豫南一带楚文化与其他诸侯国文化互动的缩影。《邓国》指出，楚文化在邓国的发展特征，是由周文化系统向楚文化系统的转化。这一点，实际上也是其他各楚系诸侯国文化的表现，正如我们过去在曾国研究中所指出的那样。

《邓国》还有一些强力的研究部分，如围绕邓国所展开的历史地理研究等，这里就不一一列举了。

# 楚文化研究的家族视野
## ——读《楚系家族墓葬研究》

尚如春

（郑州大学考古与文化遗产学院）

家族墓葬与家族形态研究是中国考古学与历史学研究的重大学术课题。《周礼·地官·大司徒》记载："以本俗六安万民……二曰族坟墓。"郑注曰："族犹类也，同宗者，生相近，死相迫。"血缘上相近的同一家族或宗族成员，生前聚族而居，死后合族而葬，由此产生了宗族或家族性质的族葬墓地。自20世纪70年代末殷墟"族墓地"概念提出以来，尽管学术界对于所谓"族墓地"层级组织与性质的确认尚有分歧，但依据墓地材料探讨家族形态与社会组织结构，始终是商周考古关注的重要议题。遗憾的是，囿于所发现考古材料的限制，以往家族与社会组织研究常以传世文献或出土文字材料为主，对于考古所见墓地材料未能充分运用。而族墓地研究则更多偏重商和西周时期，相比之下，东周族墓地研究尤显薄弱，且不同国别或区域研究极不平衡。因此，研究东周族墓地经历了什么样的发展演变历程、在古代社会由西周血缘政治向秦汉地缘政治的转变过程中发挥了怎样的作用、在不同区域是否存在规制性特点方面，成为家族墓葬与家族形态研究这一重大课题中的重要组成部分。而要想厘清这一问题，对东周不同国别（或区域）族墓地分别进行系统分析和解读就显得尤为重要。《楚系家族墓葬研究》一书，即是以南方楚系家族墓地为切入点，考察楚系贵族内部不同等级、不同族系家族墓地发展规律，探讨楚国民族融合的方式、过程以及相关问题。

对于家族墓地研究而言，墓主人身份或族属的判定是无法绕开的核心问题。商周社会人群来源复杂，不同墓地甚至同一处墓地中往往包含不同等级、不同族系的人群。如何对这些不同人群族属进行界定和区分历来是学术界争论的重点亦是难点。目前西周墓葬族属研究已取得了显著进展，对于姬姓周人与殷遗民的辨识标准愈加明晰。而在东周列国中，南方楚系墓葬不仅数量丰富，更出土了大量的文字资料，其中不乏能够说明墓主身份和族系的青铜器铭文、简牍等，这些承载各种宗族信息的文字材料为深入认识楚系家族及社会构成提供了很好的突破口。从这个方面来讲，楚系家族墓葬与家族形态研究相较于东周其他列国显然更具优势。《楚系家族墓葬研究》一方面立足于考古所见楚系家族墓地材料，另一方面整合传世文献及金文、简牍等出土文字资料，可以说应此重要学术课题之急需。

《楚系家族墓葬研究》一书是郑州大学考古与文化遗产学院副教授田成方先生在其博士后出站报告基础上扩充修改而成，已于2022年底由武汉大学出版社出版。全书共分八章，导论是对研究背景、相关概念的概述与说明。第一、二章分别从楚国族墓地和附庸国族墓地两个角度对楚系家族墓葬进行通盘检视，其中前者又包括楚国王陵、世族墓地、核心家庭墓地三部分。第三至六章为分述，针对淅川下寺蒍氏墓地、淅川和尚岭与徐家岭䣙氏墓地、南阳西关彭氏墓地、荆门包山昭氏墓地等典型墓地分别进行整合分析与解读。结语是对楚系家族墓地发展规律的总结及政治意涵与成因探讨。

纵观全书，其主要突破可以归纳为以下几点。

首先，此书首次将楚系墓地按不同族群分为楚国族墓地和附庸国族墓地两部分，在楚国贵族墓地的分析中又进一步区分出芈姓公族与外来宗族。东周以来，楚国在对外扩疆过程中吸纳了众多的异姓外族成员，这些成员或归入楚附庸国，或灭国后彻底纳入楚国政治体系，部分甚至仕楚为臣。在研究楚系家族墓葬时，对这些不同族群细致区分并加以比较是很有必要的。以此为基础，此书得出了较多新的、重要的学术见解。如南阳彭氏等外来宗族在物质层面上虽然逐渐完成全面"楚化"，但在墓地布局规划及某些文化传统如葬制葬俗方面仍坚守自身传统，始终如一，与芈姓公族存在明显区别。又如春秋中期以后楚附庸国族墓地呈现出三个新特征：部分国家族墓地出现收缩态势，由分散各处到集中一地；在楚人置县的地方，附庸国与进入该地的楚人未葬于一处；遭楚人不断迁徙的国族，墓地难以形成规模且较为分散。

其次，此书始终秉持考古材料与传世文献、出土文献相互结合、印证的研究思路，所得结论令人信服。尽管在考古学研究中采用多重证据法已为学术界共识，然而真正做到融会贯通相对较难。此书作者兼具考古学、古文字学、历史地理学功底，书中既有对考古所见不同类型楚系家族墓葬的通盘检视和梳理，亦有针对若干典型墓地个案鞭辟入里的剖析。如在对淅川下寺蒍氏墓地研究时将文献、古文字与考古相互比勘，系统考订了楚叔的身份、上鄀公的族属与身份、楚蒍氏的族称与宗支、墓地代系与布局等核心问题。其研究立足墓葬材料本身，同时注重结合各类文献资料，透视墓葬背后所反映的楚国人物及其家族、宗族组织与结构、民族融合与统治策略等，将考古学物质文化研究上升到阐述社会关系与历史问题的高度，而这也成为这部著作的独到之处。

最后，此书虽然专注于楚系家族墓地，但视野并未局限于楚地，而是将其置于周代社会历史的大背景之下。一方面，书中在对楚王陵园、附庸国墓地发展规律总结时注重与同时期其他诸侯国墓地的比较，使读者对楚系家族墓地及其特殊形态有了更深刻的认识和理解。另一方面，书中尤为强调社会背景对丧葬文化的作用力，并将其与墓地形态演变紧密联系起来，由此提出了一些新的认识。如对于核心家庭墓地，作者认为战国中晚期楚地核心家庭墓地只是在特定历史背景下出现的一类较为特殊的世族墓地形式，而非正常发展和延续的族墓地。在此基础上，作者进一步指出战争、政局与社会革新等会对族墓地的空间选择与埋葬形式产生影响，而族属差异、血缘亲属、官爵高低、福寿长短等亦在细节上塑造着墓地的具体表现形态。

当然，任何一部著作都不可能做到完美解决所有问题。要形成对楚系族墓地及其家族形态的全面认识，仅凭贵族墓地是不够的。目前已公布的楚系公共墓地数量众多，不少墓地存在明显的聚族而葬现象，此类公共墓地与此书所论及贵族墓地在埋葬形式、组织结构上存在何种差别、其背后反映出什么问题，均需要在系统分析的基础上继续深入探索。此外，部分族墓地规模较大，其内部是否可以进一步分区分群、与族氏层级如何对应，以及血缘族墓地与地域基层组织关系等问题仍有待在今后的研究中持续推进并做出新的回答。

# "文明交流互鉴视野下的博物馆文化传播"学术研讨会纪要

本刊编辑部

2023年9月23日，由湖北省文化和旅游厅（湖北省文物局）指导，湖北省博物馆主办的"文明交流互鉴视野下的博物馆文化传播"学术研讨会召开，来自美国、英国、日本等国和我国香港、台湾地区及各省、市、自治区的文博机构、高校、科研院所的100余名专家学者参加会议，9名专家学者围绕主题作了主旨报告。四川博物院党委书记向和频、贵州省博物馆党委书记李强主持研讨会并做总结。现纪要如下。

美国人文与科学院院士、旧金山亚洲艺术博物馆馆长许杰的发言题目为《文明交流互鉴视野下的博物馆文化传播：以旧金山亚洲艺术博物馆的特展策划为例》。许杰先生介绍了旧金山亚洲艺术博物馆藏品、展览等情况，勾勒了该馆的发展理念为"人人亚博"，实现方法是希望"通过体验达到贯通"，并以该馆策划的特展为例阐释了"贯通古今""贯通全球""贯通生活"的呈现方式。许杰先生最后对2024年在该馆举办的"凤凰故国：来自长江中游的中国艺术"进行了展望。

陕西历史博物馆党委书记、馆长侯宁彬先生以《发挥资源优势，打造文物国际交流合作高地》为题，强调了博物馆在促进世界文明交流互鉴方面的特殊作用，文物在承载灿烂文明，传承历史文化，维系民族精神方面的重要作用；并解读了2022年8月24日国际博物馆协会公布的博物馆新定义。侯宁彬馆长认为每个博物馆的资源禀赋都不尽相同，其中藏品是博物馆的独特资源，人才是博物馆的智力资源，科研是博物馆的动力资源，展览是博物馆的核心产品，传播是博物馆的重要窗口。侯宁彬馆长结合具体实践，提出科学保护是基础，研究阐释是核心，展示传播是关键，传承弘扬是目标。报告最后就外展思路进行了概括总结，认为资源整合是文物外展的基础，主题凝练是文物外展的核心，机制创新是文物外展的动力，品牌建设是文物外展的要求，政策支持是文物外展的保障。

英国皇家音乐学院博物馆馆长、音乐和文化材料学院院长、国际博物馆协会乐器专业委员会前主席加百列·罗乔尼分享了英国皇家音乐学院博物馆新馆的情况。报告首先回顾了作为西方音乐研究领域世界第一的音乐学院和博物馆的历史，介绍了诸多重量级藏品，如存世最古老的带弦键盘乐器、吉他，著名音乐家约瑟夫·海顿肖像及莫扎特的作曲手稿等等；随后重点解读了博物馆新馆的设计理念与实践。随着藏品规模和观众数量的大幅增加，英国皇家音乐学院博物馆新馆于2014年开始建设，新馆按照探索、演出、学习、研究四个关键项设计与施工，打造了四大空间。2020年新馆建成后，环境得到了很大改善，除展厅更加人性化外，还增加了音乐会场地、咖啡厅、观众服务中心、互动空间等设施，设立了音乐和物质文化博士项目等研究项目。展览除基本陈列外，每年还举办两个临展，包括一个大型的国际合作展，一个小型的原创展。音乐会作为博物馆的核心每周至少举办一次，有时还在夜间举办，并尝试用馆藏乐器演奏。教育覆盖从新生儿到老人的全年龄段人群，尤其是为一些特殊群体如孤独症患者、盲人等采用特殊方法接触展品。研究方法更加多样，科技手段提升了研究水平，同时，研究室还向公众开放。最后，报告者向参会人员发出了邀请。

上海大学党委副书记、纪委书记段勇以三星堆为例，探讨文化传播与文明传承。段勇书记以"我们是谁？我们从哪里来？我们将向哪里去？"这三个人类终极之问为引言，提出文化遗产作为历史文化的载体和人类文明的物证，能够为我们提供最真实、直观、可靠的第一手答案。其在对"文化"与"文明"的概念、内涵解读后指出：文化与文明都是人类所特有的观念，也是人类进化发展的具体成就的体现；人类自诞生以来进化至今，文化的总趋势是通过传播（比如人类迁徙），其内涵由简到繁、数量由少到多；再通过交流（比如全球化），其内涵由繁到简、数量由多到少。文明由低到高传承发展，文化由此到彼传播交流。然后结合三星堆遗址祭祀坑的发现，特别是出土的大量文物证实该地作为一个重要的文明交汇点，直观地证明了古代文明之间的传播、交流与融合。并得出结论：三星堆文化应该是由古蜀本地的宝墩文化等发展而来，其最具文化类型判断标准的陶器和筑城技术等是一脉相承的，因此并非一个外来文明；但是在受到中原、长江中下游等地区其他文明的影响下进入青铜时代、发生质的飞跃，并可能与西亚、北非和南亚地区有文化或贸易联系。三星堆文化是中华文化的重要组成部分，是中华古代文明多元一体的重要象征，同时也是人类古代文明交流融合的一个重要例证。

湖北省博物馆党委书记、馆长张晓云报告的题目是《夯实基础 继往开来 推动中外文明交流互鉴——以湖北省博物馆为例》。张晓云馆长认为，藏品基础、场馆基础、研究基础、平台基础是湖北省博物馆开展文明交流互鉴的四大基础；特色文物出境展览展演、引进多元文化境外展览、音乐考古国际学术交流、国家元首参观见证历史是湖北省博物馆对外文明交流互鉴的四大成果；发挥平台作用、构建展陈体系、突出文化特色、拓展交流形式是湖北省博物馆未来文明交流互鉴的四大工作。张晓云馆长强调，文明因多样而交流，因交流而互鉴，因互鉴而发展。湖北省博物馆制订3年计划，锚定4个核心指标，其中针对总观众量、境外观众量都有特别的考虑和安排。湖北省博物馆倡导坚持文明平等、互鉴、对话、包容，也希望为人类文明进步和世界和平发展贡献力量，在文明交流互鉴过程中发挥更大的作用。

台湾鸿禧美术馆副馆长廖桂英分享了100年来台湾博物馆/美术馆的演进与脉络。廖馆长通过对国际博物馆协会及美国、英国等国家博物馆协会关于"博物馆定义"的解读，总结了博物馆的特性，主要体现在博物馆的"公众性""常设性""非营利性""专业性""可亲近性"五个方面。在此基础上，她以艺术类为例，根据目标功能将台湾博物馆目标功能分为展现国际与当代艺术、以台湾美术史为主轴、以保存或纪念单一艺术家、因私人喜爱之收藏所设立的博物馆几类，强调以博物馆为沟通平台、以艺术教育为目的导向的目标。并梳理了台湾自1908年成立第一家博物馆至今博物馆发展历程，目前台湾具有一定规模的博物馆、美术馆有200座左右，种类齐全，展览多样，活动丰富。

甘肃省博物馆馆长贾建威的报告题目为《找准文化传播发力点，扩大文化品牌影响力》。报告围绕适应当前社会公众支持和参与博物馆事业空前高涨的热情予以回应，认为博物馆应顺势而为，逐步打破传统文化服务模式，找准自身文化的亮点和发力点，不断拓展文化传播的渠道和空间，通过创新性转化和创造性发展，打造定位鲜明、内涵丰富、辐射力强的文化品牌，进一步扩大文物承载的中华优秀文化的影响力。他以甘肃省博物馆为例，分四个方面进行阐述，分别是强化学术研究工作，深挖藏品背后的故事；基于特色藏品资源，打造主题陈列展览；创新文化表达方式，研发高辨识度文创产品；拓展"博物馆+"文化传播模式，扩大知名度和影响力。

美国大都会博物馆乐器部主任布拉德利·史瑞辰·舍雷尔介绍了美国大都会博物馆乐器馆的情况。报告首先简单回顾了2018年国际博物馆协会乐器专业委员会年会在湖北省博物馆举办的盛况；然后结合本次研讨会的主题，围绕"音乐是世界语言"的纽带，通过美国大都会博物馆乐器馆新馆展览及背后的思考对"文明交流互鉴视野下的博物馆文化传播"进行诠释。大都会博物馆收藏有4000年来世界六大洲的5000多种乐器，新馆乐器馆改造五个展厅，展出约600件乐器。展览设计放弃了过去按照西方分类系统即按发声方式、地域来展示乐器的传统，而是充分考虑文化功能或背景，将音乐是人类本体和活动的基础组成部分与文化核心以及音乐和演奏音乐的乐器都是艺术作为指导原则，布设"号角齐名""穿梭时空的音乐""音乐艺术总汇"等展览，以更好地与观众产生共鸣，使大都会博物馆能完成作为世界性博物馆的使命。

美国明尼阿波利斯艺术博物馆亚洲部主任柳扬的报告题目为《全球化视野下的博物馆文化传播：以"永恒的祭献"大展为例》。柳扬先生介绍了明尼阿波利斯艺术博物馆的基本情况，并阐述了"永恒的祭献：中国古代青铜礼器"的策展思路。该展览通过150多件中国古代青铜礼器，呈现三千余年前先人敬天崇祖的祭祀文化，以及神秘华美的礼器艺术。在展现形式上，该展览分为场景设定、万物有灵、宗庙、祭祀、宴饮、礼制、回到起点七幕，聚焦能折射青铜文化核心的瞬间和场景，让观众身临其境，亲历一个祭祀的过程：从进入陈列青铜祭器的"庙堂"，到亲历涉及青铜礼器的"祭祀"活动，再到参与使用青铜酒食器宴饮的欢快场面，整个展览熔灯光、色彩和图画为一炉，集影视、音频和特效于一体，观者将在一个个独特无双的场景中，沉浸式地感受与理解中国青铜时代的礼仪和艺术。该展览为同类型的展览提供了一个从不同角度和方式思考的案例。

# 湖北省博物馆2023年度业务成果报告会纪要

本刊编辑部

2024年1月8日，湖北省博物馆成功举办2023年度业务成果汇报会。湖北省文化和旅游厅党组成员、省文物事业发展中心党委书记、主任余萍，湖北省博物馆党委书记、馆长张晓云出席报告会并致辞。湖北省文化和旅游厅博物馆处处长卢申涛，湖北省古建保护中心主任、湖北明清古建筑博物馆馆长朱祥德出席报告会，湖北省博物馆党委委员、副馆长王先福、何广、李奇，党委委员、纪委书记史萍担任学术主持。

本次报告会共有17人参与汇报，汇报内容覆盖面广，包括器物研究、文物保护研究、博物馆研究、工艺美术等四大板块，展示了在研或2023年度结项的国家级、省级课题，核心期刊发表的论文，国家级、省级获奖作品，调研报告等成果。现纪要如下。

藏品保管部主任蔡路武研究馆员以《湖北明代藩王墓及出土瓷器》为题，梳理了湖北发掘的藩王墓葬及出土瓷器，并根据墓葬年代、等级、规制，以及瓷器品种、质量、特征等诸方面，判定瓷器年代，探讨其来源方式、生产性质，认为湖北明代藩王墓出土瓷器，有少量质量高的应是官窑性质，来自皇宫赏赐给内外官或诸藩王；一部分来自商业贸易流通性质质量较低的一般民窑，主要供王室下层使用；大部分质量介于官窑和一般民窑之间者，稍逊于官窑，但较民窑要高出一筹，为仿（类）官窑性质。

藏品保管部陈春研究馆员以《随州、荆州等地出土玉器、金银器的玉石学及考古学研究》为题，介绍了赴随州、荆州等地博物馆，开展枣树林春秋墓地、叶家山西周墓地出土玉石器及馆藏金银器的文物检测、拍照与整理研究情况。对叶家山、枣树林墓地出土的700余件玉石器进行材质检测及沁色、微痕分析，获取了详细数据。尝试利用红外光谱数值开展玉料同源性的判定，进而聚焦个体墓葬、家族墓葬玉器的玉料来源、使用情况及制玉作坊问题。在金银器整理研究方面，对原定为明代的随州博物馆馆藏万店窖藏金银器的年代改定为宋代，对荆州博物馆馆藏宋代窖藏中的银质鎏金带板的辽金风格进行了论证。

文物保护中心江旭东研究馆员以《科技考古视角下曾侯乙青铜器的再研究》为题，从科技考古的视角出发，采用无损检测手段，结合考古学研究方法，对曾侯乙墓出土青铜器的制作工艺进行再认识，对战国早期曾国的青铜器工艺水平、生产组织方式进行探讨。通过对曾侯乙墓出土主要青铜器具的检测，证明其制作使用了铅含量低、性能好的青铜，并且大部分使用难度高、效果好的铜焊；青铜器主要通过铸造而成，少量器物浑铸，大部分使用先铸铸接和榫式焊接两种连接技术，完成复杂器物的铸造；对于破损青铜器，主要使用后铸铸接工艺进行修补；从附件的成分、铭文的制作，可以看出分工协作的生产模式。

陈列展览部要二峰副研究馆员以《周礼在

曾——曾侯乙墓出土的铅锡鱼形饰》为题，认为曾侯乙墓出土的铅锡鱼形饰是棺饰的一种，原本缀在荒帷上，当棺柩移动的时候，鱼形饰随之晃动，与荒帷上装饰出的"池"形成"鱼跃拂池"的效果。商人将日常生活中的蚌鱼装饰用到丧葬活动中，因而产生了鱼形棺饰，周人在此基础上创造了铜锡铅鱼棺饰。曾国的铜鱼棺饰与中原地区的铜鱼棺饰同时出现，是周王室"制礼"的表现。中原地区春秋中期铜鱼棺饰逐渐消失，而曾国这一葬俗则至少沿用至战国早中期，并可能对楚国产生了影响。这表明曾国文化在楚国强势影响下仍有相当的独特性。

文物保护中心副主任赵艳红以《现代仪器分析技术在古籍善本保护修复中的应用》为题，认为古籍善本的载体材料纸张主要原料为植物纤维，在保存和使用过程中易受到光、水、氧气、微生物等影响发生降解，从而造成纸张的老化和损坏，易出现各种病害。同时古籍善本上携带文物信息的字迹、绘画、印鉴等所使用的染料、颜料、油墨、印泥等在保存和使用过程中由于各种因素引起的字迹脱落、扩散、模糊等病害现象十分普遍，导致重要文物信息的遗失。古籍善本保护修复过程中，使用多种检测设备进行科学分析，多方位提取文物携带的信息显得尤为重要，对于古籍善本保护修复有重要的参考价值。利用现代仪器分析技术进行无损或微损的分析与诊断，为保护修复工作提供翔实的依据，可科学有效地指导保护修复工作。

文物保护中心张晓珑副研究馆员以《湖北省博物馆新馆预防性保护工作实践》为题，介绍了湖北省博物馆近年来在预防性保护工作中的具体实践，通过对馆藏文物保存环境的有效监测、统计、分析，指导湖北省博物馆新馆馆藏文物保存环境提升方案的制定，到2021年新馆建成，展厅增设了"展柜微环境调湿系统"用以对文物保存环境中的温湿度波动进行有效的控制。报告对目前博物馆中使用的两大系统的运用情况做了效果评价，并提出当前存在问题的后续改善意见和博物馆在预防性保护方向上的进一步发展计划。

文物保护中心方晨以《现代科技与传统工艺的结合——曾侯與编钟的修复》为题，简要介绍了项目背景、曾侯與编钟的保存状况，说明了编钟的修复依据，针对修复难点制定了保护修复技术路线；着重陈述了如何利用三维扫描、数字化建模和3D打印等现代科技完成曾侯與编钟缺失部位的数字化模型重构，实现数字化补配，再结合传统的制作蜡模和熔模铸造工艺，制作出编钟的青铜补配件；经过编钟残片和补配件的低温焊接以及钟甬的套管安装恢复了编钟的完整外形，通过矿物颜料作旧，使补配部位与原始残片色调统一，满足了展陈需求；修复工作严格遵守了文物保护修复的最小干预和可辨识原则。

文物保护中心张济夏以《2022年全国十佳文物藏品保护项目——武汉大学万林艺术博物馆馆藏陶瓷文物保护修复项目》为题，介绍了该项目的基本情况，强调其重点与亮点：一是因地制宜的技术路线，制定并实施了8条技术路线；二是多方共享的项目平台，以文物本体修复为根本，搭载展览设计、课程教学、技能培训和宣传推广；三是新增热捧的文化景观，修复的文物与武汉大学校园古建筑、樱花等景观，共同组成了武汉大学新的旅游风景线；四是适合推广的实施模式，为我国绝大多数博物馆如何整合自身资源，发挥文保项目最大效益提供了示范。

社会教育部主任钱红研究馆员的报告题目为《"为有暗香来"：解析优秀的社教工作者》，以"为有暗香来"湖北省博物馆社教工作成果展为切入点，解读优秀文博社教工作者素养。紧密结合新时代博物馆社教工作面临的挑战和机遇，阐释当代文博社教工作者应秉承"以人为本"的创新开放服务理念，做好智慧导览和因人施讲等文化服务工作；依托馆藏和地域文化打造品牌，结合时事热点创新教育内容、不断拓展受众类型、让品牌教育广覆盖以及配合"双减"政策、赋能素质教育等做好分众教育；注重学术交流和研究，为社教工作提供理论支撑，以及融合高科技、志愿者力量等促进博物馆教育可持续发展。

陈列展览部副主任黄翀宇以《浅析博物馆空间中的人群行为控制——展览中的"一米线"》为题，研究认为"一米线"是博物馆运营过程中最为常见的现代工业设计产品。博物馆是否设置、如何设置"一米线"，既影响博物馆的展览效果和观众的观展体验，也涉及博物馆的观众需求、观众注意、观众态度、观众行为等一系列观众心理与行为的问题研究。"一米线"在博物馆的文物展示空间、互动教育空间、公共服务空间中，功能与效果各有利弊。从人群行为控制理论观点出发，博物馆应兼顾展览效果与观众感受，利用视觉设计解决观众视觉引导的问题，在展示空间中利用群体结构控制，合理设计"一米线"及其使用形式，从而实现观众群体需求和使用感受的有机结合。

藏品保管部刘沙以《博物馆如何改善观众参观行为中的"视而不见"现象——从心理学"无意视盲四因素模型"出发》为题，介绍了"无意视盲"（inattentional blindness）的心理现象，认为观众在博物馆展厅的参观行为中普遍存在无意视盲现象，这就需要从业者了解无意视盲的原理和作用方式，从而规避和利用它。无意视盲"四因素模型"分析了影响无意视盲现象的四种因素，认为博物馆可以通过这些渠道改善观众的无意视盲现象，进而改善参观学习效果。此外，无意视盲现象是人类心理机制工作的必然结果，作为个体的观众不可能注意到展览的每个展品、每段说明文字或每个设计细节，博物馆应该突出重点，有详略、有节奏和有亮点，为观众提供充实而难忘的观展体验。

陈列展览部魏冕以《音乐文物类展览的叙述与呈现——以"龢：音乐的力量——中国早期乐器文化"展览为例》为题，介绍了"龢：音乐的力量——中国早期乐器文化"展览策展思路和叙述线索，指出展览通过"声、音、乐"这一叙事线索，以"和"这一由乐器声学现象延展至社会、思想领域的概念为明线，在展现先秦时期乐器和音乐发展史的过程中，揭示了不同历史阶段乐器之原生社会在技术、制度、文化等领域的发展路径。展览按照历时性叙述思路分为五个单元，各单元展览形式和展项设计依托展览大纲结构展开，起到有效推进展览线索的作用。音乐文物类展览既要重视音乐文物在乐器学方面的属性，也要关注其历史、文化、美学价值，同时重视开展多学科视野下的研究。

工艺美术研究中心许凌以《工艺美术国家级奖项"2023中国首饰玉器百花奖"金奖作品——般若天语》为题，介绍了获得"2023中国首饰玉器百花奖"金奖的玉雕作品《般若天语》的情况。许凌认为此次获奖，除了作品本身以外，更应归功于工艺美术研究中心此前历年创研成果的积淀，先后荣获国家级和省部级各类奖300余项，这些成果为这件作品获得金奖提供了强有力的前期成果保障。

鉴定服务部王双超以《湖北省非国有博物馆调研项目》为题介绍了项目概况、湖北省非国有博物馆现状、湖北省非国有博物馆发展存在的问题、非国有博物馆生存与发展探讨等。项目以湖北省登记备案的61家非国有博物馆为调研对象，通过现场调研、问卷调查、访谈等方式，系统分析了湖北省非国有博物馆的兴起历程、馆址馆舍、服务设施、组织管理、藏品管理、社会服务、科学研究、文创产品等内容，总结了湖北省非国有博物馆发展的经验、面临的问题，并从博物馆建设和管理部门宏观指导两个层面探讨了非国有博物馆生存与发展的建议和对策。

学术研究中心副主任罗恰副研究馆员以《湖北省博物馆古籍保护利用工作专题调研》为题，介绍了2023年6～8月湖北省博物馆由馆领导带队，对全省博物馆古籍工作进行的专题调研活动，对如何从博物馆角度出发，抓住机遇，突出特色，系统谋划推动古籍工作进行探讨。指出湖北省博物馆古籍的突出特点、工作现状及存在的问题，认为应充分发挥湖北省博物馆的示范引领作用，支持指导浠水县博物馆建设全省首家县级古籍特色馆，推动合作共建浠水、鄂州、荆州、天门等四家古籍保护工作站，助力尽快形成"一主四翼"古籍工作骨架，谋划打造"1+4+N"模式，构建头雁引领、骨干支撑、省域覆盖、荆楚特色突出的全省博物馆古籍事业发展新格局。

学术研究中心柯萍萍以《〈中国少数民族文物图谱·湖北卷〉编纂出版项目工作情况》为题，介绍了《中国少数民族文物图谱·湖北卷》编纂出版项目的基本情况，回顾了自项目启动至2022年底完成的主要工作，重点介绍了2023年开展的重要工作，认为2023年《中国少数民族文物图谱·湖北卷》率先高质量完成入选文物的图片拍摄与挑选、520条文物词条的撰写与修改、英文翻译等工作，凸显了湖北文物大省的地位，突出了湖北少数民族文物的特色，体现出湖北地理位置优越、各文化在此交往交流交融、共同发展繁荣；湖北各民族文化发展脉络清晰、赓续不绝的传统；以及湖北在我国统一多民族国家历史发展进程及铸牢中华民族共同体意识中发挥的重要作用。

# 《湖北文博》创刊启事

《湖北文博》于2023年9月正式创刊，由湖北省文化和旅游厅（湖北省文物局）主管，湖北省博物馆主办，湖北省博物馆协会协办，采用以书代刊形式，每年面向国内外公开出版发行。《湖北文博》重点聚焦湖北历史文化研究、长江文物保护利用研究、博物馆学研究及博物馆管理研究。欢迎国内外研究者惠赐稿件。

常设专栏（包括但不限于）：

楚文化研究、曾随文化研究、明代藩王文化研究、辛亥首义文化研究、红色文化研究、长江文物保护利用研究、音乐文物研究、简牍古籍研究、社会文物研究、博物馆学研究、博物馆管理研究、博物馆社会教育研究、博物馆展示传播研究、智慧博物馆研究、中小博物馆研究、工艺美术传承研究等。

## 来稿要求：

1. 首发作品，有特色，有深度，文字精练，资料新颖，图文并茂，标题准确，层次清楚，观点鲜明。

2. 稿件字数在6000~8000字，最多不超过12000字。文前请附100~200字中文摘要，3~5个关键词。

3. 稿件的文字、标点、年代、数字等书写方式均以国家新闻出版行业有关规定为准。

4. 使用图、表应简洁明了，图和表中的文字请设定为可修改状态，图片请尽量提供300DPI以上的清晰大图，图、表请注明名称、来源。

5. 来稿须具有原创性，未公开发表过；文中引用部分，均须做出明确标注或得到许可，如有侵犯他人著作权问题，后果由作者负责。《湖北文博》使用国标注释格式，请交稿时参考《信息与文献　参考文献著录规则》（GB/T 7714—2015）。

6. 译稿请事先征得翻译版权并在文后予以说明，如出现著作权争议，后果由译作者自负。

7. 为体现公平公正，确保文章质量，《湖北文博》所有稿件采用匿名审稿。

8. 请勿一稿多投，并请自留原稿。如在3个月内未得到用稿通知，请自行处理。稿件一经刊发即按照《湖北文博》付酬标准支付稿酬，并附赠当期《湖北文博》两本。

9. 《湖北文博》有权对网络媒体以数字化方式复制、汇编、发行、信息网络传播全文。该著作权使用费与《湖北文博》稿酬一并支付。如作者不同意文章被收录和传播，请在来稿时声明。

10. 来稿请附作者简介（含姓名、性别、学位、职务、职称）和联系方式（手机或座机），通过电子邮件发送至《湖北文博》E-mail。

联系方式：

湖北省博物馆《湖北文博》编辑部

地　　址：湖北省武汉市武昌区东湖路160号

联 系 人：杨理胜　罗　恰　柯萍萍　陈丹妮

邮　　编：430077

电　　话：027-86793565

E-mail：xueshuzhongxin@hbww.org

敬请广大专家、学者、文博界同人支持投稿！

《湖北文博》编辑部